CHINA
illadiladri
zamall
zubur
mellana
lipan
U0682071

Pacific

An Ocean of Wonders

献给约书亚和布伦丹

The Unique World
方寸
方寸之间 别有天地
[英]
菲利普·J. 哈特菲尔德
Philip J. Hatfield
著
林安萧 译
Pacific
An Ocean of Wonders
大英图书馆太平洋简史
社会科学文献出版社
SOCIAL SCIENCES ACADEMIC PRESS (CHINA)

COMPAGNIES
LAND
C. Schouten
Water plaets
C. vander Lyn
JAPAN
Ilhas de
Ladrones
Las dos Hermanas
Malo Abrigo
La Iglesia
Grigua
Chemocha
Agon o Pagon
Guogon
Saspan
Baixos de S. Bartholome
I. de S. Petro
I. de Corales
Los Lardines
Barbudos
I. de los Vesinos
I. de Pazaro
I. de los Nadadores
Miracomo
De los Martires
Tropicus
Cancri
La Vezina
Los Mouges
La Desgracia
Vllao
I. Lanublada
Roca Partida
Las tres Marias
NOVA GRANADA
NOVA HISPANIA
C. Blanco
C. Mendecino
P. Sir Francisco Draco
P. de Monte Rei
Linea Æquinoctialis
Oncong Lava
Koons Eyl
I. de los Tiburones
Hondon Eyl.
Vliegen Eyl.
Waterlant
Prins Willems Eylanden
I. de S. Pedro
Van Diemens Reede
Tropicus Capricorni

NIEU NEDER
LANDT
La Bermuda
S. Salvador
Porto Rico
Trinidad
Mira flores
Truxillo

Contents
目　录

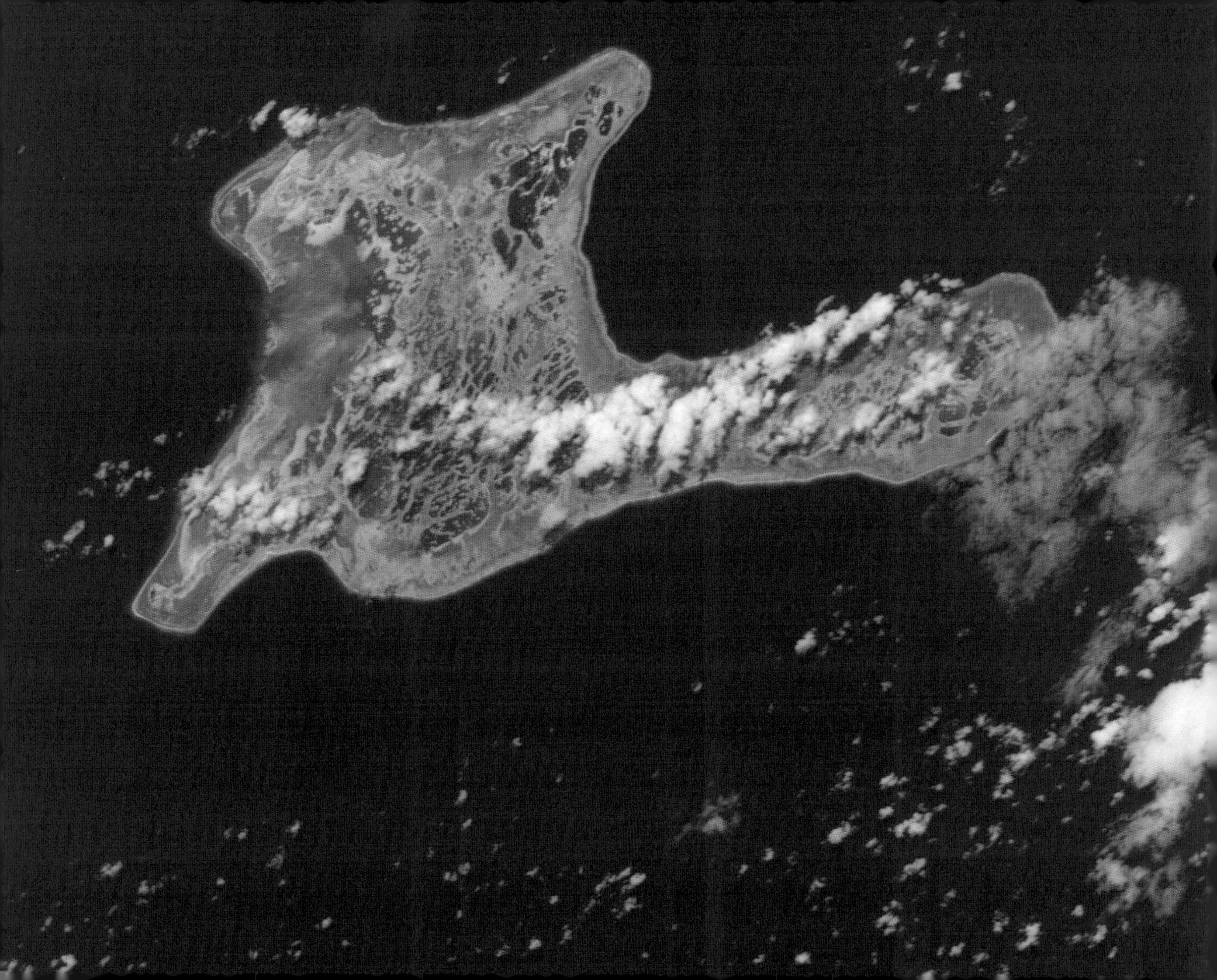

引　言

若在地球仪上以克瑞提马提岛（Kiritimati，圣诞岛）为中心进行观察，你会发现四周环绕着它的是一片辽阔的海域。海域内漂浮着大大小小的岛屿，边缘则能隐约看到陆地侵蚀的痕迹，但总的来说，占据你视线的主要是水。这片辽阔的海域便是太平洋。

太平洋中栖居着形形色色的族群和文明，每个族群和文明都有着自己的历史。这些族群包括日本人、波利尼西亚人、澳大利亚土著、马来人、美洲沿海原住民和阿留申人社区，以及其他居住在太平洋内及其周围岛屿的族群。这些族群因为一个共同属性而联系在了一起——对太平洋的依赖。近几个世纪以来，太平洋迎来了众多带着各种目的环游世界的男男女女，比如欧洲的探险家、商人、捕鲸者和传教士。早期欧洲人对太平洋的兴趣主要来源于贸易和对贸易商品的渴望，因此探索太平洋成了 15 世纪以来欧洲人对世界诸多探索（例如对好望角的探索和通过西北航线、东北航线寻找通往北冰洋的商路）的终极目标。太平洋上的贸易意味着金钱，而在见血封喉般残酷的欧洲政治世界中，金钱意味着优势。因此，太平洋开始塑造和改变欧洲社会，正如当初它对周围社会的塑造和改变一样。

◂ 克瑞提马提岛（圣诞岛）鸟瞰图

探险家甚至还不知道这片海洋的存在时，它便已经对欧洲思维产生了影响。为了尽快在贸易日益全球化的世界中占据主导地位，西班牙和葡萄牙的探险家努力寻求着接触中国、日本和其他东南亚国家的商品与市场的方法——对于这些国家来说，太平洋是一条关键通路。后来，荷兰、英国、法国、俄国也加入了西班牙和葡萄牙水手探索太平洋的队伍。再后来，随着太平洋成为全球政治关系的中心，美国也加入了前辈们的队伍。数个世纪以来，太平洋激发了欧洲人对荒岛、海滩游民、海盗、冲浪、荒岛求生、反叛者、核武器试验和怪兽的想象。更深远的影响是，伦敦和巴黎对库克船长的奋进号等海上探险队带回的标本和观念产生了兴趣，因此，太平洋推动欧洲进入了科学探索的新纪元。

充满活力的海景、引人遐想的景观和影响深远的历史事件，这些遗产都来自一种独特的太平洋地貌——岛屿。从幅员辽阔的温哥华岛到南太平洋的小环礁和暗礁，太平洋的这些热点地区对全球历史产生了不可磨灭的影响。更重要的是，全球历史也对这些岛屿产生了巨大的影响。当来自太平洋外的旅行者们在太平洋进行贸易、探险、发动战争和其他许多活动时，他们便对居住在太平洋及其周边地区的族群的近代历史产生了影响。这些族群、他们的岛屿以及他们所支持的生态系统也因此承担了来自太平洋界外的人们的各种行为所带来的巨大后果。

居住在南太平洋环礁、温哥华岛和许多其他区域的原住民被迫离开了他们的岛屿。疾病摧毁了很多人。很多人因为核试验而变得一无所有。今天，其他国家的消费习惯和生活方式不仅让一些岛屿陷入了有可能被海洋吞没的危险之中，还显著地改变了其他区域的环境。对许多人来说，这是迅速全球化的后果，但是太平洋的经历有一个显著特点：太平洋上的各族群被其他文化影响，同时也影响着其他文化。另一个特点是，太平洋居民与这个新世界产生了许多动态接触，或是通过贸易，或是让欧洲人卷入当地的冲突，或是与欧洲水手一起环游世界。事实上，从最早的西班牙航海，到库克船长等探险家的航行，来自太平洋的岛民经常作为水手、猎人、杂工和著名旅行者出现在欧洲和美国的船只上。

所有那些来过这片海域的人，或是太平洋上的原住民，或是那些从世界的另一端（其他海洋）航行过来的人，都对太平洋的历史和环境产生了影响。他们将自己的影响不可磨灭地刻在了这片风景上。如今，太平洋被认为是见证气候变化和人为导致的环境恶化所产生的影响的焦点，但值得注意的是，人类的栖居对太平洋岛屿的影响早已得到证明。无论到哪儿，人类都并非原生于那些与世隔绝的地方。从日本早期定居的历史，或者后来奥特亚罗瓦（Aotearoa，新西兰）的波利尼西亚人定居史中可以看到，无论这些人来自哪里，他们都戏剧性地改变了他们所接触的环境。数个世纪以来，这种影响不断加剧，其中最为巨大的影响，也许就是太平洋环礁上的原子武器试验。曾经，人们需要花费几个世纪的时间才能摧毁一座岛屿的生态，但是到了 20 世纪中期，缩短到只需要几秒钟。

这一片岛屿遍布的海洋，尤其是在 15 世纪后期与欧洲人接触后，让我们看到了人类社会是如何影响、塑造和摧毁他们周围的环境的。而且，它也展示了由此开始的帝国时代和这一漫长历史的后殖民余波如何产生了商品、资本和人员的流动，而这些流动对我们周围的环境产生了长期的、潜在的灾难性影响。简而言之，资本、帝国、全球超级大国的发展和炫耀性消费——

◄《塔希提一景》，图帕伊亚

在这些因素的共同推动下，世界进入了某些学者眼中的新地质年代：人类世。在本书中，改变的需要显得尤为突出，即便只是对太平洋上那些相互交融的岛屿做一个简要的历史梳理，也能让我们深入了解人类社会如何采取行动来保存和保护我们周围的世界。

本书通过图文的方式梳理了太平洋对世界的影响史，以及太平洋岛屿和世界之间日益加强的关系史。通过地图、照片、书籍和其他物品，本书将展示太平洋中的族群是如何创造出这片相互交融的海洋，并使其渗透到对更广阔世界的想象中去的。同时，本书也反映了太平洋上的族群和文明对外部世界的理解。更重要的是，思考了太平洋如何见证移民浪潮，如何遭受外来殖民主义的试验，以及如何为本土政治和反殖民主义的发展提供滩头阵地。本书涵盖了一段漫长的历史，包括太平洋上定居的早期人类对岛屿的影响。但讲述的重点是 16 世纪之后的太平洋历史。正是在这一时期，欧洲人第一次来到太平洋，并开启了太平洋与世界交流链上新的一环，这条交流链一直延续至今。

本书分为三部分，分别介绍了人类与太平洋的早期接触史、库克船长和其他人开创的帝国时代，以及从 19 世纪后期至今的现代时期。每个部分不仅会关注欧洲人对太平洋的看法，还会关注太平洋岛民与周围世界的互动。通过图帕伊亚（Tupaia）、查尔斯·达尔文和约瑟夫·班克斯爵士等大人物的作品，本书将向大家展示在过去，太平洋如何深远地影响着我们对周围世界的理解，同时也将展示如今它对我们理解世界的影响。我们对这片海洋及其岛屿的探索远未结束。简而言之，本书将告诉人们，这片覆盖着地球表面近三分之一面积，极大地改变了世界和周围族群的海洋，到底有多么重要。

Part1 人的海洋

如果想要探讨太平洋岛屿，就不能离开人类活动对其产生的巨大影响。岛屿的生态系统非常脆弱，往往在没有大型食肉动物的情况下慢慢进化，或为那些在更接近陆地的地貌上早已被淘汰的动植物系统提供庇护。这就是波利尼西亚航海家首次在奥特亚罗瓦定居时看到的动物和鸟类情况。当早期毛利人开始在两座主要岛屿上定居时，那里还是不会飞的大型食草鸟类和以它们为食的食肉鸟类的天下。在人类与这些岛屿及其包含的生态系统接触的几个世纪里，许多原本存在的物种消失了。这些物种的灭绝不仅因为毛利人的狩猎和耕种活动，还有随他们一起而来的范围更广泛的生物因素。随着人类的迁徙，新的植物和入侵性物种也会一路迁徙，然后改变它们所遇到的生态系统。那些在太平洋岛屿定居的不同民族也是如此。

当我们将这些因素与人类社会自身的各种行为结合起来，便可以理解为什么说本书中讨论的太平洋岛屿是切切实实的“人造”景观。这本太平洋简史试图将大家的视线从以欧洲为中心的海洋史转向更广阔的层面——从众多相互联系的民族如何与太平洋及其生态系统和存在于其中的其他人类文明相互交往的角度来了解太平洋。这很大程度上归功于埃佩里·豪奥法（Epeli Hau’ofa）关于“岛屿的海洋”的观点。这一观点认为，了解太平洋人类历史的关键在于感知其岛屿和存在于这片辽阔水域上的不同文明之间的相互联系。这一理论与欧洲理论家应用于太平洋的人口统计学特征理论相去甚远。后者模糊了我们对太平洋作为一个联络空间的理解。数个世纪以来，各路航海家通过海洋、洋流和季风作为联系的手段在太平洋区域探索、定居、贸易、战争和共存。在接受豪奥法的观点并观察太平洋历史上的各种相遇时，我们不仅感知到这种相互之间的联系，而且更清晰地开始理解各式各样的人类活动对太平洋及其岛屿所产生的影响。

本书第一部分考察了人类与太平洋的交往史是如何展开的，在欧洲探险家和冒险家到达之前便已存在于太平洋的丰富文明，以及欧洲人的到来给这片存在于地球表面的巨大水域所带来的变化。“人的海洋”这一部分将会着重讲述虽然欧洲人的到来对这片区域来说是一起戏剧性同时又带有创伤性的事件，但欧洲人的到来为这片海洋上的生命所带来的变化，其实并不如我们想象中的那样巨大。欧洲人与太平洋的接触加强了太平洋及其岛屿与外部世界的联系，同时，无论是有意还是无意，这种接触都广泛地重塑了海洋周围的许多社会。但是西班牙人、葡萄牙人、荷兰人和其他水手的到来并没有创造什么真正的新东西。

相反，欧洲人迫使自己进入了一个社会多样化的、有着各种贵重商贸物品的、相互有着复杂联系同时又有着独立性的世界。而这个世界，在他们到来之前，便早已建立。

船的海洋

本书讲述了岛屿史以及人类与岛屿的互动史。然而，这些岛屿存在于人类社会也参与其中的浩瀚海洋中，因此对于岛屿社会来说，独立生存是很困难的，或者说是不可能的。它们需要与其他文明联系，需要寻找其他食物来源，也需要交换例如生活必需品之类可交易的物品。如果没有外部联系，各岛屿文明可能停滞不前，社会分层可能导致内乱甚至战争。就像我们将在这段历史中看到的那样，人口压力可能会压垮一个岛屿的生态系统。为了应对这一情况，生活在岛屿社会中的人便需要利用周围的水域与更广阔世界联系，获得额外的食物来源，以及交易日常生活所需的其他材料。这意味着，对于岛屿社会来说，远洋船只是使他们得以生存和繁荣的关键工具。

这里展示的图片，只是很小一部分，但从中可以看出，太平洋各民族为了在海洋上进行各种活动，使用了很多不同类型的船只。有些船只，例如阿留申人的海豹皮小艇，就是为运输设计的，方便人们在陆地、海洋和冰层上狩猎。日本人和中国人的船只在日常生活和国家发展中都起到了重要作用，它们不仅可以捕鱼，还可以促进交流和贸易，让货物和资源在太平洋上流通起来。太平洋上的船只还有很多功能，例如仪式、社交和战争。塔希提和奥特亚罗瓦等岛屿的船只就被装备成了仪式船和战船。这些船只最重要的功能在于，它们将人类社会带到了太平洋的各个角落。老式的波利尼西亚小船（*wa'a kaulua*）和寻路技术就是最好的例证。

这里所展示的场景全都来自太平洋后期历史，取材于欧洲探险家及其随行者的记录和讲述。尽管如此，这些作品还是向我们展示了太平洋上的人们所使用的各种船只以及它们所承担的不同功能。从探险家花费大量精力来描绘这些船只可以看出，它们对欧洲探险家有着极大的吸引力。当然这也许在暗示，对于太平洋上的欧洲人来说，这些本土远洋船只是一种多么普遍的存在。另外一幅来自探险家时代的插图也突出了船只和水在太平洋生活中的中心地位，但这幅插图是从太平洋土著视角创作的。与库克船长一起乘坐奋进号离开塔希提的赖阿特阿岛信仰祭司图帕伊亚创作了《塔希提一景》。这是约瑟夫·班克斯爵士收藏的图帕伊亚众多绘画作品的其中一幅。

图帕伊亚在与库克船长一起期间，创作了一系列关于当地建筑及其民众的绘画作品，其中很多作品强调了各种文化的社会结构和宗教信仰。在这样的背景下，我们可以从图帕伊亚的绘画作品中看到水的重要性，以及在太平洋土著眼中，航行的船只到底是何模样。这些船只不仅是欧洲人的关注点，不管是在欧洲人到达太平洋之前，还是在他们探索太平洋期间，抑或在他们离开之后，航行在太平洋上的各种船只才是这些岛屿发展的推动力，它们促进了人们对水域的利用，帮助人们解读天空。更重要的是，人们借助这些船只开拓了航线，而这些纵横交错的航线则编织成一幅横跨太平洋的人类相互交流的织锦。

▸ 太平洋及其周边海域使用的船只精选

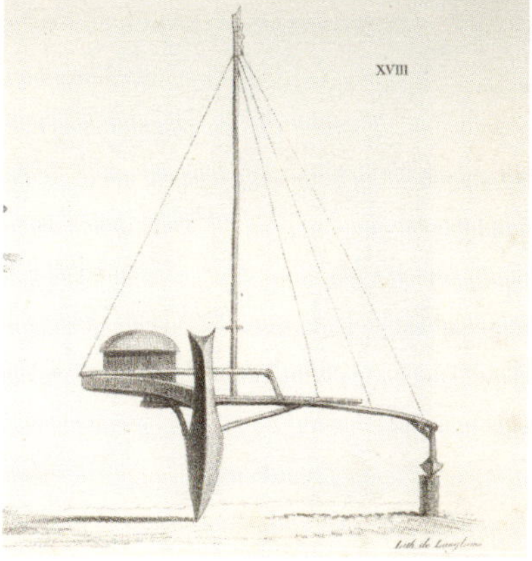
XVIII

人类的交融

人类在太平洋定居是一个悠久而复杂的过程，它的背后，是人类在全球范围内更广泛的分布。西太平洋和南太平洋诸岛上的定居点是亚洲各地人口扩张的结果，而更北和更东岛屿上的定居点，则受到人类向美洲移动以及进入美洲的影响。然而，即便是在拉帕努伊岛（Rapa Nui，复活节岛）这类位于太平洋远东地区的岛屿上，也还是有群体承袭了从大洋西面渡海而来的先民流传下来的文化遗产。民族人类学家称这些先民为南岛民族（Austronesian），后来又改称其为拉皮塔人（Lapita）。

考古证据表明，大约在公元前3000年，一批被称为南岛民族的人进入台湾岛，然后向该岛的南部、东南部和西南部蔓延。南岛民族并不总是他们所定居岛屿的第一批人类居民，例如在新几内亚，他们似乎就遇到了当地的居民，但是南岛民族为他们所接触过的岛屿都带来了变革性的影响。他们随身携带的动植物改变了岛屿的生态，他们还开发了许多让各文明视若珍宝的商品。后来，他们开始进行海上贸易，各个岛屿因此建立了联系，不同的人群也因此相互交融。

这些南岛民族定居者和他们所接触到的其他文明共同形成了一个文明网络，其中包括现代所罗门文明、肯纳卡（新喀里多尼亚）文明、新几内亚文明、瓦努阿图文明、斐济文明、萨摩亚文明和汤加文明。这便是拉皮塔文化复合体。拉皮塔这个名字源于肯纳卡。在那里，人们第一次接触到陶器，而那些生产并交换这种独特风格陶器的文明群体，便被称为拉皮塔人。这种陶器的特点是经常使用重复的几何图案，拟人化的面孔和人物则不常见。对许多太平洋地区的民族来说，尤其是那些后来被欧洲人归类为美拉尼西亚、密克罗尼西亚和波利尼西亚文明的人来说，如今的很多艺术和文化习俗都是直接因陶器而流传下来的。

从拉皮塔陶器的地域分布可以看出，即便是在人类定居史的早期，太平洋诸岛之间也已然有了联系。拉皮塔陶器的地域分布跨越了如今的美拉尼西亚、密克罗尼西亚和波利尼西亚。这说明，在遥远的诸岛之间，至少存在着知识和技术的交流，更可以证明，各岛屿之间存在着重要且常规的贸易路线。简而言之，从最早定居太平洋的岛民开始，这部分太平洋岛屿之间就保持着动态的、社交驱动性的联系。而太平洋其他岛屿上的定居者也一直在做着同样的事情。来自现代印度尼西亚、日本、阿留申群岛和其他岛屿的证据表明，这些文明与其他岛屿和邻近大陆之间也保持着复杂的联系。这些陶器也提醒着我们，这些文明将会对支持它们的岛屿和海洋产生重要影响，因为工业需要人力、资源和流通手段，而资源肯定是从自然环境中提取的，因此即便是太平洋岛屿上最早的定居者也会对他们称之为家的岛屿造成重大影响。

◂ 瓦努阿图国家博物馆新修复的拉皮塔陶器

海洋上的航海家和早期帝国

这些太平洋上的关联网络很容易随着时间而扩张和改变，有时甚至是巨大的扩张和改变。波利尼西亚航海家在奥特亚罗瓦的定居便是一次出乎意料的扩张——它重新绘制了太平洋上的人类定居图。人们之所以能在这片海洋上航行、定居，其核心支撑力便是寻路技术。寻路技术很复杂，要了解风向、洋流、日月星辰的位置，以及某些动物，尤其是鸟的动向。总的来说，人们利用这些元素形成了一个复杂的、用于航海的实践网络。

毛利历史人物库佩（Kupe）推动了毛利人在奥特亚罗瓦的定居历史。库佩自夏威夷出发（可能是现在的塔希提岛的一部分），一路追捕着那只骚扰他家乡的章鱼，来到了奥特亚罗瓦。毛利的很多地名都和库佩有关，正如库佩的妻子Kuramārōtini赠予北岛（新西兰）的名字奥特亚罗瓦（意思是“绵绵白云之乡”）一样。人们认为插图中的*Punga*（锚石）“Maungaroa”是库佩留下的，当时在波里鲁阿港，库佩为了返航夏威夷，换下了这块锚石。数个世纪以来，这块锚石一直是库佩航行故事的证据。

库佩的航行以及随之而来的在奥特亚罗瓦的定居展现了太平洋上的关联网络的扩展方式。在西太平洋的其他地区，我们也看到了海洋岛屿之间的关联发展成了规模宏大的复杂网络。大约在12世纪初期的瓦努阿图，洛伊·玛塔（Roi Mata）酋长利用仪式来强化他的政治和文化措施，并通过这些复杂手段结束了部落纷争，确保了港口和安全通道的运行，从而使该地区岛屿之间的关联网络得以继续繁荣。在洛伊·玛塔崛起之前，图依汤加帝国（Tu‘i Tonga Empire）已经开始发展文化复合体和政治霸权，并对该太平洋区域形成了长达500多年的影响。如今该区域仍能看到图依汤加帝国的痕迹。图依汤加是一个由贸易和朝贡支撑的岛屿网络，同时由紧密交织的家族团体维系在一起。这些家族团体以及从这些团体中应运而生的领袖也是各岛屿之间贸易的领导人，他们贩卖具有文化价值的商品，例如既能在岛屿网络中流通又能为持有者带来声望的编织垫。

库佩的寻路技术、使图依汤加帝国强大起来的物物交换网络，以及作为洛伊·玛塔势力基础的仪式实践，都是从拉皮塔人分布所产生的文化交融中发展起来的。这个群体、他们建立的定居点，以及他们与邻近文明所建立的联系，共同促进了这些文明的发展，这些文明如今常被归入美拉尼西亚、密克罗尼西亚和波利尼西亚。这种文明的持续发展，通过上文所讨论的例子，最终会产生一种观念——在南太平洋和西太平洋的大部分地区形成一个共享的、相互联系的共同体。如今，很多圈子仍然持有这种观念，而这种观念也将贯穿本书。

◂《拿着桨的库佩》
雕塑，奥克兰大学瓦帕帕毛利会堂的一部分

靠海而生

所有岛民都需要和海洋建立联系，因为即便是大型岛屿，其生态系统在供给岛上常住居民时也会力不从心。于是海洋便成为一种重要的食物和资源来源，更何况除了食物和资源，海洋中还拥有陆地上无法或很难获取的丰富矿藏。因此，太平洋上的各岛屿社区一直保留着自己广泛而又独特的方式来探索海洋的馈赠。

对于北美的土著岛民来说，例如努查努阿特人（Nuu-Chah-Nulth ）和其他来自今温哥华岛的族群，海洋最大最丰富的馈赠，便是每年的鲑鱼洄游期。即便是今天，洄游期的鲑鱼规模也十分巨大，足够为所有北美社区和北美生态食物网中各种各样的动物提供一整个冬天的食物。为了捕鱼，各社区的岛民们使出了浑身解数，不仅用船只、绳索、渔网，还用上了各种当地的土办法，不过最终的目的都是一样的——存储大量富含能量和矿物质的食物，进行风干，以便人们在每年的清减期补充营养。在太平洋的其他区域，捕鲸历来是重要的能量来源，并发展成为各族群的文化遗产。历史上，有大量的族群依靠捕猎各种鲸鱼来维持其食物摄入和商品文化。阿留申群岛居民和日本捕鲸者只是其中两个而已。

数个世纪以来，随着太平洋地区捕鲸和捕鱼技术的发展，人类对这一活动的追求引发了很多问题，不仅对部分海洋的生态系统造成了严重破坏，还将很多物种逼至灭绝的边缘。于是，人们对某些行为做出了限制，例如捕鲸。而那些对太平洋海域拥有主权的国家也逐渐对渔业进行了规范与管制。尽管如此，我们仍需明白，对于生活在太平洋上的民族而言，海上狩猎和捕鱼具有根本性的意义。即便是捕鲸，也曾是海洋与其子民联络的重要纽带——通过捕鲸，他们相互接触，同时也与更广阔的世界相连接。海上狩猎和捕鱼塑造了这个充满水的世界，也影响了我们对它的理解。

海洋资源的开采和贸易也创造了诸多历史，使我们记得人类在这片海域相互联系的悠久历史。虽然很多人都误以为欧洲对澳大利亚的探索让澳大利亚土著民族第一次与外部世界产生了接触，但是数个世纪以来，海洋物产贸易却告诉我们，事实并非如此。很早以前，来自今印度尼西亚的商人便登上了澳大利亚北海岸，为迎合中国贵族的需求而采购海参。因此，托雷斯海峡的岛民们——例如穆拉拉格人（Muralag），以及北海岸土著——例如亚达伊加纳人（Yadhaigana），早在欧洲人踏上这片土地之前，便参与了太平洋上复杂的贸易和互联网络。在这里，我们再次看到了海洋资源的重要性，不仅因为它维持着太平洋中的人类社会，更因为它将不同的社区联系在了一个相互依赖又相互交流的巨大网络之中。

◂《在五岛列岛海岸捕鲸》，葛饰北斋

▸（右上）阿留申群岛岛民在捕鲸

▾（右下及后面对页）日本捕鲸者，1803

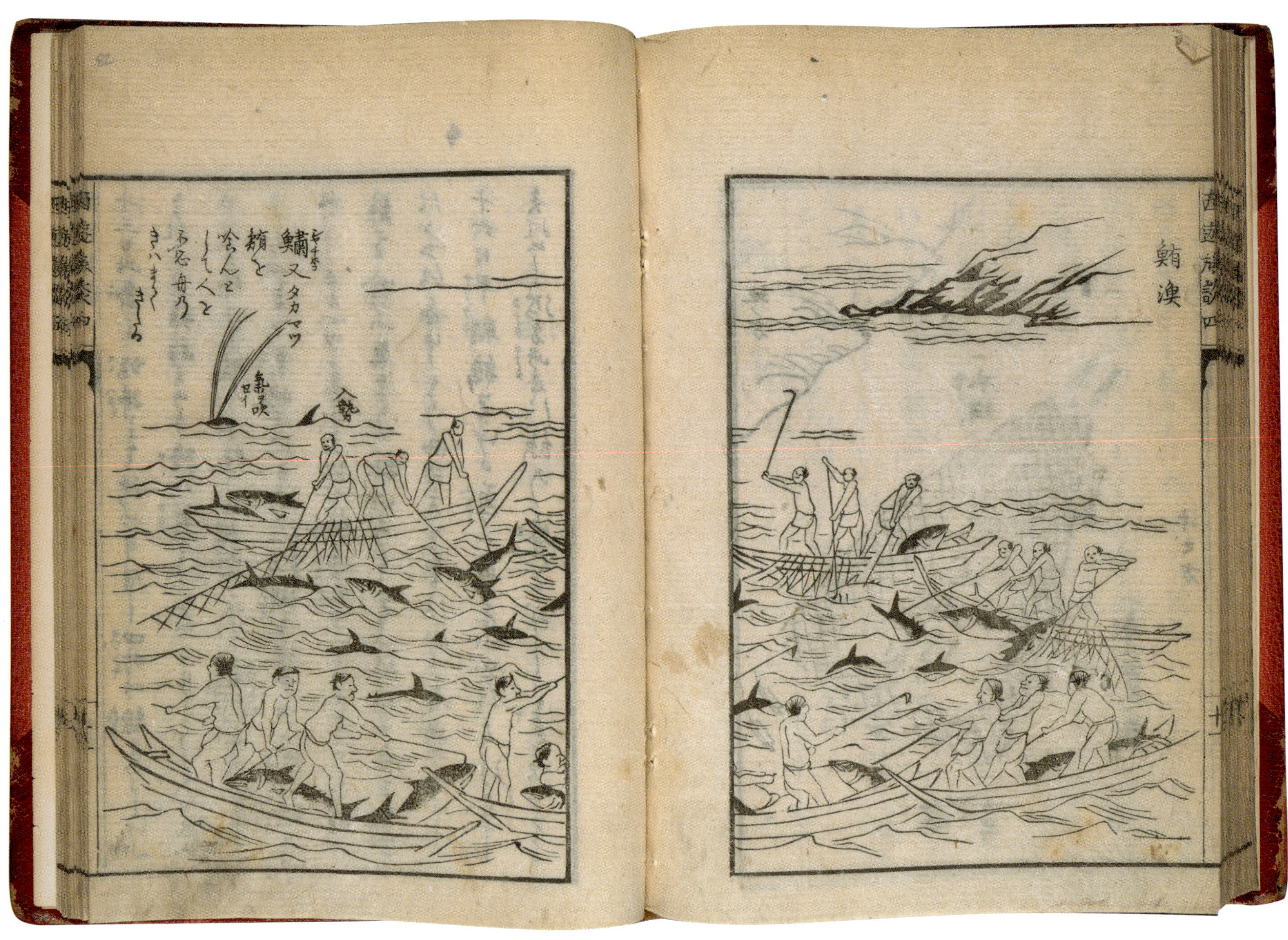
鮪漁

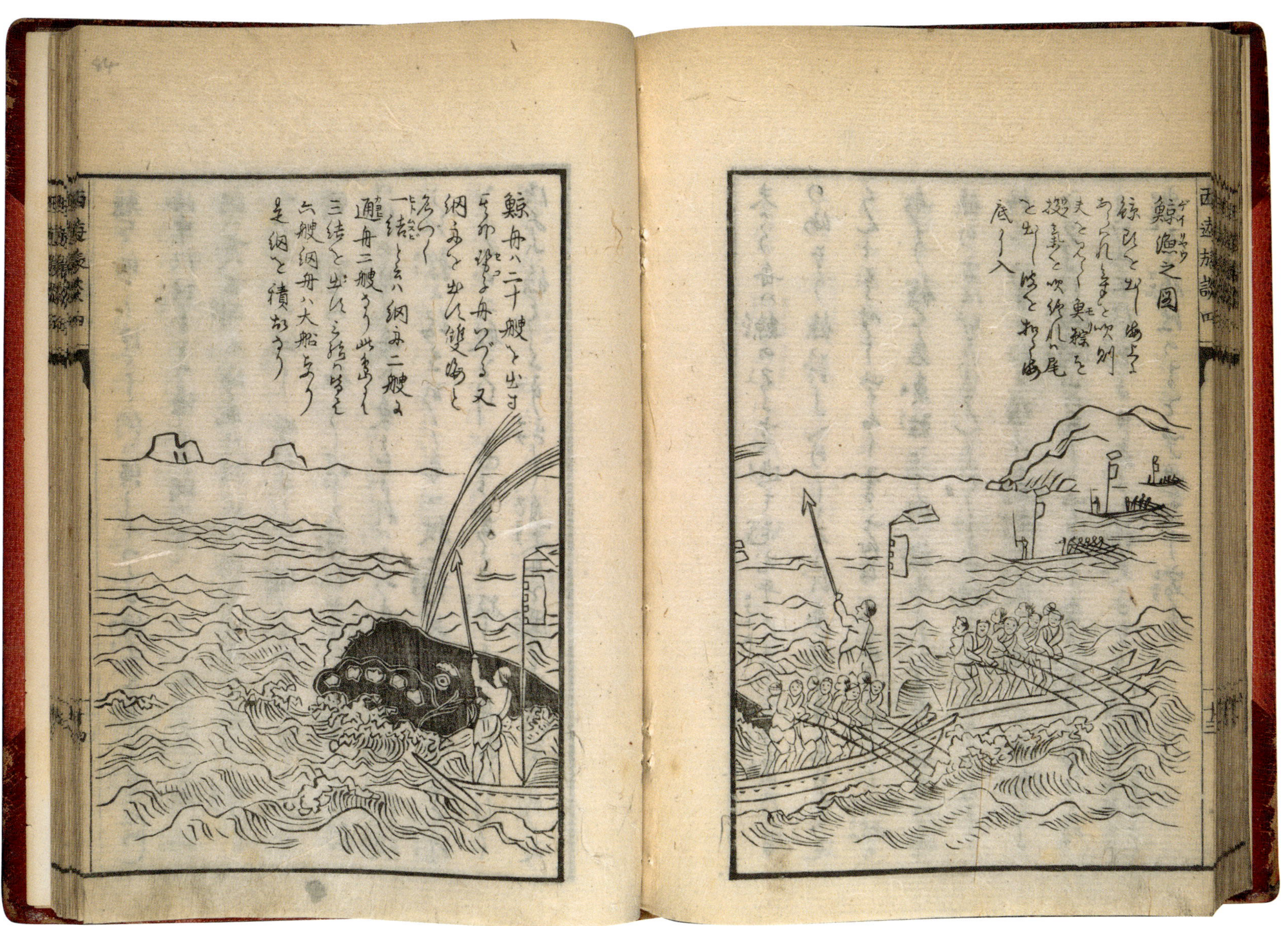
西遊旅譚 四
鯨漁之図

北美大陆岛屿

在太平洋早期的交互史中，北美大陆岛屿与西太平洋和南太平洋的岛屿是分开的。这些岛屿由北太平洋的阿留申群岛和北美西海岸的温哥华岛等组成。由于地理位置，它们与我们前面讨论的岛屿保持着一种与众不同的联系。阿留申群岛很有可能是让人类从欧亚大陆迁徙到北美大陆的陆桥遗迹。因此，阿留申群岛在全球人类扩张史上占有重要地位。同样的，对于可能在北美大陆发展起来的多元土著文化网来说，像温哥华岛这样的岛屿便是它们的文化中心。

在温哥华岛这样的岛屿上形成的社区，逐渐发展成隶属努查努阿特人和海岸萨利希语族（Coast Salish）的不同族群。他们对海洋的依赖方式和我们之前讨论的太平洋社区完全不同。海洋仍是交流、贸易、社会融合的重要通道。沿海原住民的船只——即便是哈里斯在《航海家》（Harris，*Navigatum*）中描绘的丘马什人（Chumash）都在用的各种简单平板独木舟——

▲ 在加利福尼亚一处不知名地方捕鱼的美洲原住民

► Kenaitze 部落的鲑鱼坝

常年穿梭在沿海地区、近海岛屿和内陆水道间的交换网络之中。

但是在北美大陆，海洋的馈赠和陆地的关系是不一样的。对于这一点，最佳例证大概便是每年的鲑鱼洄游。每年，鲑鱼都会洄游至温哥华岛以及北美太平洋海岸其他地区的河流中。在海洋进食数年后，鲑鱼便会回到它们出生的河流中进行繁殖。它们长途跋涉，逆流而上，在砾石河床中产卵，以期保护它们的后代度过幼年期。鲑鱼洄游的作用在于将太平洋传播到了北美大陆。鲑鱼从海洋中汲取营养物质，借由洄游，穿越漫长的距离，来到北美诸岛，成为岛民和当地食物链的一部分。

对于温哥华岛周围的社区来说，这意味着他们与海洋和各种文化传统建立起了独特的联系。海洋不仅每年提供丰富的食物，而且还为北美诸岛的生态系统做出了贡献，而这些生态系统，维持着诸如努查努阿特人这样的族群在非洄游期的生活。鲑鱼洄游还意味着，那些相对自给自足、定居于某些核心区域、过着群居生活的人类社会得到了发展。当本部分后面将谈到的欧洲商人和传教士一路北上来到北美大陆太平洋海岸时，这些社区便是他们遇见的第一批原住民。

不幸的是，北美大陆周围的太平洋岛民一直处于相对封闭的状态，他们对外来疾病的免疫力很可能低于生活在太平洋其他地区的族群。外来疾病对太平洋的所有岛民来说，都是一个隐形炸弹，尤其当欧洲人开始扩大他们在太平洋的利益范围时，这种危险尤为明显。但是对于那些靠近欧亚大陆—太平洋交换网的族群，很可能面对大陆疾病时不那么脆弱。北美大陆附近的岛民就没那么幸运了。欧洲人的到来对他们来说，往往是场巨大的灾难。

因酒相互联系

酒和饮酒文化一直以来都是太平洋世界及其域内岛屿互联互通的另一个重要载体。一种来源于卡瓦醉椒（Kava）根茎的酒有很多名字，例如 malok、yaqona、sakau、‘awa、‘ava、kava。在波利尼西亚、密克罗尼西亚和美拉尼西亚，人们用这种酒来举行仪式、巩固关系纽带以及开始一段新的关系。除此之外，卡瓦醉椒这种植物本身也是太平洋和生活在太平洋上的人们相互联系的鲜活例证，因为卡瓦醉椒和太平洋殖民时期的许多植物和动物一样，随着新的移民群体从一个岛屿迁徙到另一个岛屿。因此，对于诸多岛屿的本土生态系统来说，卡瓦醉椒也是数个世纪以来人类促成的众多侵略性外来物种中的一员。

酒和围绕着酒的诸多仪式以前是，现在也是该地区许多社会不可或缺的一部分，为不同规模的社交、文化和政治关联提供了载体。时至今日，对很多人来说，卡瓦和卡瓦碗仍旧是朋友团聚、家庭聚会、交流意见和产生关联的方式。即便是在非正式场合，卡瓦也能提供一种正式的、相互联系的氛围。这里复制的约翰·韦伯（John Webber）的插图描绘了卡瓦酒在不同社会阶层的使用方式——既可以在正式的仪式中被国王当作社会和政治工具，也可以是普通百姓日常家庭生活的一部分。当地岛民将奠酒和其容器视为一种文化工具，因此，欧洲人访问这些岛屿时，常将卡瓦碗作为建立联系的早期社交手段。

世界各地都能见到以饮酒为基础的仪式，一些太平洋社会至今仍保留着这一习俗。清酒在日本社会的作用便是一个强有力的例证。要知道，这些酒和与之相关的文化展现了太平洋地区的民族与环绕在他们身边更广阔的世界的交融方式。从这个角度来说，棕榈酒（从发酵的棕榈树汁液中蒸馏得到的酒精饮品）的流通便是一个生动的例证。在西班牙探险家和商人到达菲律宾之前，棕榈酒是菲律宾一种常见的酒品。随着这些探险家和商人环游整个太平洋，棕榈酒也流通到了他们所涉足过的各个角落。因此，这种来自菲律宾的酒很快便来到了南美大陆。在那里，人们至今还喝着这种酒。

数个世纪以来，人们通过酒和饮酒仪式与新的群体相遇、交流，因此这种文化输出和同化一直是太平洋岛屿与大陆腹地之间交流的重要组成部分。简而言之，太平洋地区的人们一直都是通过分享产品、知识和经验来与靠近他们的外人相交流的。

◂ ‘Poulaho, King of the Friendly Islands, Drinking Kava’，约翰 · 韦伯

中国——太平洋的引擎

封建中国各朝各代的经济、文化和商品贸易一直以来都在驱动着太平洋地区的人员和商品流动，例如上文提到的海参贸易。历朝历代，中国对其南部和东部海域的影响都是复杂的且以某种形式一直存在着。在欧洲人到达太平洋之前，太平洋中的很多岛屿便已经被纳入了中国商品的交易网络。海参和香料便是当时的商品之一。同时，中国的政治也是朝贡体系的一部分，随着不同朝代权力的更迭而兴衰起伏。

对于中国早期在该地区的主导地位，最具意义的例子便是郑和下西洋。郑和是明代的航海家、探险家和外交家，1405 年到 1433 年，郑和多次受命横跨西太平洋和印度洋，甚至远行至非洲，接受了某个非洲王国的贡品——长颈鹿。郑和对西太平洋的探访旨在加强明朝对该地区的掌控，同时将他一路遇到的小国、城邦和岛屿纳入明朝的朝贡体系。这样做的结果就是，明朝拥有了一张广阔的朝贡网络，从而获得了稀有的香料、矿物和贸易品。想要成功达到这

些目标，便需要庞大而雄厚的实力。在这方面，郑和的船队无可挑剔。他的船队由数百艘承担着不同功能的船只组成，而船队中的每艘船只，都是那个时代的技术奇迹。据说，郑和的主舰有数百米长，配有四层甲板和七根桅杆，以保证船只的顺利航行。从外形和式样上看，这些船只便是《爱尔兰流浪者》（*Irish Rover*）这首歌曲中描述的爱尔兰移民大船，只不过歌里的大船带着爱尔兰式的夸张，而这些船只确是实实在在的。举个例子，郑和为航海募集了各种各样的水手和工人，还包括厨师和税吏。

郑和时代之后，中国与太平洋的非凡交往便没有更进一步。后来的中国皇帝并不热衷于加强对海洋的控制力。尽管如此，数个世纪以来，关于中国与太平洋的贸易、朝贡和互动网络，却保留了下来。还有一个值得思考的问题是，通过郑和下西洋，对于当时的太平洋，以及自此以后数个世纪的太平洋，我们能有多少了解。郑和本身是一位穆斯林，他的任务便是从众多

伊斯兰国家获取贡品。这些伊斯兰国家所在的区域，便是今天的菲律宾、印度尼西亚群岛和马来半岛等地区。他带着数千名为他服务的随行人员一起远征，他的舰队是名副其实的漂浮在大海上的城市。很难相信这些水手和工人都来自一个群体（没有外人加入），而且所有人从中国登船起，便一直跟随着舰队直到远征结束。

正常的情况是，参与远征的船员会死在不同的岛屿上，然后船队便从途经的城市和港口募集新的船员。因此，郑和的远征一定是西太平洋文化融合的重要因素，不仅是像郑和本人描述的那样让不同文化背景的人们相互接触，而且还将这些人分散、融合到了古代中国海上朝贡体系的方方面面。

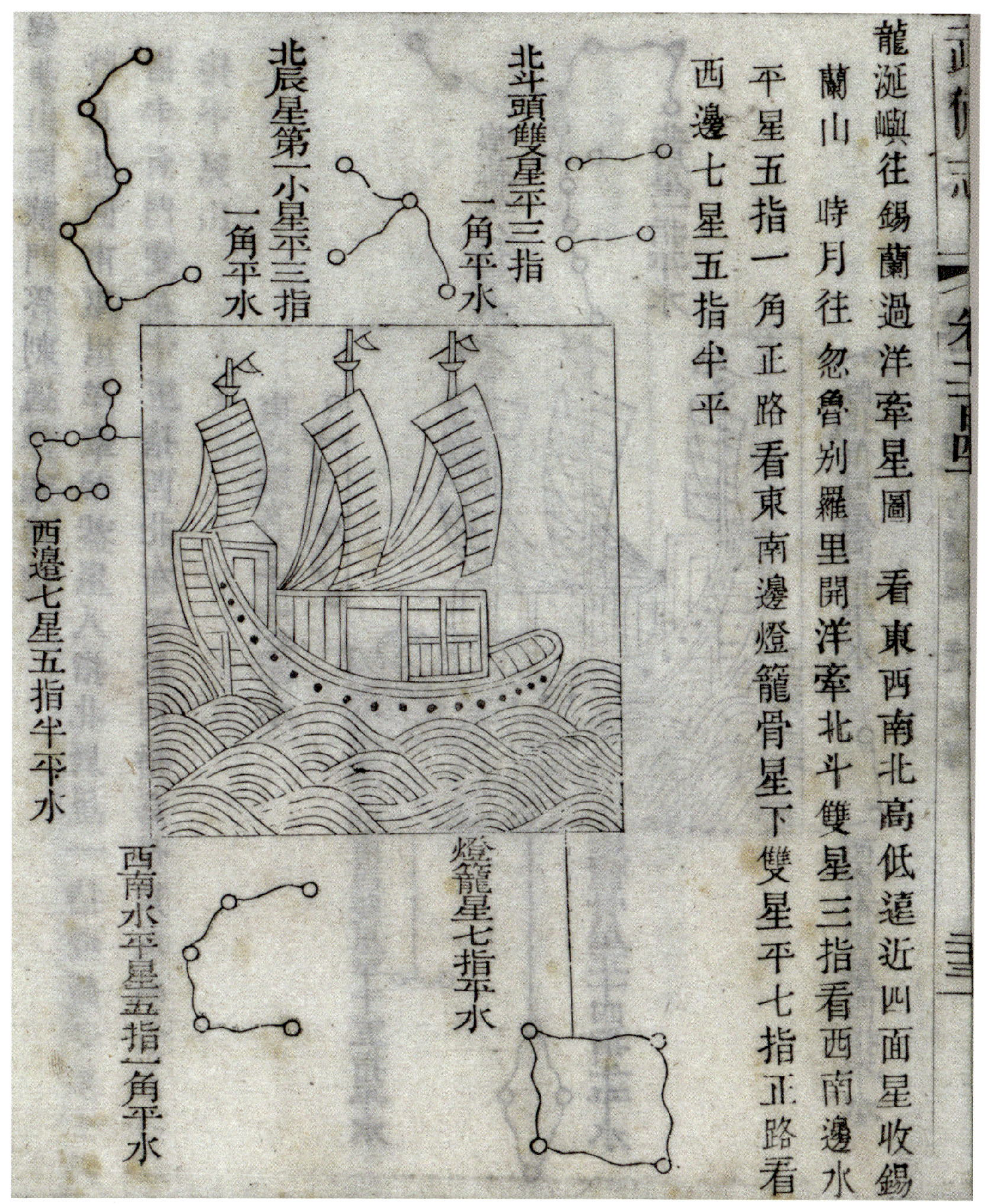

◂ 站在船上的郑和，出自《西方海洋志》，约 1600

▸ 郑和的船只和路线，出自《武备志》，约 1644

马可·波罗的罗迦克

现代早期，欧洲人对太平洋的兴趣来源于很多因素，其中一个突出因素便是他们希望通过海洋与香料和其他来自中国市场的珍贵贸易商品产生关联。18世纪，寻找“未知的南方大陆”（Terra Australis）成为欧洲探险家探索太平洋的另一个驱动力。“未知的南方大陆”这个说法有很多学术线索，例如地图学家和喜欢瞎猜的地理学家认为，北半球大陆需要一个位于南半球且与之相平衡的大陆，不过早期人们对这片大陆的探索主要是希望获得更多的财富。

这种对“未知的南方大陆”的财富的渴望，源于马可·波罗（1254—1324）的航行以及后来他所写的游记。正如《马可·波罗游记》15世纪的一个抄本 *Li Livers du Grant Caam* 中描绘的，马可·波罗在描述自己身处元朝开国皇帝忽必烈的皇宫中的情景时，曾提到中国南部、一个他称之为“罗迦克”（Locach）或“比齐”（Beach）的地方，那里有着惊人的财富、成堆的黄金和伟大的王国。马可·波罗那些有影响力的读者对于这些描述的理解是，那些王国是有着与中国相似大小、规模和财富的帝国，因此这些国家肯定需要另外一个完整大陆来支撑。于是，罗迦克或者说“未知的南方大陆”的概念，开始占据欧洲人的脑海。

对页展示的是保罗·福兰尼（Paolo Forlani）绘制的1571年版世界地图。这幅地图源于贾科莫·加斯塔尔迪（Giacomo Gastaldi）的1546年版世界地图。在这幅地图上，“未知的南方大陆”这片广阔的区域被称为“罗迦克之地”（Terra De Lvcach），体现并延续了马可·波罗对这片亚洲以南的大陆的命名。为了彰显这片土地的财富，福兰尼没有标注可能存在的王国，而是标记了骆驼、犀牛甚至独角兽。这幅地图体现并记录了那个时代欧洲人对这片想象中的大陆的痴迷。在这种想法的鼓励下，航海家们展开了各种各样的探险活动来寻找这片大陆，其中便包括英国航海家詹姆斯·库克船长领导的数次探险。当时人们的想法是，即便找不到能与之进行贸易的王国，最起码也要找到拥有丰富宝贵自然资源的辽阔土地。

本书会详细讲述寻找“未知的南方大陆”这个故事的起承转合，但目前先要关注的细节是这片土地的规模。现代学者认为，马可·波罗提到的广袤富饶的王国指的是当时的高棉帝国，而“黄金塔”以及其他引人注目的细节则指的是吴哥窟这类历史遗迹。毫无疑问，这些都是重要的、拥有丰富可支配资源的君主制王国。

▲ 保罗·福兰尼绘制的 1571 年版世界地图

◀ 大可汗（忽必烈）小像
出自《马可·波罗游记》15 世纪抄本

我们可以想象，马可·波罗也是在听到这些王国的故事后才写出来的。然而，这些王国和它们所占据的陆地规模，与欧洲探险家想象的大相径庭。事实上，虽然这些欧洲航海家未曾接触的王国存在的可能性并不大，但是欧洲航海家仍旧心心念念想要寻找拥有丰富资源的广阔大陆。他们对这些大陆的寻找将影响欧洲人对太平洋及其岛屿的理解。

MAR DE LA CHINA
EQVINOCTIA
ISOLI MALVCHI
MERIDIONALE

欧洲人、太平洋与中国贸易

数个世纪以来，在葡萄牙和西班牙航海家试图找到一条通往亚洲的新道路之前，与东方的贸易已经成为欧洲经济的重要组成部分。15 世纪以前，这种贸易主要依靠经由亚洲进入欧洲的陆上商路，因此像威尼斯这样的城市凭借着自身东方商品门户的地位而变得无比富有。对于欧洲人来说，东方有着优良的烹饪原料和香料，例如辣椒和肉豆蔻，同时东方还拥有诸多令人向往的手工制品，例如丝绸服装。

这种贸易经济涵盖了各种各样的区域中心和具有竞争力的产品，并且遍布在非常广阔的区域内，因此具有相当的复杂性。但是在欧洲人对亚洲贸易的想象中，有两个名字具有突出地位——华夏（中国）和日本。历史上关于亚洲的游记，例如之前马可·波罗写的那些，给欧洲人一种只要到了亚洲，尤其是中国，就能找到财富和贸易机会的印象。不过在欧洲人的认知里，这些帝国仍然掩盖在迷雾之中。世界东方这片广阔大陆，以及罗迦克和“未知的南方大陆”不仅需要航海家的探索，更需要打通一条能够服务欧洲诸帝国的直达商路。对于欧洲诸帝国的君主来说，他们和东方的贸易之间，有着太多的阻碍和敌人。

15–16 世纪的世界地图体现出欧洲对探索东方世界的勃勃野心。中世纪欧洲人的世界地图（Mappa mundi）以及那个聚焦中东的世界逐渐淡出了主流视线，取而代之的是波特兰海图◆（地中海地区最早使用的航海辅助工具），甚至还有杰拉杜斯·麦卡托（Gerard Mercator）用麦卡托投影法◆◆绘制的极具意义的开创性地图。通过这种转变可以看出，人们看待世界的方式已经发生了变化。欧洲人当时关注的，是海上贸易航线和堆满了各式商品的东方帝国，而不是一个由陆地和宗教区域框定的世界。当然，欧洲人对于后者的关注还是存在的，不过这种关注力也渐渐转移到一个日益商业化的世界上。对页展示的地图，是琼·马丁内斯（Joan Martines）的地图集的复制品，它有力地说明了上面提到的转变。

马丁内斯是西班牙国王菲利普二世时期的宇宙学家，在 16 世纪末期绘制了一本世界地图集。这本地图集综合了前面数个世纪的航海成就以及那些出发去到亚洲并打开了亚洲贸易的探险家的作品，因此着重描绘了太平洋西岸的地理情况，例如日本、中国、菲律宾群岛和印度尼西亚。虽然这本地图集的绘制时间较晚，但它对这一地区的地理描绘仍然存在着很多明显错误，例如日本列岛的配列。由此可见，即便是像日本这样和欧洲有来往的地区，欧洲人也无法清晰地了解其地形。从这一点我们便也可以理解，为什么认为南方有神秘大陆的想法会在欧洲流传数个世纪。

不过这些地图确实向我们展示了对于欧洲探险家和他们所代表的帝国来说，这一区域是多么的重要。这些探险家会不断地寻找通往亚洲的航线，因此他们将会不可避免地跨越太平洋。

◆ 波特兰海图是描绘港口和海岸线的写实航海图。——译注（本书中注释皆为译注，后不再标示）

◆◆ 一种等角的圆柱形地图投影法。

◀ 琼·马丁内斯绘制的印度尼西亚地图，1578

控制香料群岛

尽管与中国进行贸易可以获得大量财富，但对欧洲探险家来说最具吸引力的，大概还是香料群岛及控制这些群岛的港口。香料群岛便是如今位于马来西亚的马鲁古群岛（Maluku Islands）。香料在欧洲是一门大生意，即便扣除从陆路贸易线将香料运到像威尼斯这样的市场所产生的层层叠加的高额成本，贸易商们仍有很大的利润空间。于是，像西班牙和葡萄牙这样的航海帝国，便动起了直航的心思——直接航海至东印度群岛，就地采购香料然后再通过海路运回欧洲大陆。15 世纪末，葡萄牙人开始探索通往亚洲的航线。1488 年，葡萄牙航海家瓦斯科·达·伽马绕过好望角，并于 1497 年抵达印度。

当时，葡萄牙帝国有了直接与亚洲做生意的能力，但是对欧洲人来说，迫在眉睫的问题是，他们想要获得香料，但没有等值的货物来与亚洲人进行贸易交换。因此，暴力和勒索便是可以预见的手段。事实证明，随着 16 世纪初期诸如马六甲这类重要港口落入葡萄牙人的掌控，这些手段成为一种有效策略。从这一刻起，马来半岛再也无法回到从前，随着时间的流逝，整个西太平洋都是如此。欧洲人来了，并留了下来，然后继续探索、勘察、恐吓、勒索他们所遇到的岛屿和帝国。葡萄牙人在马来半岛的关键区域探索，西班牙人则尝试穿越太平洋到达香料群岛（我们后面会提到）。随后，荷兰、英国和其他国家也努力地在贸易中分一杯羹，并取得了不同程度的成功。

《东印度新旧志》（*Oud en Nieuw Oost-Indien Vervattende*，1724）一书很好地体现了荷兰人对香料群岛的兴趣。书中叙述了荷兰东印度公司在不同地区，尤其是马来半岛，展开的各种活动。书中不仅描绘了欧洲人喜欢的各种香料——胡椒、丁香、肉豆蔻等，还描绘了这些地区的要塞和防御工事。到这本书出版时的 18 世纪，虽然葡萄牙人对该地区的掌控力削弱了很多，但是欧洲人已经确立了对这些岛屿的统治地位。因此当时的马来半岛是一个高度军事化的地区，而大量的契约劳工和奴隶劳工、种植园经济，以及因贸易的名义而惨遭破坏的整个生态系统也成了当地的特色。

虽然种植园经济会破坏它们赖以生存的环境，但是这种伤害和香料贸易相比，完全不在同一个层面上。为了规范香料的生产和销售，控制着贸易的那些公司便摧毁了整个区域，从而保证只能从种植园而非野外获得香料。贸易的建立不仅意味着欧洲探险家在太平洋地区站稳了脚跟，获取了巨大的经济利益，同时也预示着太平洋诸岛的生态系统即将遭受巨大的、人为的改变。

▸ 班达群岛地图
出自《东印度新旧志》，1724

▾（背页）马鲁古群岛（香料群岛）
彼得勒斯·普朗修斯，1617

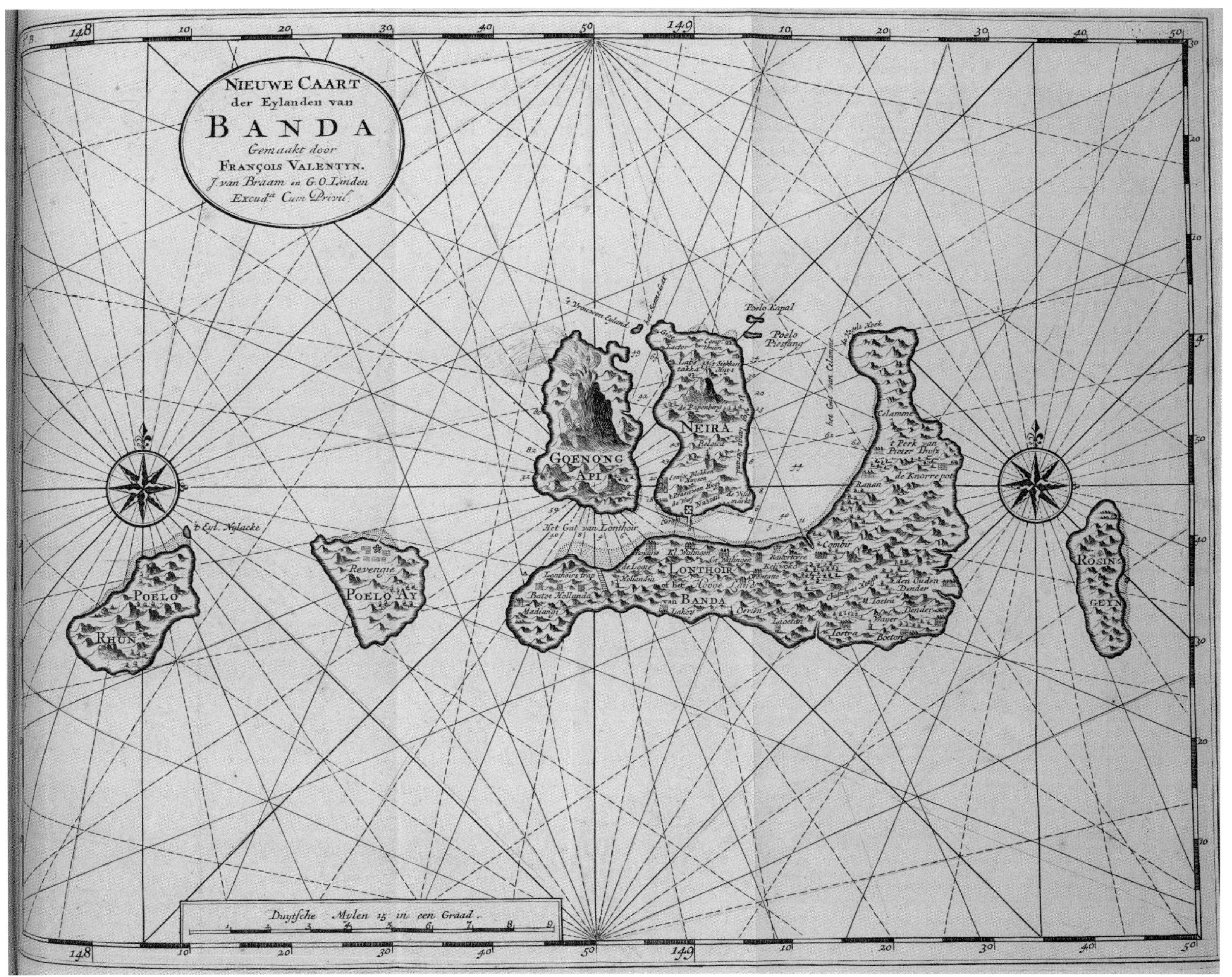
NIEUWE CAART
der Eylanden van
BANDA
Gemaakt door
FRANÇOIS VALENTYN.
J. van Braam en G.O. Linden
Excud.ᵗ Cum Privil.
GOENONG API
NEIRA
LONTHOIR
of het
van BANDA
POELO RHUN
POELO AY
ROSINGEYN
Poelo Kapal
Poelo Piesang
Het Gat van Lonthoir
Duytsche Mylen 15 in een Graad

BORNEO
CELEBES
CEIRAM
IAVA, quæ et IAOA dicitur
Timor
Aru
Agui in bernon Martin Afonso de melo
Hic hybernavit de Menezes
Terra alta Guliam
Baixos
Guaon
MARE LANT CHIDOL
BEACH
NUX MYRISTICA
Bintan
Linga
Banca
Bibilitam
Chinabato
Nisafira
Batolaja
Batutara
Xula
Burro
Ceibam
Baqueiraon
Carangao
I: da Palmeras
I: de Talao
I: de Rao
I: de Dai
I: dos Graos
I: de Aguada
Batochina
Bachian
Ternati
Tidori
Gilolo
Lave donde foy n Manuel de lima

ZARI
I: de los Salteadores
Miracomo Vaz
De los Martires
I: de Aves
I: de Paxaros
I: de Dō Aloço
De los dos Vesinos
I: de los Nadadores
ÆQUINOCTIALIS
Dos Martiles
I. dos Crespos
Moo
I: de Arti
I: de Arimo
I: da Mala gente
Ilhas do Mons blācos
La Carimana
La Barbada
Los Bolcanas
C: de buen Deseo
Del Aguada
S: Thiago
Buen Puerto
Buen Puerto
S: Andres
I: de los Crespos
De las Virgines
S: Paulo
R: de S: Petro
R. de S. Augustin
S: Hieronymo
R: Baixo
P: Salida
El Abrigo
B: de S: Nicolas
P: de Gasparico
C: Blanco
Buena baya
Ancon de la Natividad de nuestra Senora
NOVA GVI NEA
Nova Guinea a nautis sic dicta, quod eius litora, locorumque facies Guineæ Africanæ multum sunt similia. ab Andrea Corsali Florentino videtur dici Terra de Piccinacoli. Partem autem eße continentis Australis magnitudo probabile facit.
Terra Baixa
Insulæ Salomonis
Nombre de Ihesus
Baixos de Candelaire
Isabel la
I: Verdes
Malarta de la Aguada
S: Christovano
I: Dagoa
Dalcana
S. Nicolai
S: Thiago
With Sandel
CA RYOPHI LORVM ARBOR
Geel Sandel Santalum flauum
Root Sandel, Santalū rubrum
Witt Sandel Santalum album

伊斯兰与太平洋

在基督教到来之前，太平洋范围内那复杂的宗教网络便已存在了数个世纪。15 世纪时，太平洋诸岛独有的各类宗教以及部分全球性的宗教，如印度教、佛教和伊斯兰教，都已成为太平洋文化的一部分。其中，伊斯兰国家和西太平洋更是早就建立了长期的联系。根据阿拉伯人的记载，至少从 10 世纪开始他们便和香料群岛以及周边诸岛产生了联系。到了 15 世纪，西太平洋很多重要的岛屿和港口，例如马来半岛中那些主要的香料贸易点，都是由信仰伊斯兰教的人在管理。

伊斯兰教在太平洋的早期历史是由在香料贸易港口和城镇确立了自身地位的传教士来书写的，但到了 15 世纪，形势发生了巨大变化。信奉伊斯兰教的有权势的个人开始培养自己的势力，反抗东南亚诸如暹罗那样强大的帝国，并建立了自己的定居点或以海盗的身份掠夺过往贸易船只和当地定居点。对于这段历史，有一个非常具有说服力的例子——拜里米苏拉（Parameswara，1344—1413）。他举旗反抗满者伯夷帝国以及其他受暹罗影响的区域，并最终于 1402 年建立了马六甲定居点和贸易港。马六甲很快成为当地颇具影响力的贸易港，控制着太平洋最重要也最狭窄的关卡的贸易进出。当欧洲人驶向马来半岛和太平洋的时候，当地很多重要的贸易港和贸易岛都因受苏丹人掌控而名义上成为信奉伊斯兰信仰和文化的地区。马六甲就是其中的代表。

随着欧洲人利用胁迫和武力强行插手利润可观

的香料生意，并与中国、日本展开了更广泛的贸易，当地这种由伊斯兰教主导的宗教氛围便引起了欧洲基督徒和太平洋穆斯林之间的冲突。不过，哪怕基督教和当地伊斯兰教起了冲突，哪怕随着探险家而来的欧洲传教士十分热心地弘扬基督教，伊斯兰教仍然是该地区重要的宗教信仰。后来那些描绘太平洋地区伊斯兰教的信徒、建筑和习俗的记录也都说明了这一点。

与其他在该地区扩张的宗教一样，伊斯兰教在太平洋上也有自己的扩张史和冲突史，但当欧洲人到来的时候，伊斯兰教已在很多区域建立起政治主导地位。因此，伊斯兰教信仰以及维护这种信仰的苏丹人常被认为是该地区抵御欧洲殖民侵略的捍卫者。这些历史因素导致了当代太平洋地区分裂而复杂的关系，不过也让我们了解到从 15 世纪晚期开始欧洲人努力涉足的宗教、文化、政治网络是什么样的。

▲ 德那第清真寺插图
儒勒・迪蒙・迪维尔于航海途中所作，1837-1840

◀ 标有清真寺的苏门答腊岛亚济特区地图

环游世界第一人

对海上贸易路线的探索主要是由葡萄牙人和西班牙人驱动的，他们这一行为所产生的成果便是旨在方便这两个快速成长的欧洲列强瓜分新世界的《托尔德西里亚斯条约》（Treaty of Tordesillas，1494）。概括说来，条约规定，经由非洲到达东方的航线和贸易利益归葡萄牙王室，而通往西方的岛屿和航线（除今巴西）归西班牙王室。该条约让西班牙获得了美洲的财富，同时也让葡萄牙控制了与东方的远洋贸易。葡萄牙贸易商充分利用这一点，在1511年控制了马六甲，从而对香料群岛的政治结构、贸易网络和文化产生了巨大影响。当时，见证葡萄牙贸易史上这一重要时刻的人便是斐迪南·麦哲伦（1480—1521）。

后来，麦哲伦改变了他的效忠对象（以及职业前景），投靠了西班牙王室，并试图带领一支探险队前往美洲西部。1513年，巴斯克·努涅斯·德·巴尔波亚（Vasco Núñez de Balboa，约1475—1519）进入太平洋，并宣称这片水域归西班牙所有。关于《托尔德西里亚斯条约》，还有一个重要的问题，即它的边界到底在世界另一边的哪个位置？也就是说，条约中的东西半球的交界线在哪里？这条交界线可能是美洲西部的某个地方，这个地方可能非常靠西，以至于葡萄牙最东面的一些领土，包括香料群岛，都有可能在实际操作中落入西班牙的控制范围。这就需要详尽的调查。麦哲伦一直都相信美洲南部存在着通往太平洋的航道，于是坚定地承担了这项任务。

1519年，麦哲伦带领四艘船只离开西班牙，花了一年的时间探测南美东部海岸，并于1520年10月绕过维基尼角（Cabo Virgenes），之后遇见了一个位于大陆南部的海峡。这趟旅程漫长而艰辛，还遭遇了大雾、群礁和冰山等阻碍，不过最终麦哲伦和他的船员们还是进入了海峡另一边的广阔海域。看着眼前那片平静的海域，麦哲伦的心中充满了喜悦，于是他将这片海域称为“平静的海”（*Mar Pacifico*）。从那一刻开始，麦哲伦的航行便开启了困难模式。虽说太平洋上有很多岛屿，但是根据麦哲伦设定的航线，他们在到达菲律宾之前，什么都不会遇到。实际上，麦哲伦的这次航行，是一段充满了艰险、饥饿、疾病和死亡的史诗般的旅程。遇到西太平洋上的岛屿后，在试图用基督教教化当地原住民时，麦哲伦卷入了当地的纷争，结果在1521年4月死在了麦克坦岛上。他的其余船员则继续完成了那次举世闻名的环球航行。

麦哲伦的船员里有一个名叫“马六甲的恩里克”（Enrique de Malacca）的人，他从东印度群岛时期开始便一直在麦哲伦手下工作。恩里克来自马来群岛，也可能是菲律宾宿务岛。所以当麦哲伦的探险队在1521年3月来到马来群岛时，恩里克很可能成为第一个环游世界的人。虽然这次探险错过了太平洋上几乎所有的岛屿，但是这次探险以及恩里克都在世界历史上赢得了独特的地位。

▸ 巴蒂斯塔·阿格内塞绘制的显示了麦哲伦船队航线的世界地图，1540

CIRCIVS·VEL·RESIAS·
SEPTEMTRIO·VEL·APARCTIAS·
AQVILO·VEL·BOREAS·
CAVRVS·CORVS·VEL·LAPIXSI·VIGESTES·
CECIAS·APELIOTES·
CIRCVLVS·ARTICVS·
TERRA·DE·BACALA·
CTROPICVS·CANCRI·
FAVONIVS·VEL
SVBSOLANVS
AEQVINOCTIALIS·
MAVRITANIA·
LIBIA·ITERIOR·
ARABIA
AEGYPT
ASIA
PERV·
MVDVS·NOVVS·
BRAZILL
INSVLE·MALVCHE·
TROPICVS·CAPRICORNI·
INDICV· MARE·
RIO·DEL·A·PLATA·
CAPITIS·BONE·SPEI·
CIRCVLVS·ANTARTICVS·
AFRICVS·VEL·LIBVS·
VVLTVRNVS·EVRVS·
LIBONOTVS·EVRO·AVSTER·
AVSTER·VEL·NOTVS·
EVRO·NOTVS·

日本帝国

数个世纪以来，日本列岛所在的日本海以及更广阔的太平洋海域定义了日本这个国家和亚洲大陆的关系。不可否认，自从人类第一次在这片土地上定居以来，这些岛屿以及它们所经历的各个王朝和政府都是亚洲大陆的一部分，并和亚洲大陆的政治、文化以及更为广阔的经济息息相关，但与此同时，日本列岛与亚洲大陆又是相互分隔的。这种分隔，一方面是由构成太平洋的水体所造成的物理性分隔，另一方面也促使日本形成了与邻居大相径庭的文化和政治结构。

日本列岛与它们各自岛民之间的关系是复杂而动态的，不过在这其中，具有广泛全球意义的是，日本在历史上与邻近的大陆王国，尤其是中国和朝鲜所建立的关系。在日本历史的大部分时间里，与中国的关系都是中华帝国外围的一个朝贡王国。中国使节，就像《大织冠》（*Taishokkan*）◆中描绘的那样，会定期访问日本，提醒日本统治者对中国皇帝的责任和义务。欧洲人的到来逐渐改变了这种状态。日本变得愈发好战，并试图以损害其他岛屿和大陆国家的利益为代价发展自己的势力范围。其中，受日本伤害最显著的便是朝鲜。

对于欧洲人来说，日本列岛是东方另一处潜在的财富之地，但蒙着一层比中国以及马来半岛附近的香料群岛更为神秘的面纱。1542 年葡萄牙人到达种子岛时，欧洲人与太平洋其他地区已经建立了近半个世纪的联系。他们遇到的日本是一个封建社会，一个迫切渴望通过与他们的贸易换得武器以及通过更广泛的太平洋贸易获得其他物资的封建社会。尽管数个世纪以来

日本与中国一直维系着紧密的朝贡关系，但是当欧洲人到达日本列岛的时候，事实上日本已经切断了与中国的贸易，因此很难在日本获得丝绸、瓷器等奢侈品。

这就为葡萄牙商人以及随后到达日本的其他欧洲人，例如荷兰人，提供了一个独特的贸易机会。他们将货物通过海路运到日本，并将自己扮演成太平洋商圈的中间人。日本与欧洲的交往跟亚洲及太平洋其他区域与欧洲的交往完全不同，尽管如此，它还是受到了这些“外来者”的影响。虽然太平洋岛屿的历史一直围绕着社交、贸易和海洋政治这几个关键词，但是欧洲人的到来慢慢地改变了先前数个世纪沿袭下来的节奏——即便是日本这样相对独立的岛屿，也未能幸免。

◆《大织冠》是取材自日本著名宫廷官员藤原镰足（614–669）的生活而创作的故事。

◂ 中国使节正驶向日本，出自《大织冠》

◂ 荷兰使节和扈从的手稿，出自坎普法的《日本志》

通往太平洋的门户

麦哲伦的环球航行说明，通往东印度群岛和西太平洋的航线显然不止一条，但是已知的路线都紧紧掌控在葡萄牙和西班牙这两大欧洲强国手中。葡萄牙人控制着经由合恩角，通过马六甲通道到达马来半岛的航线。西班牙人则逐渐建立了对菲律宾的控制，并开始探索跨越太平洋建立大帆船贸易◆的可能性。

在随后的许多年里，葡萄牙和西班牙对这些通道的控制和权益通过《托尔德西里亚斯条约》得到了进一步的巩固。这也意味着欧洲其他基督教国家是无法使用这些航线的。尽管如此，在马来半岛外围群岛之间还流淌着很多其他水道，供非欧洲文明群体使用。在之后的相当长一段时间内，这些水道仍将是进入这些水域的主要通道。通过这些水道和水域周边的定居点，来自不同文明的船只、商人、传教士和渔民经营着各自的贸易，因此这些水道可以说是一个丰富文明的大熔炉。

欧洲人对太平洋世界的影响和控制日益加深，然而这样的结果不仅是通过像《托尔德西里亚斯条约》这样的政治–宗教契约来实现的。全副武装的船只和筑满防御工事的港口让葡西两国更显强大，从而成为他们控制各自太平洋门户的关键手段。面对如此严峻的军事和政治壁垒，再加上葡西两国通过控制这些航线在欧洲获得了巨大的政治和经济收益，欧洲其他列强不得不另寻属于他们自己的通往太平洋的门户。

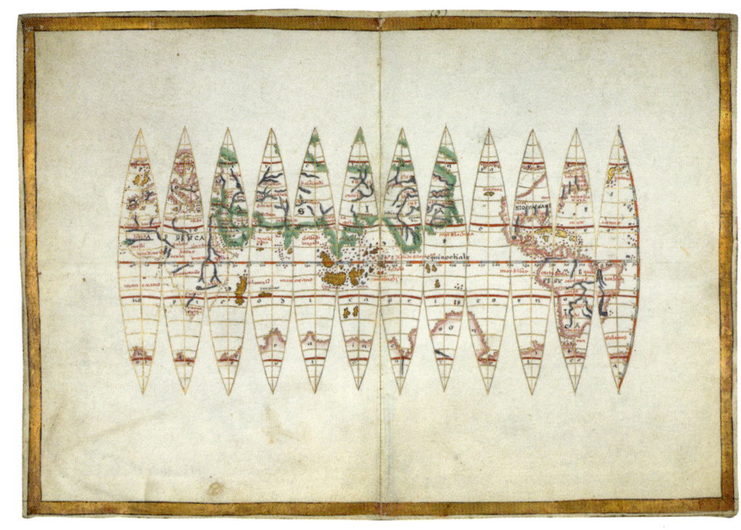

◀ 东印度群岛航线
琼·马丁内斯作，1540

英国人和荷兰人早期的兴趣主要是希望通过北冰洋和北极找到通往太平洋的通路，最著名的便是西北和东北航线。很多像马丁·弗罗比舍（Martin Frobisher）和亨利·哈德逊（Henry Hudson）这样的探险家都投身于这场持续了数个世纪的追寻。他们希望能找到一条通过北极冰冻水域进入东印度群岛的路线，同时还能发掘沿路的各种资源和新的贸易机会。随着欧洲的政治和宗教压力迫使诸国与强大的西班牙

帝国产生直接的冲突，这种需求变得越来越强烈。不管是因为宗教改革这样的宗教动荡，还是像荷兰一样希望摆脱西班牙的掌控实现独立，对于16世纪的欧洲诸国来说，有太多的理由去颠覆西班牙和葡萄牙王室的贸易垄断并与之竞争。

实际上，北极航线并不能解决问题。欧洲人派出了无数的探险队，但并未在寻找太平洋门户上取得什么进展，反而为捕鲸开辟了很多机会。在当时，要想使用通往太平洋的门户，例如位于麦哲伦海峡南面，经由合恩角的德雷克海峡，最好的办法便是私掠商船和公然侵略。

◆ 1565–1815 年西班牙殖民地墨西哥与菲律宾之间的垄断贸易。

▲ 标有德雷克航行航线和德雷克海峡的世界地图
大约出版于安特卫普，1581

传教士政治

与探险家、商人一起从欧洲来到太平洋的还有基督教传教士以及其他肩负在所到之地建立信仰这一重任的人们。这并不奇怪，因为葡萄牙和西班牙用来瓜分世界的《托尔德西里亚斯条约》的核心便是基督教，尤其是罗马天主教。根据该条约，欧洲列强将殖民或征服没有天主教君主的国家，并且可以征服其他所有土地或声称对这些土地的所有权。该条约也暗示着，葡萄牙和西班牙的探险家们会促进天主教教义在他们所遇见的土地和人群中的传播。

这还意味着，当地人口对天主教的皈依成为一个重要机制，从而让欧洲人不仅可以在当地进行道德控制，还能施行政治控制。正如前面所讨论到的那样，欧洲人所遇到的西太平洋地区有着复杂的宗教信仰网络，而这些信仰也往往是当地政治统治的基础，无论是苏丹们对重要贸易场所的掌控，还是土著岛屿宗教在维护酋长和统治家族权威方面的作用。

当欧洲传教士和宗教人士到达太平洋的时候，他们带来的不仅是一种信仰，还是一种破坏政治稳定的手段。岛上原住民的信仰转变是在个人信仰和统治他们的政治团体之间创造忠诚性冲突的一种方式，同时也是加剧欧洲人和当地政治利益集团之间紧张关系的一种手段。纵观欧洲在太平洋的参与史，保护基督教信徒这个理由一再被用作与既有政治团体，尤其是西太平洋的伊斯兰统治者，进行交战的借口。因此，在菲律宾等岛屿上建立重要的天主教社区，是欧洲人发展和确保自己对某个地点及整个地区的掌控的一种手段。

很多插图，例如对页这幅马尼拉鸟瞰图，都清晰地说明了宗教在确保欧洲人对当地岛屿的掌控力中所起的作用。那些星罗棋布的教堂尖顶是基督教化的推动者，同时也是一座座维护城堡、城墙和船只的道德堡垒，保护着整座岛屿免受欧洲的炮火攻击。宗教的传播和传教士的工作在改变太平洋地区劳作方式和政治平衡方面

的意义，也许可以通过日本得到最好的说明。日本的统治者绝不会允许基督教传教士在日本列岛上建立持久的稳固地位。事实证明，这种态度是日本能够在接下来的几个世纪中保持独立的关键。

▲ 绘有各种教堂尖顶的马尼拉鸟瞰图
若阿内斯·文布恩斯，约 1665

◀ 罗明坚和利玛窦抵达中国
亚伯拉罕·范·迪彭贝克，1682

归　途

对于西班牙来说，麦哲伦的探险队成功完成环球航行并发现了麦哲伦海峡这件事，可能并不如我们想象中的那么重要。是的，发现了一条从大西洋进入太平洋的航线，麦哲伦和他的船员们也成功地到达了菲律宾和东南亚群岛，但到这些岛屿的距离比西班牙人预期的要远得多。如此遥远的距离不仅让旅程变得更加危险，还对西班牙原先计划的，将香料群岛纳入《托尔德西里亚斯条约》所约定的西班牙势力范围这一想法提出了挑战。更重要的是，麦哲伦在跨越太平洋的旅途中并未遇到任何陆地。由此也产生了另一个关键问题：没有一条直接的、便利的、穿越太平洋的航行路线。

自麦哲伦远征后，很多西班牙航海家都出发去寻找那片在1521年遇到过的陆地。他们推断，太平洋上一定存在着一股能带领他们到达美洲的东风。这种推测是基于他们对北大西洋环流风的了解。北大西洋环流风是绕大西洋北部（以及后来的三角贸易区）顺时针旋转的环状气流，也是葡萄牙航海家们早已开始了解的事物。毫无疑问，太平洋上肯定也存在着类似的气流，但40多年来，始终未能有人找到这股气流。1564年，米格尔·洛佩斯·德·莱加斯皮（Don Miguel López de Legazpi）和航海家安德烈斯·德·乌达内塔（André de Urdaneta）的航行取得了重大进展，从而改变了欧洲人与太平洋的关系，并开始创建“西班牙湖”（Spanish Lake）。

莱加斯皮的探险队到达菲律宾后，乌达内塔便开始着手改变当地岛民的宗教信仰以及在当地岛屿建立第一批基督教礼拜场所等事宜。随后，莱加斯皮便指派乌达内塔返航。在探险队出发前，乌达内塔便已是著名的航海家，因此莱加斯皮很信

▲ 百夫长号正在袭击西班牙帆船科瓦东加号

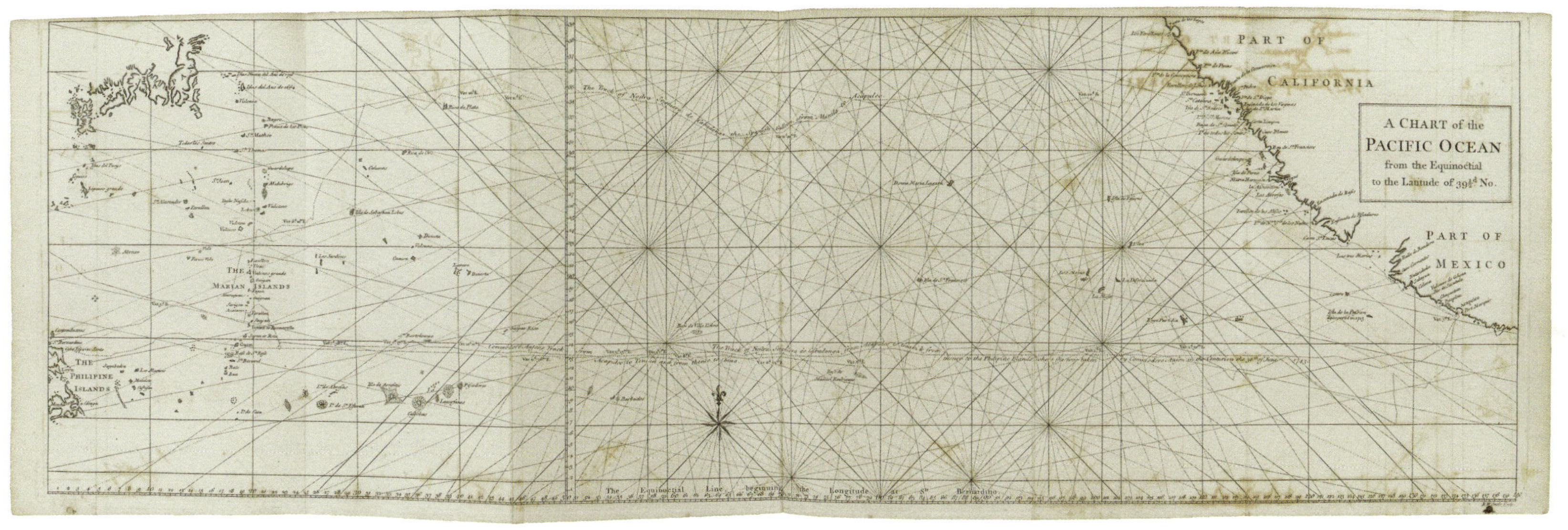

任他，委托他找寻一条跨越太平洋的返回美洲的路线。船队分开的时候，乌达内塔推测北太平洋盛行的风向和北大西洋上的风向一样都是顺时针吹的，因此最有可能成功的路线便是向北驶至日本所在的纬度，然后幸运地遇上能将他带到美洲的环流风。

虽然等待乌达内塔和他的船员们的，是一场漫长而危险，且充满着饥饿与死亡的旅途，但乌达内塔的推测是合理的。1565 年 10 月，航行了 130 天，行驶了 20000 公里后，乌达内塔和幸存船员终于到达了阿卡普尔科（Acapulco）◆。这一成就使跨越太平洋的贸易成为可能，西班牙人也因此成功地将白银从他们在美洲的银矿运往了中国。突然间，西班牙人拥有了运输中华帝国刚需资源的能力，于是西班牙的大帆船贸易就这样开始了——他们将美洲的白银运往东方，然后乘着环流风满载珍贵的产品而归。当时的西班牙掌控了全世界利润最大的一条贸易路线，如果西班牙能好好保护好这条路线，它便可以主宰欧洲及全世界的政治。然而，正如上面这幅地图显示的那样，这并不是一件容易的事。这条贸易路线上的船只将会不可避免地成为西班牙的竞争对手眼中诱人的靶子。例如图中的这艘大帆船，在詹金斯的耳朵战争（War of Jenkins' Ear，1739—1748）◆◆中被乔治·安森（George Anson）俘获。类似的情况不胜枚举。

◆ 墨西哥南部港口城市。

◆◆ 英国与西班牙之间发生于 1739—1748 年的一场军事冲突。

▲ 一艘被俘获的大帆船的路线图

大帆船贸易与“西班牙湖”

随着西班牙人对太平洋洋流的发现和利用，由此而产生的大帆船贸易成为一笔巨大的生意。1565－1815 年，无数船只穿梭于阿卡普尔科与马尼拉之间，将从美洲开采的白银源源不断地运到亚洲。这条路线主要用于和中国进行贸易。那些船只满载着白银驶向中国，然后带着丝绸、瓷器、香料、象牙等其他珍贵商品返航。这些船只极其重要，因此贸易伊始，西班牙人便派遣备战状态的无敌舰队一路随行。从理论上来说，西班牙对大帆船贸易路线的垄断，加上一路护卫贸易船只的军事力量，使得这片太平洋水域成为一个“西班牙湖”——由西班牙帝国独自掌控的领地。

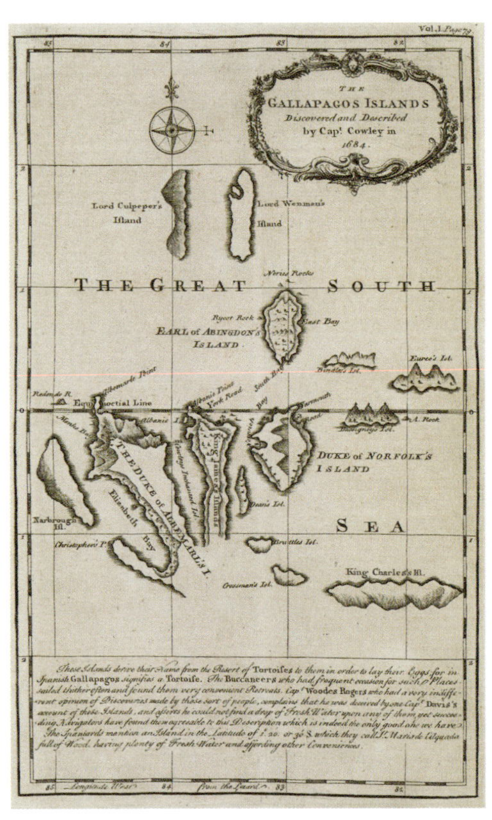

▲《加拉帕戈斯群岛地图》
出自哈里斯的《航海家》

◄ 德雷克俘获卡卡弗戈号大帆船，1579 年 3 月

这样的结果对太平洋地区的经济、文化和人口都造成了巨大的影响。大量的人口跟随着他们所运输的商品登上船只，四处旅行，于是大帆船贸易也成为文化融合和交流的主要途径。正是大帆船贸易将棕榈酒（之前讨论过）带到了南美，也是大帆船贸易让那么多起源于美洲的词汇在菲律宾以及东南亚得到了更广泛的使用。此外，大帆船贸易不仅加深了欧洲人和东南亚的联系，也加深了美洲的原住民与东南亚的关系。他们迁徙至大洋彼岸，在贸易路线的中心位置定居。关于这一点，最好的例证大概便是菲律宾造船工人在大帆船建造过程中所起的作用。在 250 年的贸易期内，大帆船的建造主要

集中在马尼拉，但是南美大陆的港口也会建造大帆船，而他们聘用的劳工和监工也大多是菲律宾人。

拥有如此巨大的财富规模和社会影响力的贸易不可能在不被发现的情况下长久运行。很快，其他国家的水手也开始打大帆船贸易的主意。很多国家，例如英国，在大帆船贸易期间都与西班牙进行了数年的交战，意在利用大帆船贸易这个机会重伤西班牙帝国。正是富饶的南美太平洋海岸以及大帆船贸易促使弗朗西斯·德雷克爵士（Sir Francis Drake）来到了太平洋，从而绘制了德雷克海峡的地图，并且在尝试寻找西北航线失败后完成了他的环球航行。

右侧这幅插图描绘了卡卡弗戈号（Cacafuego）被俘获的场景，表明了英国人希望掠夺西班牙大帆船，并成功做到了。想要从贸易中分得一杯羹的欲望也促使英国人与太平洋地区的联系日益紧密。不过他们与海洋互动的方式与西班牙人的方式完全不同。西班牙人依赖海上的风向，常常忽视太平洋上的诸多岛屿，但是对于英国人来说，这些岛屿是他们私掠船的藏身之处，也是他们进行补给的枢纽，以便他们继续追寻西班牙人的财富。约翰·哈里斯发表在《航海家》上的地图（虽然来自英国私掠商船的后期）说明了当时英国水手所关注的事情，例如深港和淡水，以及如何利用太平洋上的岛屿来削弱“西班牙湖”的地位。

▲ 停在菲律宾海湾的大帆船
特奥多雷·德·布里，年份不详

Septentrio.

Arcipelago di S. Lazaro.

Baixos de S. Bartholome

I. de S. Petro.

OCCIDENTALIS.

La de Sayroue chada

Corral de Pracelas

I. de Pracelas

Barbudos

I. de Don Alonco

De los dos Ve sinos

I. de Paxaros

Miracomo Vas

I. de los Nadadores

190 200 210 220 23

I. de los Tubarones

Nova Guinea.

Sic a nautis dicta, quod littora illa, conditioq; terræ, Guineæ in Africa multũ similia sint. Continẽsnẽ ad terrã Australẽ, an Insula sit, incognitũ est.

欧洲人来到大洋洲

虽说横跨“西班牙湖”的贸易给周边岛民带来了深刻的变化，但是欧洲人一开始对太平洋产生浓厚兴趣的时候，忽视了很多本土族群。尤其是很多拉皮塔人的后代（后来欧洲人将这个多元文化群体称为美拉尼西亚人、密克罗尼西亚人和波利尼西亚人），都被追求环形航线的西班牙商人以及追着他们跑的私掠船所忽略了。然而到了16世纪晚期，随着探险热潮，尤其是人们对寻找“未知的南方大陆”的热切渴望的再次抬头，这种情况开始发生改变。

欧洲人一直都相信，马可·波罗暗示过的那个“广袤的南方大陆”是真实存在的，在西班牙人和葡萄牙人进入太平洋后，寻找南方大陆的诉求从未真正消失，但也确实降低了很多。人们对南方大陆的兴趣之所以降低，纯粹是出于现实和经济的原因。西班牙人和葡萄牙人都找到了丰富的资源和贸易路线，从而获得了巨额财富以及在欧洲境内巨大的政治优势。在这种情况下，理性的下一步便是竭力保护这些探险成果，让它们创造尽可能多的价值，而不是冒着巨大的风险和代价去寻找其他陆地。毕竟，装备船只环球航行是极其昂贵的。所以，已知的大量机会还没有开发殆尽，为什么还要花钱去寻找新的陆地呢？

这便是西班牙王室和南美殖民中心的官员们的逻辑。但是，总是存在一些梦想家，他们痴迷于发现新大陆，发现巨额财富的来源。这种现象其实并不令人惊讶，尤其是在将南美各帝国掠劫一空的贪婪的征服者（conquistador）◆获得了巨大成功这样的背景下。这些军事探险家，例如之前提到过的皮萨罗（Pizarro）探险队，不仅自己赚得盆满钵盈，还为他们自己开拓了很多小国家，并且成功地说服自己这是同时做了上帝的工作。这些都激励了新一代的年轻探险者起航前往浩瀚的太平洋，寻找可以天主教化的新的大陆、新的国家和新的族群。

1567年，阿尔瓦罗·德·门达尼亚·德·内拉（Álvaro de Mendañay Nera）带领着两艘船只离开了秘鲁卡亚奥港，朝着比西班牙大帆船常规路线更南的方向出发，希望能遇到新的陆地，从而开启西班牙和基督教在太平洋地区的新一轮扩张。他主要接触的是新几内亚东部岛屿上的族群。那片岛屿如今被称为所罗门群岛。所罗门这个名字是门达尼亚自己取的，他希望自己发现的是“广袤的南方大陆”的外围群岛，同时坚信自己遇到了传说中所罗门王宝藏的位置。对于门达尼亚和他那一代探险家来说，他们在太平洋的探险和征服者的功绩一样，都裹着《旧约》神话的外衣。唯一的问题是，门达尼亚回到南美后，他对所罗门群岛的热忱并未得到其他人的共鸣。

◂ 新几内亚和鲑鱼岛，1602

◆ 征服者特指15世纪至17世纪，到达并征服美洲新大陆及亚洲太平洋等地区的西班牙与葡萄牙军人、探险家。

门达尼亚的回归与基罗斯的新耶路撒冷

门达尼亚大概花了 30 年的时间才成功说服相关当局委托他再次进行远征。1595 年门达尼亚再次起航的时候，随行的是一名叫作佩德罗·费尔南德斯·德·基罗斯（Pedro Fernandes de Quirós）的水手。他们沿着门达尼亚 1567 年走过的航线行驶，希望能进一步接触之前遇到的群岛，从而找到那片南方大陆。这一次他们来到了马克萨斯群岛。为了纪念当时的秘鲁总督卡涅特侯爵五世加西亚·乌尔达多·德·门多萨（García Hurtado de Mendoza），他们将群岛命名为马克萨斯。经过两次探险，门达尼亚和基罗斯为欧洲提供了一份关于栖居在南太平洋小岛上的大洋洲人的书面记录。虽然岛屿上的尚武文化确实令人印象深刻，但是这份记录本身充满了偏见。它只强调了岛上民众那野蛮的“异教徒”本质，却不提马克萨斯群岛自第一批欧洲人登陆后在文化与建筑方面所取得的进步。

这当然与门达尼亚和基罗斯的基督教信仰有关，不过也有可能是远征路上的艰辛抑制了他们对所遇到的文化的感知力。探险队继续向西行驶，再次来到了所罗门群岛。在那里，很多船员，包括门达尼亚自己，都死于一种当地特有的热带病，很有可能是疟疾。基罗斯接手了探险队，并返航回到熟悉的港口。和门达尼亚一样，基罗斯也中了“未知的南方大陆”的毒，并且坚信通过这几次探险，他们很快就能实现名垂青史的巨大发现。经过数年的请愿，包括到罗马去解释为什么要让他和门达尼亚所遇到的岛民改变信仰，基罗斯终于获得了再次出征的许可，然后在 1605 年 12 月带着三艘帆船离开了卡亚俄◆。

这次远征将于埃斯皮里图桑托岛（Espíritu Santo，圣灵岛，位于如今的瓦努阿图境内）登陆。在这里，基罗斯那虔诚的野心将会达到高潮。基罗斯以为自己到达了南方大陆，于是将这座岛屿命名为南方的埃斯皮里图桑托，并着手建立了殖民地，尝试改变居住在岛屿周围的瓦努阿图原住民的宗教信仰。基罗斯的目标不仅是建立另一个贸易区以及西班牙殖民领地，他的脑海中充斥着对伊甸园的幻想，认为自己找到了建造新耶路撒冷的地方。在托马斯·莫尔的《乌托邦》（Thomas More，*Utopia*，1516）的影响下，基罗斯将定居点命名为新耶路撒冷，并开始尝试建立一个理想的殖民地。然而，这个梦想是注定要失败的。原住民的反抗、水手与殖民者之间的困苦和叛乱——这些都意味着，在 1606 年底，基罗斯回到了南美，而埃斯皮里图桑托岛上的新耶路撒冷现在也只是一个记录在地图上的想象中的地方，就像对页的复刻版本一样，封存在西班牙的档案馆里。

门达尼亚和基罗斯的远征说明，在欧洲人的太平洋兴趣史上曾出现的贸易和殖民使命的政治现实，也会被狂热的宗教想象所吞噬。在此之后，欧洲人还会继续因这份热情而进入太平洋，同时这份热情也会继续改变太平洋岛民的生活。

◆ 秘鲁西部港口城市。

▸ 基罗斯的埃斯皮里图桑托地图，1606
由威廉·阿克复制，1698

295
Esta costa y estes ysas des cubrio el Capt. Pedro Fernandez de quiras la posterra uez q. sallio del Pu. del Callao a este descubrmto y estando: entre las dchas ysas y la costa le dio vn riguroso temporall: y entro con su cappna: en el Bahia de St. Philipe y Santiago y alli se Raparo y Luis Baez de Torres Piloto de la Almiranta corri la costa Auajo y fue a der Amanilla
This Land and Islands was found out by Capt. Petter Fernandes de Quiras ye Last time yt Sailed out of ye Port of Callao on this discouery and when they weare beetwixt ye Islands and ye Land hapened a tempestious Storme soe yt hee went in his Canoa In to ye baye of St. Phelipe and St. Iago and there Saued them Selues; Pilot Luis Baez de Torres of ye Admerall Sailed downe along ye Coaste and Came to Manilla
Alana
F del Corral de Agua
Las Anegadas
Bay Grande
R. de Saluador
Jerusalem
B. St. Philipe
St. Santiago
Rio Jordan
N. Sra. de Guia
N. Sa de la Luz
Marcos
La Virgem n. R
N. S de Bellin
Nra. Sra. de Monserate
ysa de muy bona Gente parecida a la de las Marquesas de Mendoca
Marquesas de Mendoca
N. S. de Loretto
St. Pedro
La Cande Lana
Gente hermosa
Bolcan
Surueyd: by: order: of the: King of Spain: and Finished at Pannama Anno Domj 1669

新几内亚

新几内亚岛屿上的定居点和历史人口结构极其复杂。人类文明在这座岛上至少已存在了 4 万年，而岛屿的大小和地形也表明，不同文化群体不仅连续不断地在岛上定居，还在各自的地理环境中创造出了与众不同的文化。如果知道这个岛屿的面积有多大，那么便会理解如此复杂的定居点存在的可能性：当今英国（包括北爱尔兰）的占地面积不到 25 万平方公里，而新几内亚岛的占地面积达到了 78 万平方公里。它是世界第二大岛屿（第一是格陵兰岛，澳大利亚是大陆），岛上有绵延的山脉，复杂的峡谷系统和宽阔的水道。因此，在岛上定居的许多不同文化群体，是有可能相对独立发展的。这也意味着，新几内亚在其海岸线内，保留着程度极高的语言文化多样性。

新几内亚海岸仍然是太平洋上交流与流通的重要组成部分。拉皮塔人在这里定居，发展农业和海洋业，新几内亚岛也成为太平洋贸易网络的一部分。岛上有一样特别的东西，不仅风靡全岛，后来还辗转于太平洋诸国之间，并成为中国历朝历代一件极好的赏赐品——天堂鸟的羽毛。整个太平洋地区都能看到用本土鸟类羽毛做点缀的仪式礼服，尤其是那些拉皮塔文化群体的后裔族群；天堂鸟的羽毛极其美丽，一直被当作地位的象征，因此价值高昂，极受追捧。

由于这些贸易往来，欧洲人所遇到的新几内亚，其实早就是西太平洋贸易网络的一部分，但是对于来自大洋彼岸的访客来说，它仍是一个非常奇怪的存在。1526—1527 年，乔奇·代·梅内塞斯（Don Jorge de Meneses）的探险队来到了这里。这也是新几内亚人第一次遇到欧洲人。1545

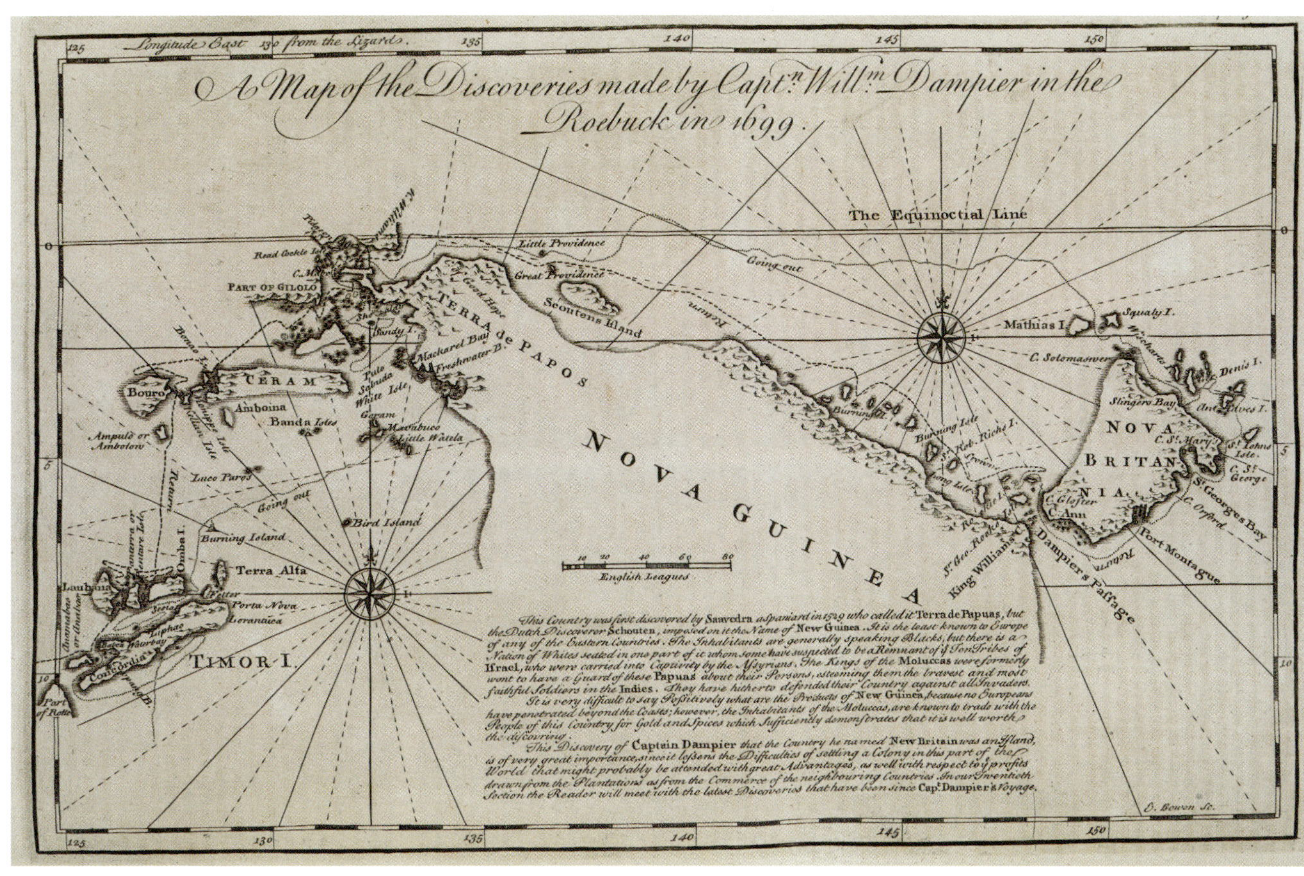

◂ 丹皮尔的新几内亚和新不列颠地图
出自哈里斯的《航海家》，1764

◂（对页）新几内亚岛民
出自《东印度新旧志》卷三

年，奥尔蒂斯·雷特兹（Íñigo Ortiz de Retes）将该岛命名为“新几内亚”，因为他觉得这里的人和他在非洲的几内亚海岸遇到的族群十分相似。新几内亚土地广袤，因此很多人认为它是“未知的南方大陆”的一部分，然而到了17世纪，它是作为岛屿出现在地图上的。1607年，一个欧洲人行驶通过了新几内亚和澳大利亚之间的南部海峡。这个人便是路易斯·瓦斯·德·托雷斯（Luis Váez de Torres）。他在试图寻找更多的证据来发现一个全新的、对未来有保障的、神圣的南方大陆时，与基罗斯的船队走散了。失去了与基罗斯的联系后，托雷斯向着新几内亚的南部航行，一路回到了友港马尼拉，从而抹除了另一个暗示南方大陆存在的证据。

对于新几内亚人来说，遇到欧洲人是一个偶然事件，但是从上方威廉·丹皮尔（William Dampier）的地图以及荷兰东印度公司的记录可以看出，未来这种相遇会很频繁，而且所有对太平洋感兴趣的主要团体都会参与。在欧洲人的太平洋史上，他们对新几内亚及其岛民并不友好。

太平洋港口

之前讨论过太平洋的门户，由此可知，对于如此辽阔的太平洋来说，进入太平洋最主要最有用的航线都很狭窄，而且人口密集——至少西太平洋是这样的。这种地形促进了很多重要港口的发展。通过这些港口，对开发太平洋贸易感兴趣的各方势力加强并维护了自己的利益。这些港口在欧洲人来到太平洋及其沿岸之前便已存在（之前讨论过的太平洋地区 16 世纪之前的互联性说明了这一点），但是欧洲人来了之后，这些港口进入了新的发展阶段。

有些港口在欧洲人到达太平洋之前便已建立，例如马六甲，而有些港口则在来自世界另一端的商人和水手到达之后才获得新生，例如澳门。同样，欧洲人的定居点、建筑、引起的冲突和实行的统治也极大地影响了类似马尼拉和巴达维亚（今雅加达）的地区。如此一来，这些港口便成为贸易和交换网络上的节点，帆船、渡轮和轮船满载着货物穿梭在这些港口之间，然后驶向更广阔的世界，或是经由印度洋驶向欧洲，或是往东驶向南美洲和不断壮大的西班牙帝国的附属地。

以太平洋为中心的日益全球化的贸易网络将太平洋各地的文化融合在了一起，同时上文提到的那些贸易，在菲律宾和苏门答腊这样的岛屿上也创建了多元化的族群。这种情形对于这些地区来说，有着深远的影响。当时创建的那些港口和城市，如今仍是全球交流和国际化生活的中心，其所在的区域仍在受着世界殖民历史的影响。不过，欧洲人并不是唯一的影响因素，还有其他因素在起作用，例如有些群体在相对缺乏法律约束的公海上胡作非为，对那些希望通过太平洋水域获得机会与财富的商人造成了严重的威胁。

海盗一直都是太平洋生活的一部分。他们来自不同的岛屿，尤其是日本列岛和中国的台湾岛。接下来我们会看到，右图中的这些船只，不仅是单一的游船，也可以成为庞大的无敌舰队，掠夺支撑着太平洋贸易的航运交通、村庄和主要港口。

▸ 乔治・安森远航中的澳门插图
出自哈里斯的《航海家》，1764

A View of the Town and Castle of Macao
1
2
3

▲ 马尼拉地图
Topographia de la ciudad de Manila，1717

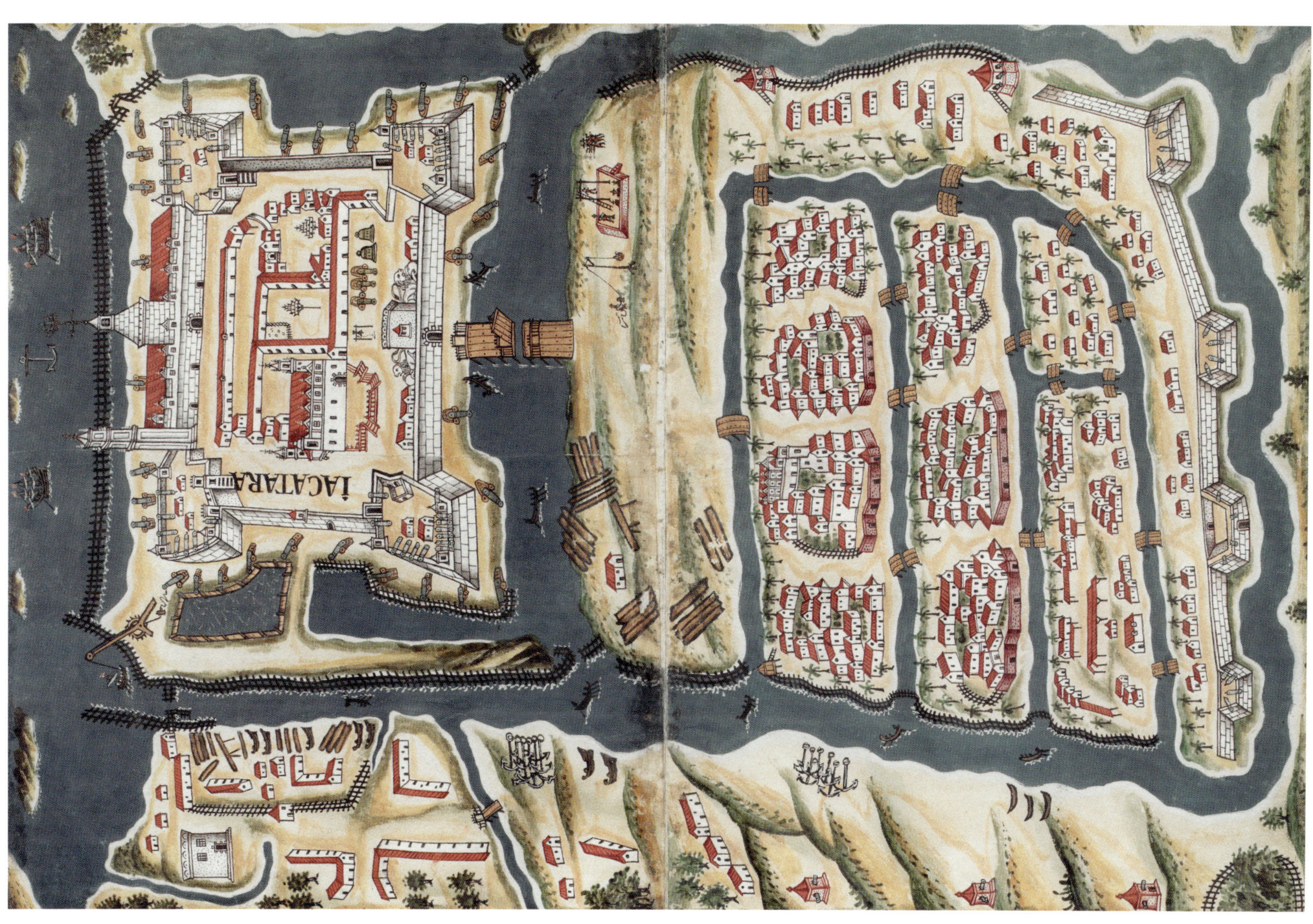

▲ “亚卡塔拉”（雅加达）地图
弗朗西斯·佩里的收藏

海盗，流亡者与台湾岛

太平洋水域和港口的富庶不可避免地会让某些团体有了通过不正当的手段——尤其是海盗和走私——从太平洋贸易网络中牟利的想法。需要记住的是，所有欧洲国家早期在太平洋站稳脚跟时所采用的手段都是相似的，最暴力的充其量也就是私掠船，因为他们是通过国家机器来对抗原住民，通过欧洲强国的力量在太平洋地区获得优势。然而，除了贸易因素之外，还有一段更有趣、复杂的历史在起作用。在这段历史中，来自不同国家的海盗们开创了多个融合式的区域和新的航海线路，从而塑造了太平洋岛屿与外部世界的关系。

太平洋的海盗十分全球化，海盗船员的背景各不相同；到了16世纪和17世纪，他们的后代既有亚洲人，也有欧洲人和大洋洲人，这就体现出太平洋地区相互融合的本质。其他海盗便是像林凤那样被流放的曾经的社会精英。1573年，林凤离开中国，开启了他漫长的海盗生涯。他常年盘踞在马来半岛附近，不仅威胁到欧洲的航运交通，还威胁到了殖民地的统治。

海盗这个行业并不只是男人的领地。到了19世纪，广东妇女郑一嫂成为海盗联盟的首领，统领着强大的船队。郑一嫂的投降也显示出太平洋上的海盗是如何利用复杂手段与太平洋国家和太平洋上经营的商业维持关系的。郑一嫂预感到海盗行业已到了穷途末路，于是在1810年通过谈判为她自己以及很多跟随她的船员争取到了赦免。郑一嫂退出后，很多直接或非直接听命于她的手下都找到了新的工作——保护那些曾是他们掠夺目标的船只。

或许，更重要的是郑成功。从父亲手里继承了一个庞大的海运网络后，郑成功在1662年攻打了当时被荷兰占领的台湾岛，并迫使荷兰人投降。在那之前十几年，中国大陆的主宰从明朝变成了清朝，郑成功收复台湾便是在清朝的门阶前建立了一个明朝的前哨基地。

台湾岛一直都是太平洋地区具有影响力的岛屿，不仅是拉皮塔人驶向太平洋的出发点，后来还因为其与大陆之间狭窄的水道而成为贸易中心。郑成功将台湾岛当作反清复明的据点，因此台湾岛也成为清朝统治者的眼中钉。

◂ 具有防御海盗能力的中国船只

锁国令和日本的未来

日本对 16 世纪到来的外国人、外来商品和外来宗教一开始是抱着欢迎态度的，但它们的存在在日本境内一直是充满争议的。日本统治者很喜欢某些外来商品，尤其是来自欧洲的现代枪弹武器，但是渐渐地，人们对愈发具有影响力的欧洲文化和宗教产生了怀疑，并且时不时公然表现出敌意。日本对欧洲文化的漠视和怀疑并非毫无依据。正如之前所提到的，欧洲宗教和传教士的存在，往往只是一个开端，接着他们便会得寸进尺地将这块太平洋上的土地殖民化。当时的许多日本统治者都注意到了这一点。此外，还有很多事件表明，从长远来看，欧洲对日本怀着明显的敌意。

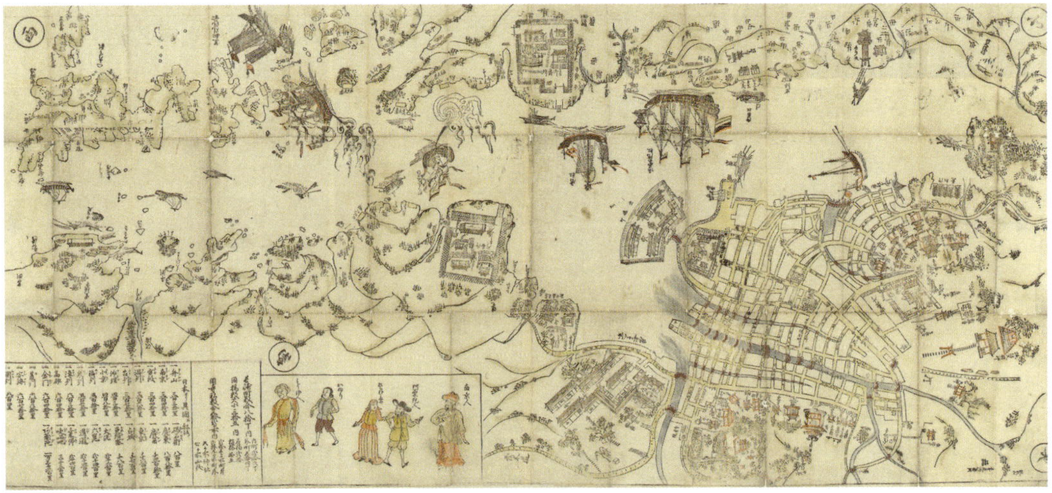

1595 年，圣费利佩号（San Felipe）大帆船在日本海岸失事。这是一个非常重要的节点。这艘船上载着多名传教士，虽然传教士被立刻营救出来，但是当日本人看到船上装载着的其他物品时，这些传教士的存在就变得十分可疑。圣费利佩号的船舱内私藏着大量武器，日本人也因此对这些获救的传教士背后的真正意图产生了怀疑。日本人杀掉了当时的幸存者，而他们的殉道也在欧洲得到了高度宣扬。那些皈依西方宗教的群体不仅成为日本的怀疑对象，也成为 17 世纪早期日本政治游戏中的卒子。1614 年，德川家康积极地镇压基督教。在当时，他的行为很容易被日本民众所接受，因为当时在日本的天主教和新教的传教士处于相互竞争的阶段。

17 世纪的德川幕府利用对基督教的镇压来巩固自己在日本的统治。当时的日本，即便经历了数个世纪的苦难，仍旧能团结一心。日本的基督徒只能偷偷地做礼拜，在 1614 年之后的几年里，大约有数千名改变了宗教信仰的日本人惨遭杀害。随着锁国令的出台，这种镇压在 17 世纪 30 年代达到了顶峰。锁国令不仅禁止日本人信仰基督教，还禁止所有的外国事物和外国影响。经过短暂的贸易、传教和树立影响期，日本对那些想要进入日本的欧洲人关上了国门。

不过，实际情况并非完全如此。日本仍旧十分迷恋贸易商，尤其是荷兰贸易商带来的商品，并且希望他们能稳定地供应这些商品。因此，一些重要的贸易伙伴并没有被完全驱逐，而是得到了重新安置。长崎本土不可能再像之前那样容纳那么多欧洲人，但是长崎港内的出岛却可以。对页插图展示的场景是长崎以及它那驻满了工厂和商人的新岛在锁国令颁布后不到50年的模样。在当地，欧洲的存在感仍旧很强，但是在日本的其他地方，国门是关闭的，不仅外面的人无法进入日本，日本的国民也被严禁离开本岛。太平洋上的陆地相互联系，而日本却是一座独立漂浮的岛屿。

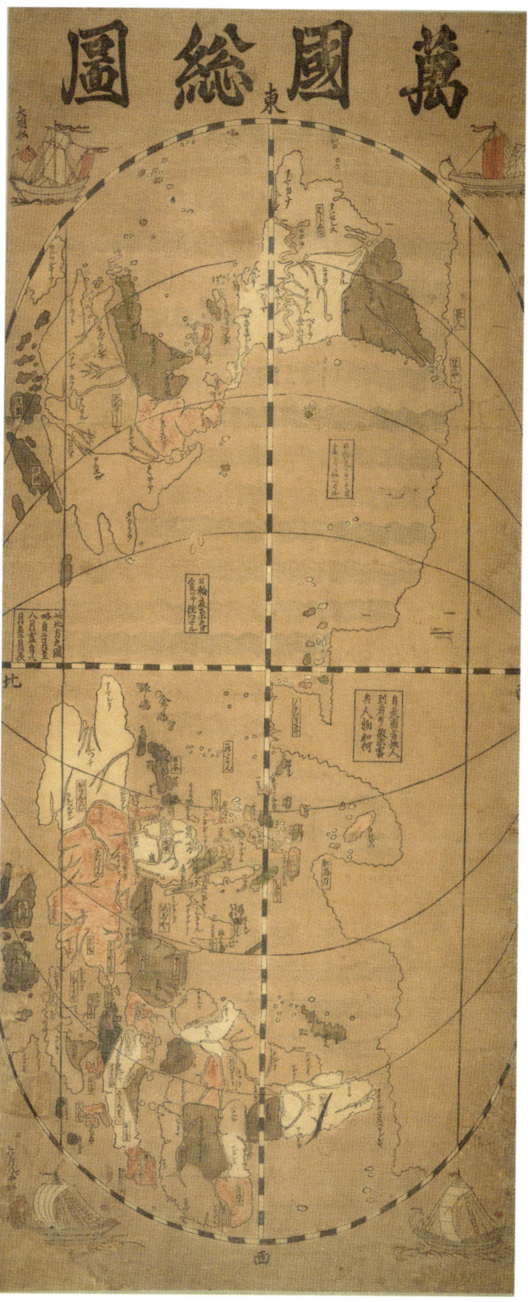

▸ 绘有来自世界各地人民肖像的日本世界地图，1645

◂ 标明了船只和外国人像的长崎地图，1680

荷兰东印度公司

通过与日本在长崎的贸易，与澳大利亚、奥特亚罗瓦和汤加的早期接触，以及对太平洋网络中关键贸易节点的掌控，荷兰人，特别是通过荷兰东印度公司，在太平洋现代史中扮演了非常重要的角色。这段历史，就像所有的殖民历史一样，充满了一系列暴力和剥削实践。那么问题来了：荷兰人为什么进入太平洋？这个问题的答案会让我们进一步了解太平洋之外的世界和欧洲人对太平洋的兴趣。

许多如今属于荷兰的省份自 1555 年由腓力二世接管后，直到 1566 年都一直是西班牙帝国的领土。当时的西班牙由于南美矿山中开采出的大量白银和大帆船贸易所带来的商业优势，国力大幅增强，成为超级大国，继而利用这种霸权在欧洲大陆强行推行宗教的正统性。到腓力二世接管荷兰领土的时候，宗教改革已经发展了近 40 年，因此该区域有很多新教徒，尤其是那些靠北的省份。对于这种情况，腓力二世利用自己可以支配的财富和由之而来的强大武装力量，强制在荷兰的西属省份推行天主教。

这样做的结果，便是引发了一场持续了数十年的叛乱。到 16 世纪末，北方的尼德兰联省共和国获得了一定程度的独立，不过这些省份必须想办法在一个日益全球化的世界存活下去。贸易便是一条很好的出路，尤其是通过建立一个前所未有的、高度军事化的贸易机构——荷兰东印度公司（VOC）。该公司即将在西班牙的殖民地上与西班牙开战，将这个超级大国打得头破血流，并希望借此能够割裂“西班牙湖”与美洲的经济脐带。于是，荷兰东印度公司开始侵入太平洋，并在未来的几个世纪中在太平洋上取得了巨大而惊人的成功。荷兰东印度公司控制了关键的港口和香料群岛，并且驶向了更广阔的太平洋，成为很多太平洋族

群遇到的第一批欧洲人。例如，汤加人在 1616 年第一次遇到了威廉·斯豪滕（Willem Schouten）。

荷兰在这片区域越来越成功，但是这种成功的基础是使用武力、垄断资源、战术性破坏环境（例如摧毁野生的香料植物）、积极推进新教的礼拜仪式，以及劳役和奴役那些来自太平洋沿岸的岛民。

在这一点上，荷兰人复制了西班牙人和葡萄牙人曾经掌握和使用的剥削形式。西班牙和葡萄牙那惊人的财富都是基于剥削那些在太平洋上遇到的并且将其纳入自己贸易网络的土地、资源和族群，例如波托西（今玻利维亚境内）境内那地狱般的银矿，便是靠奴隶来运作的。欧洲与太平洋的接触史就建立在这样的基础之上，并因欧洲自身残暴的宗教政治而得到了强化和发展。对于第一代来到太平洋的欧洲人来说，对其土地和人民的剥削，大概是为了强大自身，或者仅仅是为了在宗教改革时期欧洲的那些暴力帝国面前存活下来。

◂《巴达维亚东印度市场的小摊》，被认为是阿尔伯特·埃克霍特所作，1640–1666

▴ 印度尼西亚东部安汶的地图，上面有弗雷德里克·德·豪特曼长官的肖像

▸ 荷兰东印度公司分支机构的标识

如何打破垄断

1615年，雅各布·勒梅尔（Jacob Le Maire）和威廉·斯豪滕驾船从荷兰出发。他们的目标很明确——削弱荷兰东印度公司（VOC）的垄断，为那些未曾从VOC最赚钱的生意及其在亚洲和太平洋的贸易中分得好处的人们，开拓新的贸易机会。VOC是一个成功的商业项目，利用自身盈利支持荷兰对西班牙的反抗并用自己的方式将后者打得头破血流，从而也为自己赢得了各种各样的权利。其中最主要的便是由荷兰水手、商人和探险家一起打造的贸易垄断，这是通过在名义上控制进入太平洋的既有航线而实现的。VOC并不能有效地从根本上控制这些航线，只能全面禁止所有非VOC的贸易船只使用这些航线。要做到这一点，最关键的前提是，这些已知的、经由好望角和麦哲伦海峡通往太平洋的航线，是进入太平洋唯一可航行的线路。

因此，对于雅各布·勒梅尔和斯豪滕来说，他们探险的目标非常清晰，就是找到一条新的通往太平洋的航线。他们最大的希望在于找到一条比麦哲伦海峡更往南、途经南美的航线。这样的一条路线曾被人们所谈论——人们认为德雷克的环球航行便是走的这条路线，即便其中的具体细节在英国以外并不为人所知——因此勒梅尔和斯豪滕为了确定一条不受VOC控制的航线而出发了。从这

▼ 标示着“科科斯岛”的插图照片
出自斯豪滕已发表的记录，1619

▸（左）首页地图，展示了斯豪滕和其他航海家，包括麦哲伦
出自斯豪滕的记录，1619

▸（右）插图，展现了与太平洋岛民的冲突与贸易
出自同一份记录，1619

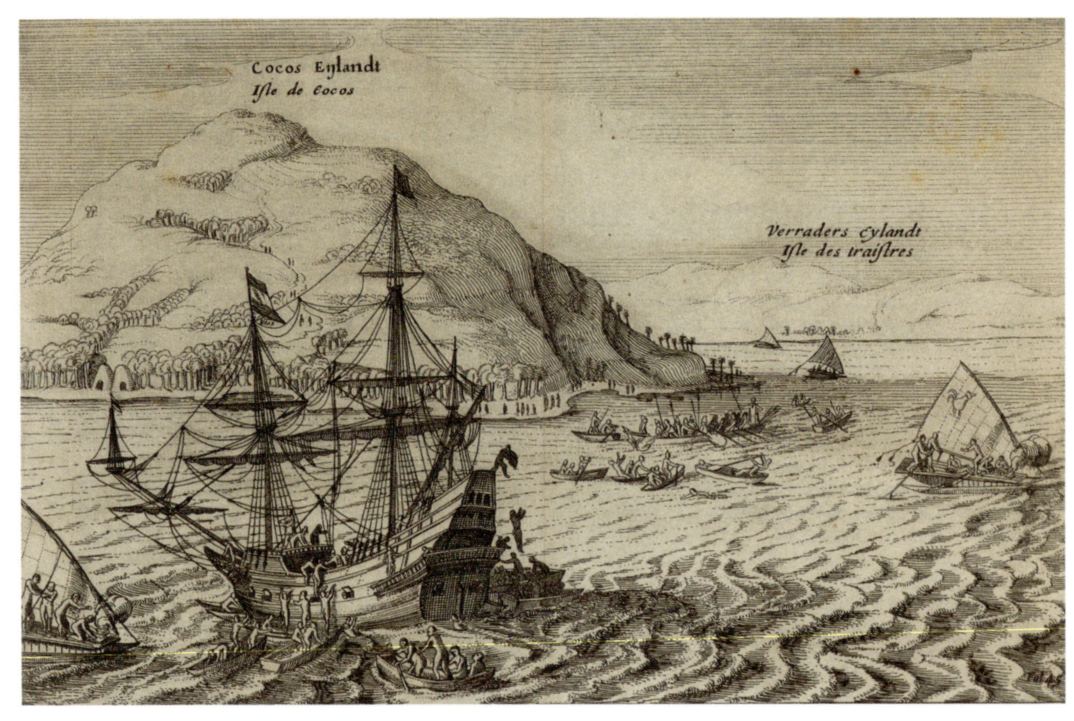

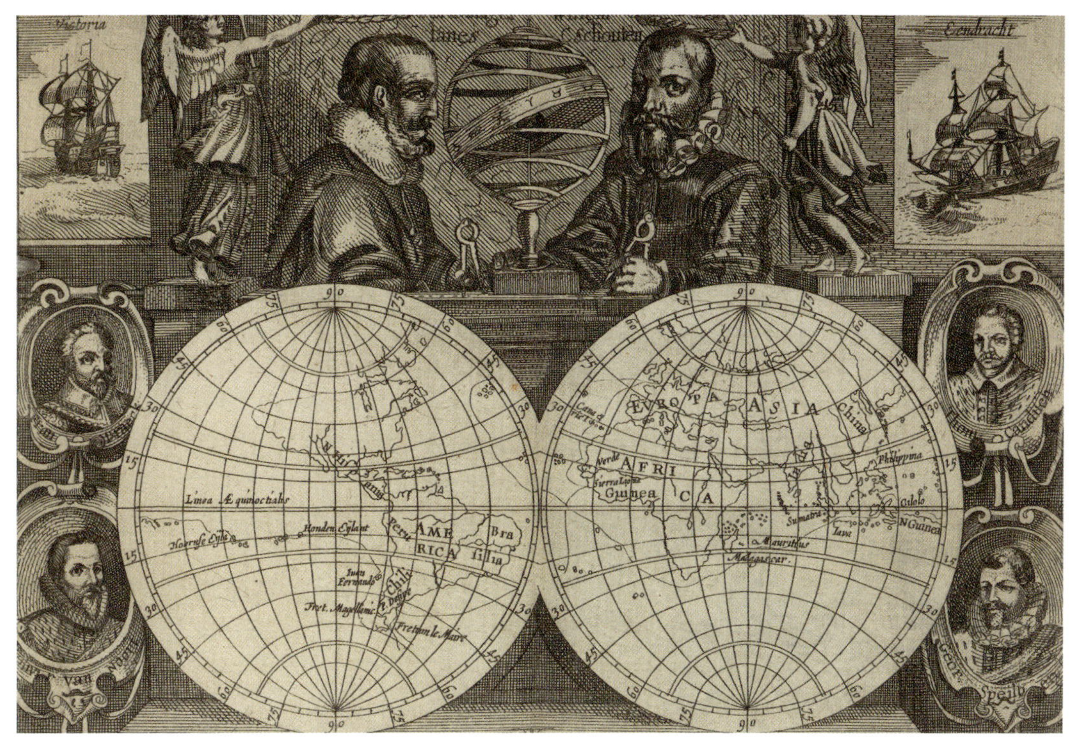

个角度来说，这次探险是成功的。1616 年 1 月 24 日，他们发现了位于两个大陆板块之间的一条通道。他们穿过这条通道，从而开启了一条新的航线。这条航线将会带领他们在这次特殊的航行中绕过合恩角，到达南太平洋。岛屿之间的通道被命名为勒梅尔海峡。他们继续着这次探险，从而让欧洲人第一次接触到了太平洋地区的各种政权，例如汤加的海上帝国。

勒梅尔和斯豪滕与太平洋上政权的相遇是带有侵略性的。他们利用欧洲的枪支和技术优势在所遇到的社群内强制执行他们的规则和贸易模式。这次探险的领导人除了超凡的航海技术，并不善于跨文化交流。证据便是他们拒绝参加卡瓦酒仪式，害怕卡瓦酒有毒。尽管如此，他们还是找到了可以作为贸易交换基础的新岛屿和新资源。

到达荷兰领地后，探险队开始准备返航，并于 1616 年 10 月驶入巴达维亚（雅加达）。在巴达维亚，他们的船只和货物被 VOC 的区域负责人简·皮特斯佐恩·科恩（Jan Pieterszoon Coen）扣押。科恩认为他们威胁到了公司的商业垄断，并且不认可勒梅尔和斯豪滕找到了新航线的说法。探险队的成员被 VOC 的船只遣送回荷兰。勒梅尔死在了回程的路上，再也没等到用自己的努力打破垄断的一天。后来，勒梅尔的父亲艾萨克将探险队的案子提交到荷兰议会，并得到了荷兰议会的支持。勒梅尔和斯豪滕得到了补偿，一条新的通往太平洋的路线正式开通。

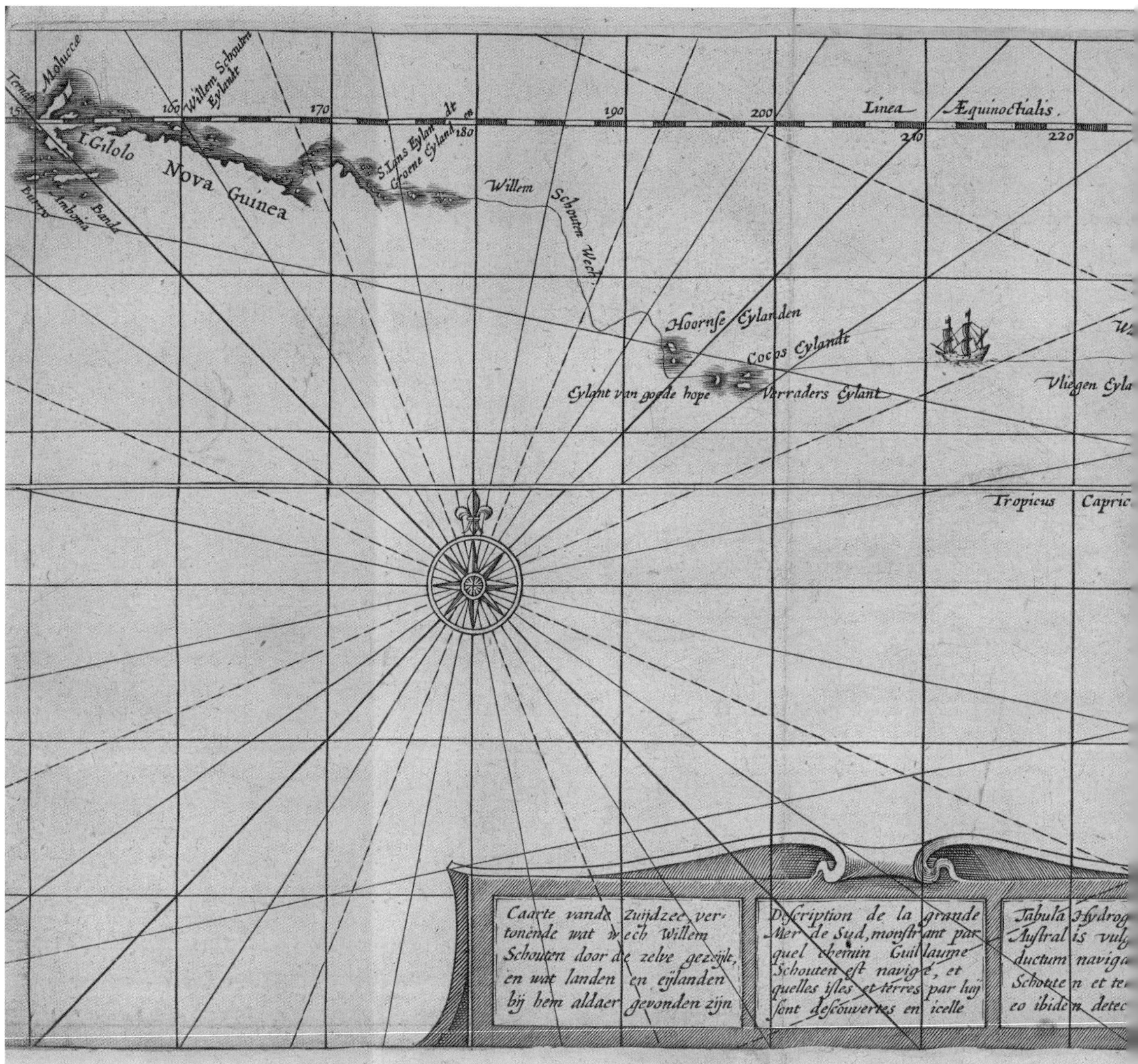

▸ 斯豪滕跨越太平洋的航海图，1619

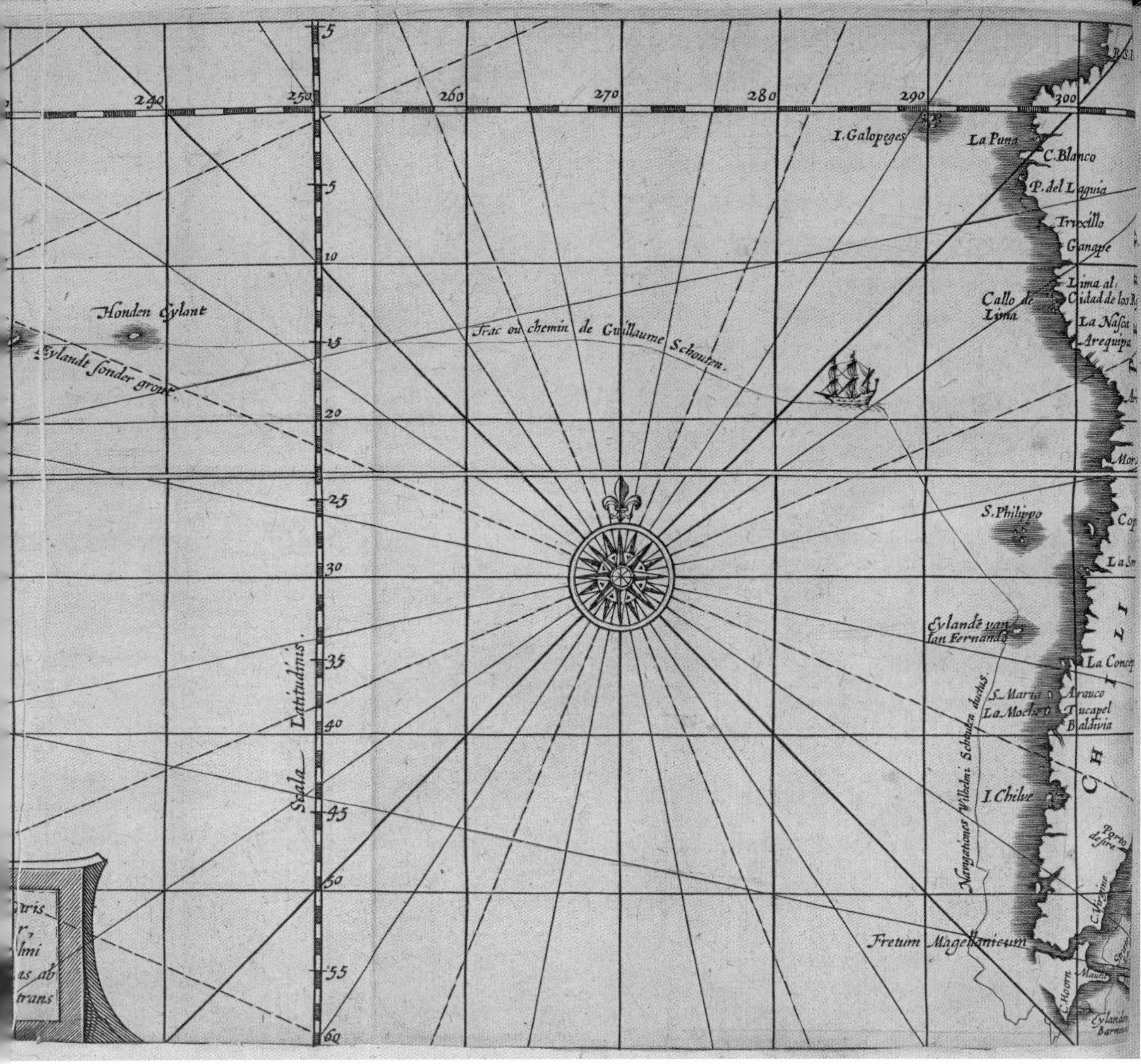
240
250
260
270
280
290
300
I. Galopeges
La Puna
C. Blanco
P. del Laguia
Ganape
Callo de Lima
La Nasca
Arequipa
Honden Eylant
Trac ou chemin de Guillaume Schouten
Eylandt sonder gront
S. Philippo
Eylandt van Ian Fernando
S. Maria
La Moche
Arauco
Tucapel
Baldivia
I. Chilue
CHILI
Navigationes Wilhelmi Schouten ductus
Scala Latitudinis
Fretum Magellanicum

塔斯曼的未知之旅

宗教和国内冲突支撑着荷兰对太平洋的兴趣，在这样的背景下，荷兰加入“未知的南方大陆”的搜寻似乎也不是一件多么令人惊讶的事。别说是荷兰东印度公司的投资人，就是对那些运营公司的人来说，一个辽阔的、未开发的、没有密密麻麻的受葡萄牙和西班牙控制的港口和要塞的大陆，无疑是极具吸引力的。荷兰的探险家们已经在南太平洋取得了成功，并掌控了那里的国家；可以想象，如果他们遇到一块未经欧洲人染指的大陆，他们能获得多大的成就。

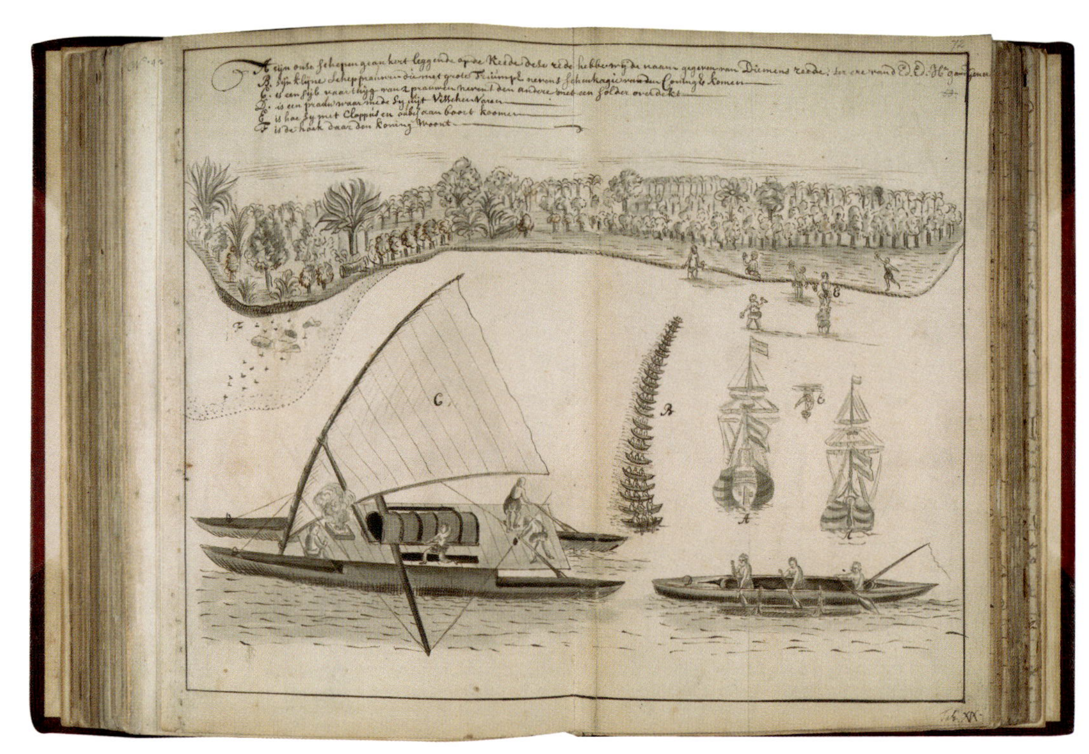

荷属东印度总督安东尼·范·迪门（Anthony van Diemen）对这种可能性非常感兴趣，并于1642年派遣阿贝尔·塔斯曼（Abel Janzoon Tasman）踏上了寻找南方大陆的远征。在VOC其他成员心中，塔斯曼是一位声名远播、颇具成就的航海家。接到任务后，他朝着太平洋的方向出发，开始了寻找南方大陆的旅程。数个世纪以来的地图显示，这块大陆向北伸入太平洋，因此从太平洋进入是最有可能与之相遇的。和前几个世纪的西班牙探险队不同，塔斯曼绕过非洲的开普敦，穿过印度洋南部，然后再进入太平洋。这条航线将他带到了澳洲大陆的南面，遇到了塔斯马尼亚岛。为了纪念他的赞助人，他将这座岛屿命名为范迪门之地（Van Diemen's Land）。塔斯马尼亚岛的发现对塔斯曼来说是振奋人心的，但对于寻找“未知的南方大陆”来说，却是令人烦扰的。荷兰航海家知道包含了如今澳大利亚西部的那片土地的存在，

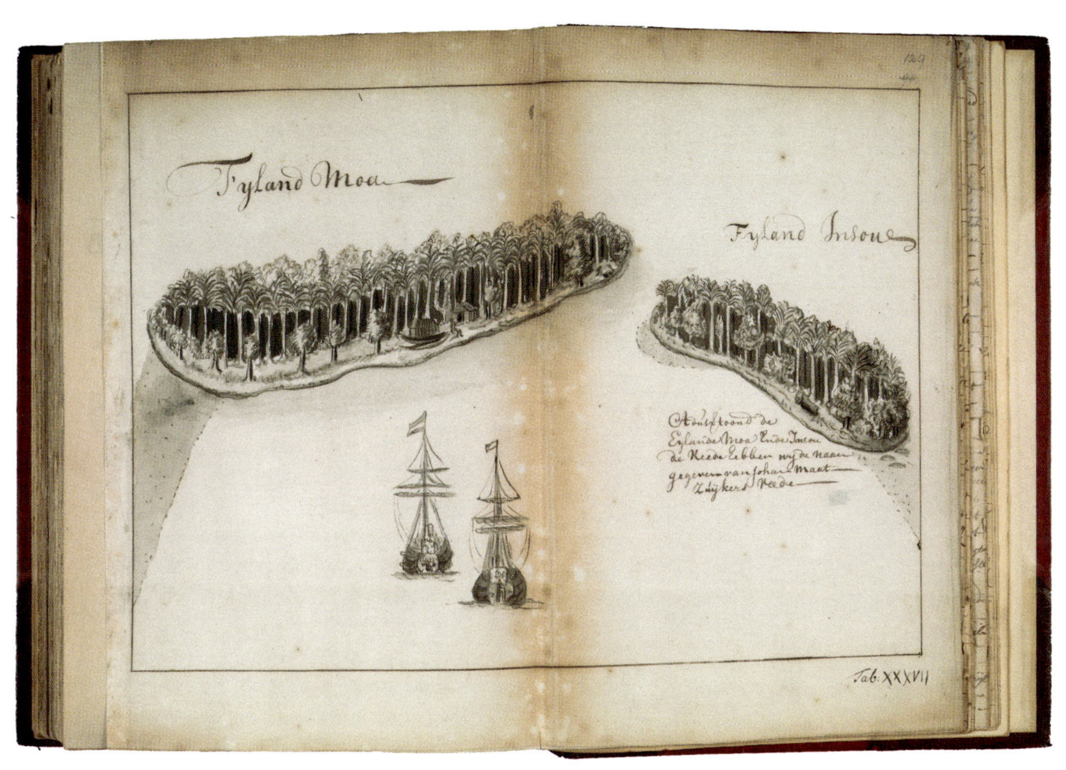

◀▲ 塔斯曼日记副本中描绘的岛屿和船只
约瑟夫·班克斯爵士所有

于是在塔斯曼看来，他只要朝南航行，就一定会在到达那座用赞助人名字命名的岛屿之前遇到一片大陆。不过，塔斯曼离开的时候，也没有将范迪门之地确定为是一个岛屿。还有希望。

塔斯曼继续向东航行，最终遇到了奥特亚罗瓦以及栖居在这些岛屿上的毛利人。毛利人是这些岛屿上相对比较新的定居者（相较于太平洋悠久的定居史而言），但他们已经重塑了自己的生态系统。例如，许多曾经居住在岛上的大型鸟类都已经绝迹。同时，毛利人也创立了自己丰富的文化。毫无疑问，毛利人的文化是一种军事文化，而塔斯曼第一次接触毛利人的时候，也受到了这种文化的震慑和威胁。到达 Ngāti Tumatakokiri◆的领地后，塔斯曼受到划船而出的毛利人的挑衅性欢迎。当时，塔斯曼派了一艘荷兰小船往返于他们和毛利人的船只之间传递消息，结果荷兰小船遭到乘坐着独木舟的毛利人的袭击。4 名荷兰水手被杀，毛利武士还抢走了其中一具尸体。塔斯曼收到毛利人传递的信息，让他离开这座刚刚将其纳入欧洲版图的岛屿。自此以后近 30 年，没有任何欧洲人再次踏足这里。VOC 也最终认为，即便“未知的南方大陆”存在，也不会为他们带来财富和利润。

◆ 部落名。

太平洋上的私掠船

有了德雷克和其他人的先例，在太平洋上掠夺西班牙船只成为英国水手们一项有利可图的事业。私掠船早期掠夺回家的战利品不仅意味着英国在与西班牙的对抗中取得了胜利，它们对英国的经济也产生了巨大的影响。私掠船为英国提供了足够的利润来偿还国债，并在国内展开投资。在随后的一个多世纪中，派遣私掠船进入太平洋成为英国人的主要事业。各类探险家，不管是成功的还是不那么成功的，都受命前往“西班牙湖”掠夺西班牙的大帆船贸易，并尽可能地带回来自遥远国度的战利品。

这便是巴塞洛缪·夏普船长（Bartholomew Sharpe）拿着王室的商标函（政府发的执照）驾驶着一艘私掠船在南太平洋横行时所处的环境。他一开始参加探险的时候，并不是船长，不过到了1681年，他已成为一艘南太平洋巡航船的指挥官。出于各种各样的原因，例如船长的判断问题，这支探险队一开始并没有获得很大的成功，然而探险队的船员拿到了一样将会对英国在太平洋的活动产生巨大影响的东西。劫持西班牙船只罗萨里奥号（Rosario）的时候，躲在船身侧舱的罗萨里奥号船长正在试图销毁各种文件，夏普的一个船员截获了这些文件，随后发现这竟是一本西班牙地图。这件战利品不仅对私掠船来说意义非凡，对英国在太平洋的行动也有着重大意义。西班牙帝国对其所控制地区的地图信息是高度保密的。本书之前讨论过的那些探险队所使用的地图，都藏在了西班牙档案馆中，只有很少一部分人能接触到这些地图，以

◄▲ 威廉·阿克的太平洋岛屿地图，包括了加拉帕戈斯群岛

免地图落入别有用心之人手中。别有用心之人指的便是那些英国王室和荷兰东印度公司的代理人。因此，夏普截获西班牙地图这件事是一个十分重要的历史节点。

对于夏普来说，得到地图是非常幸运的。1682年回到英国后，夏普因海盗罪受到审判，当时的西班牙驻英大使更是强烈地要求逮捕他。毕竟严格来说，罗萨里奥号被劫持的时候，英国和西班牙还处于和平时期。夏普和他的船员从私掠船员变成了海盗，但是他的战利品已经为人所知，并在英国国内引起了极大的轰动。坊间有消息称，王室想要看夏普带回来的地图，同时也十分希望拥有如此宝藏的人能够获得自由，在公海上继续他的事业。夏普的确接受了审判，但这只是用来安抚西班牙大使的表面文章，随后他便因一个不合理的诉讼程序性细节而无罪释放。这些地图后来便到了伦敦地图学校（London Map School）的重要成员威廉·阿克（William Hack）手中。威廉·阿克参照这些地图制作了各种手稿副本和衍生物的印刷副本。正如左图所展示的一样，这些海图通常会仔细地标注锚地和对那些私掠船有用的特点。它们为下个世纪英国对太平洋的剥削做出了贡献，甚至在18世纪的南海泡沫事件（见本书第85页）中也起到了重要作用。

◂ 支仓常长肖像
出自 *Relation un Grundtlicher Bericht*（翻译版，1617）

太平洋旅行者

到了17世纪晚期，欧洲人已在太平洋高度活跃，他们的行为也产生了巨大的影响。很多在欧洲人到来之前就已存在的贸易网络、朝贡体系和相互依赖的生存方式都已进化、修正、改变到面目全非的程度。太平洋与外围更广阔世界的联系也发生了变化。随着世界日益全球化，这种联系不断地延伸，也变得越来越复杂。来自太平洋不同地区的人们开始去他们的岛屿和海洋区域之外的世界旅行，并对那个世界产生了影响。

本部分曾提到过其中一些人，例如马六甲的恩里克，他可能是第一个完成环球航行的人。还有菲律宾的船工，他们在“西班牙湖”周围航行，服务于那些想要利用他们技术的人。需要注意的是，虽然整个世界都在欧洲人的影响下进行了重塑，但真正改变的，大概只是太平洋两岸之间各种联系的规模。太平洋的岛屿社区自最初有人在岛上定居起便通过贸易相互联系起来。特别是自从拉皮塔文化综合体出现之后，西南太平洋岛屿便因该文明区域内密集的贸易网络而联系在了一起。随着时间的推移，该区域的贸易网络分布得更为广泛，成为相互联系的东南亚世界的一部分。很多资源，随便举个例子，新几内亚的羽毛和澳大利亚北海岸的海参，在中国市场受到了欢迎。因此，太平洋的这些区域成为不断扩张的、逐渐全球化的贸易网络的一部分。这也意味着，随着贸易边界的扩大，身处该网络中的人也在不停地流通，不停地与新文化交融。

太平洋其他区域也是如此。日本便是另一个岛屿文化融入不可避免地被当时的政治、文化、经济大国所吸引的贸易和政治网络的例子。这些趋势并非随着欧洲人的到来而初次形成，而是因此得到了持续发展。日本驻欧洲大使支仓常长（1571—1622）的经历便是太平洋连接的地理位置逐渐改变的一个有力证明。支仓常长前往欧洲，并于1613—1620年定居欧洲，是西班牙和梵蒂冈日本大使馆的成员。他沿着“西班牙湖”往返欧洲，利用大帆船贸易路线往返日本，而他在欧洲的存在也受到了在太平洋上处于主导地位的欧洲强国的影响。

虽然在这一时期，日本逐渐与欧洲断开接触，但支仓常长并不是唯一一个自西班牙和葡萄牙来到太平洋后前往欧洲的太平洋岛民，也不是唯一一个在17世纪末穿梭在其他全球联系网络中的人。到18世纪，会有一批著名的来自太平洋的旅行家作为库克和拉彼鲁兹（Lapérouse）探险队的客人前往欧洲。不过他们去的地方，别人早已去过。太平洋上的民族和文化早已与他们周围的广阔世界联系在了一起，并对这个广阔的世界产生了深远的影响。

Part2 岛屿帝国

三崎出船

本书第一部分展示了太平洋地区的相互联系，着重强调其群岛本质。虽然这些联系并不总是跨越整个太平洋，然而重要的是，太平洋岛屿上的人类定居一般不会导致孤立社区的发展，而是导致了文化区域的发展，使得相距遥远的族群和社区因贸易、资源和风俗传统的交流而紧密地联系在一起。人类在这些岛屿上的定居也极大地改变了这些岛屿及其附近水域和部分海洋的运作方式。捕鱼、种植、狩猎、资源开采、定居和很多其他人类活动极大地影响了岛屿生态系统的运行。结果便是创造了一个人类的太平洋，一个稳定的，同时又不可避免地带着被人类占领的痕迹，以及为适应人类需求而重塑了环境的海洋。

自15世纪末来到太平洋起，欧洲人加速了人类活动对太平洋的影响。尤其是葡萄牙、西班牙以及稍后到来的荷兰，他们的经济和殖民活动对太平洋产生了广泛的影响，特别是他们为了满足自己垄断和剥削香料贸易财富的欲望，而在东南亚主要岛屿上发展种植单一作物。这些影响并不只局限于南太平洋。虽然欧洲与太平洋其他地区岛屿的接触稍晚，势头发展也较慢，但是到了17世纪末，很多不同区域的岛屿都接触到了在当地展开各种活动的欧洲各国的代表。从某些方面来说，欧洲人的活动只是扩大了太平洋上已经在进行的联系、统治和交流的文化过程。虽然来自荷兰和西班牙的商人和探险家拿着可怕的武器，在他们所遇到的岛屿上制造了可怕的暴力，但是这种事情，其他地方也不是没有发生过，例如穆斯林苏丹在马来半岛的崛起，日本征夷大将军们挑起的战争。

不可否认的是，18世纪以来，欧洲人在太平洋的活动规模发生了巨大改变。当时的欧洲各国积极参与太平洋岛屿的资源和人力开发，并从中牟取了暴利。有部分太平洋岛屿，例如日本，已经意识到了这一点，并采取措施，退出与这个日益扩大的世界的接触，虽然它们永远不可能真正地做到这一点。而对于那些没有意识到这一点的岛屿来说，来自太平洋边界之外的探险家和商人那日益增长的贪婪和剥削对其产生了重大且长久的影响。依靠狭窄通道的大帆船贸易时代和与贸易公司间歇性接触的时代一去不复返。那些进行全球扩张的帝国即将来到太平洋。他们将用17世纪的人们所无法想象的方式来改变互联网络的地理位置、社会运作模式和岛屿生态环境，从而达到在它们之间瓜分太平洋的目的。同样，太平洋世界也在重塑着外围的世界——岛民们四处旅行，贸易得到快速发展，而探险家们也在来自太平洋的声音的启发下，开明地接受了太平洋文化。也许世界与太平洋之间的影响和改变并不对等，但至少这种流动是双向的。

探险的遗产

巴塞洛缪·夏普并不是唯一一个前往太平洋的英国私掠船船长。到了 17 世纪晚期，许多英国船只开始掠夺西班牙在太平洋上的贸易，并因此闻名遐迩。威廉·丹皮尔便是另一个投身于这项事业的人。1683 年，他经由合恩角进入太平洋，并在 1686 年作为小天鹅号（Cygnet）的船员横跨了太平洋。丹皮尔声称，他在第一次太平洋探险期间并没有参加任何有效的海盗活动，不过当他指挥着一艘于 1687 年被俘的马尼拉大帆船时，这个谎言便被戳破了。

1697 年，丹皮尔出版了一本名为《环球新航行》（*A New Voyage Around the World*）的书，讲述了自己的太平洋之旅。这本书让出版商和丹皮尔赚得盆满钵满。书中的描述十分详细，书中内容也流传甚广，再加上书中对澳大利亚西海岸的描写，很快便引起了英国海军部的注意。自 17 世纪早期荷兰人和英国人接触西澳海岸线起，欧洲人便知道了这个地方，但海军部感兴趣的是，丹皮尔认为他所到达的海岸，是“未知的南方大陆”的一部分。1699 年，丹皮尔受命驾驶皇家海军五级战舰罗巴克号（Roebuck），再次远征太平洋。虽然丹皮尔的这次探险并未

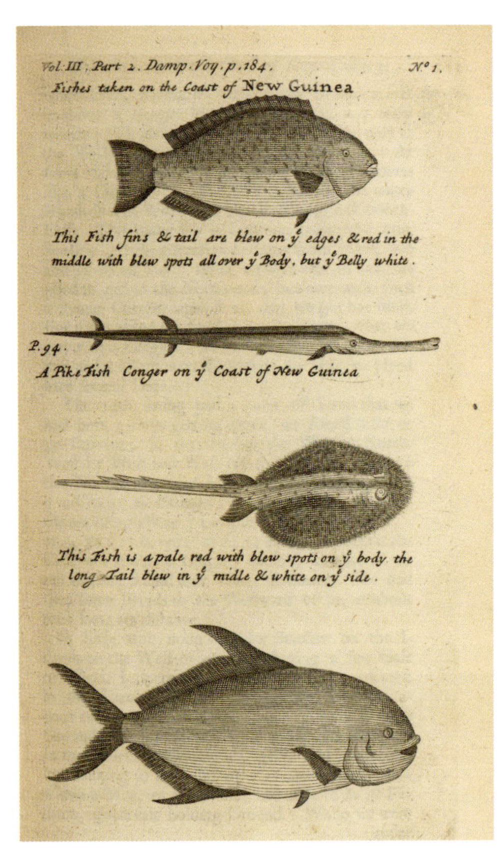

▲ 丹皮尔书中所描写的在新几内亚附近遇到的鱼类和植物，1729

► 丹皮尔 1699 年的航海图，1729

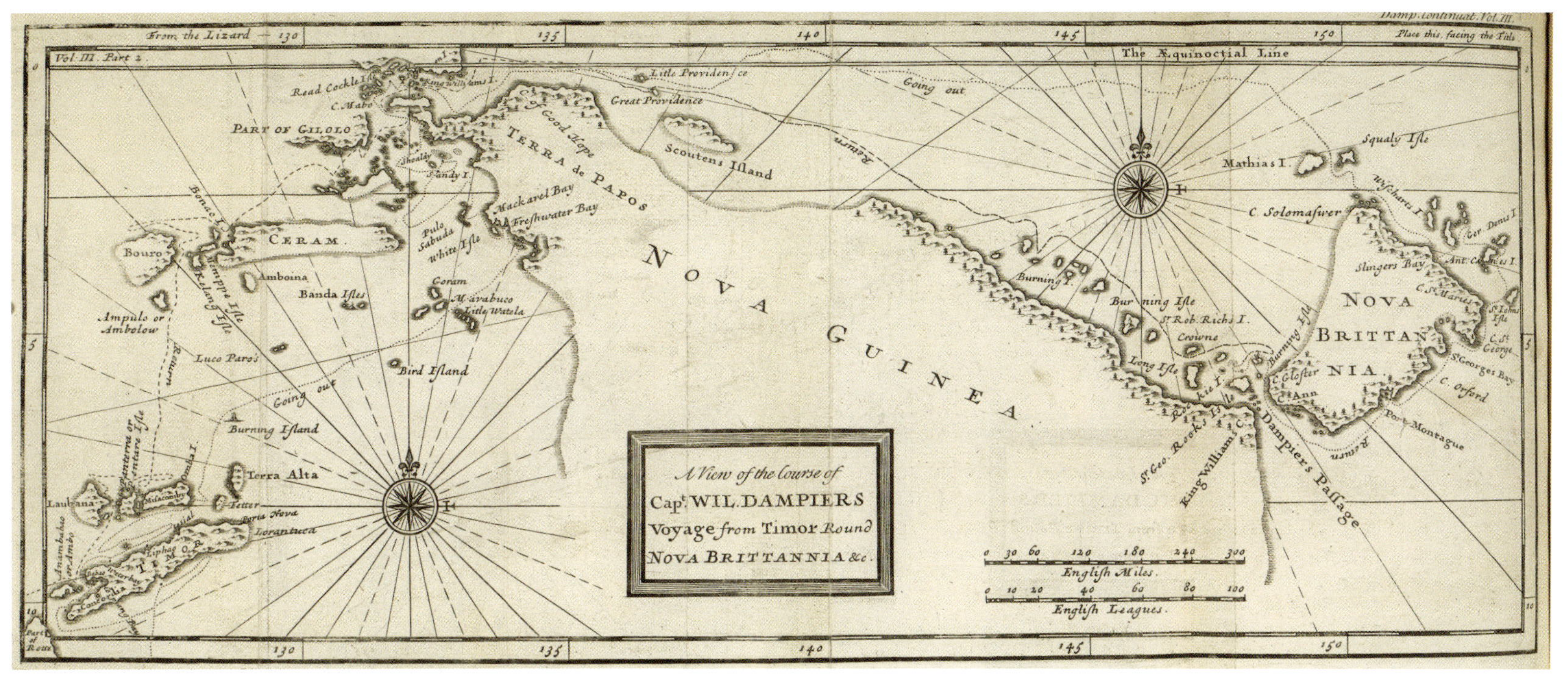

解开“未知的南方大陆”之谜，但这次航行却意义非凡。它代表着英国海军部对太平洋的兴趣发生了转变，朝着更为正式的，为了探索这个区域并提高英国人对它的认识而进行探险的方向。丹皮尔本人也为英国的探险实践带来了新的、具有影响力的视角。

以前，与荷兰东印度公司有关联的探险家们总是喜欢关注所遇岛屿的地形和动植物种类，着眼于寻找可以获得丰厚利润的资源。但太平洋上的英国水手更多的是掳夺商船和进行不固定航线的贸易探险，而不是进行严格的勘探和制图活动。这也是为什么夏普截获西班牙地图（第 74-75 页）是如此极为难得的成就。不管是之前的私掠船之旅还是 1699 年的探险，丹皮尔始终保持着敏锐的观察力。他绘制了地图，记录下所遇到的各种文化及各种动植物，并为它们附上了基本的插图。从现代的眼光来看，丹皮尔的作品还有很大的提升空间，但正是这种将所遇到的动植物进行详细记录作为探险一部分的思想，启发了很多英国人。

正如本节加入的插图所展示的那样，丹皮尔用自己的行动和著作激励了下一代探险家和自然科学家。这些插图出自丹皮尔的《航海集》（*Collection of Voyage*）的复刻本（1729），是约瑟夫·班克斯爵士的藏品，并且陪伴着班克斯爵士度过了与库克船长一起乘坐着奋进号航海的时光。本节展示的地图和插图，是用来供班克斯爵士和随行的自然科学家参考的，不过也许更重要的是，它们激励着班克斯踏上了一次规模空前的科考之旅。

▲《路西法的新驳船》，罗伯特·奈特的讽刺作品

◂《南海公司范围内沿海国家和岛屿的新的精准地图》，赫尔曼·莫尔

南海公司

尽管从 17 世纪末到 18 世纪初，英国表面上已禁止私掠或其他形式的海盗活动，但是英国水手仍旧十分不满西班牙对太平洋的掌控。像丹皮尔这样的人经常反对西班牙的控制，控诉西班牙帝国对海洋的利用非常少，却又掌控着太多的水域，而且有很多区域，西班牙人自己都不知道该如何处置。18 世纪初，这类论调越来越符合欧洲不断变化的权力格局。新统一的大不列颠王国开始对欧洲邻国采取更加好战的姿态，并牢牢盯住了西班牙。

随着英国成为海上强国，西班牙帝国的海上领土便成了很多冲突——例如西班牙王位继承战争（1701－1713）——的主要目标。战争中取得的胜利让获胜方越来越自信，并要求重新分配美洲和太平洋的贸易机会。在战争结束之前，英国自信满满，并且成立了南海公司。南海公司类似于之前的荷兰东印度公司，是一个旨在控制全球各地贸易机会的贸易机构。对页展示的地图出版于 1720 年左右，是制图师赫尔曼·莫尔（Herman Moll）的作品。它显示了南海公司传闻中的势力范围。那些描绘了南海公司势力范围内主要岛屿的插页地图具有重要意义，不仅因为它们表明了英国对“西班牙湖”中的岛屿拥有主权，更因为它们“出身显赫”。代表加拉帕戈斯群岛的部分和插页地图的其他特征是夏普的瓦格纳号（Waggoner）所截获地图的复制本（见本书第 74－75 页）。17 世纪，瓦格纳号因参与了太平洋上非官方认可的掳获商船活动而得到了这些地图。值得注意的是，这些地图的存在产生了两个问题。首先，不想将地图中所包含信息透露出去的愿望显然没有成功。其次，它们在莫尔地图上的存在也显示了夏普发现的持续重要性，同时也说明它们在打破西班牙对太平洋的知识垄断方面所产生的作用。

然而，哪怕是世界上最令人印象深刻的地图，也不足以让南海公司获得成功。当 1720 年莫尔地图出版的时候，这张地图成为南海公司热潮的一部分。当时的英国社会普遍陷于对南海公司的狂热中，投资者们将大笔资金投入其中，但南海公司的资产都只画在了纸上。它没有可供记录的船只，没有受过训练的船员，也没有进行过任何重大的探险活动。事实上，这些永远都不会有。最后，南海公司的泡沫破碎了，引发了灾难性的金融危机，不仅影响了英国经济，还影响了欧洲各国与该公司有关联的投资者。太平洋越来越多地卷入了外面更广阔世界的政治经济动态，而这种政治经济的交缠如今已到了对太平洋的兴趣能够对欧洲经济产生深远影响的地步。南海公司大概永远都不会对太平洋进行重大的探险活动，但是它的存在的确代表了欧洲与太平洋之间关系的转变，以及西班牙势力的没落。

拉帕努伊岛上的雕像

拉帕努伊岛（复活节岛）与太平洋的联系并不如其他区域那么常见，但是自有人定居后的数个世纪以来，拉帕努伊岛并非是一个不为人知的岛屿。拉帕努伊岛也是横跨太平洋的贸易网络的一部分，并且融合了更广阔太平洋上的诸多文化习俗，例如波利尼西亚的万神殿。拉帕努伊岛与欧洲人的接触发生在欧洲人第一次入侵这片海洋之后，并且十分短暂。没错，正是对传说中那“未知的南方大陆”心心念念的追寻，将第一批欧洲人——雅可布·罗赫芬（Jacob Roggeveen）和他的船员——在1722年带到了拉帕努伊岛的海岸线。1721年，罗赫芬踏上征途，希望通过找到理论中的南方大陆以及一条无人认领的去往马来半岛的西行路线，从而打破荷兰东印度公司的垄断地位。

罗赫芬记录到，当1722年4月登上拉帕努伊岛时，他受到岛上大批岛民的欢迎。罗赫芬还写道，这些岛民居住的地方，不仅资源匮乏，似乎也没有可以远洋的船只。他可能也是第一个被巨大的分布在全岛的摩艾石像震撼的欧洲人。罗赫芬在岛上待了一天，并将这座岛命名为复活节岛。这个名字也成为拉帕努伊岛自罗赫芬和他的船员到达后所拥有的最不朽的欧洲遗产。罗赫芬之后，欧洲人并没有频繁地到访该岛屿，但是他们每一个人都将继续被罗赫芬和他的船员早就写过的细节所震撼，尤其是那些在为数不多的描写岛上细节的出版物中赫然出现的宏伟的摩艾石像。对页展示的图片，是根据拉彼鲁兹后来的航行描绘的，不仅描绘了摩艾石像，还思考了它们的几何和建筑特点。除此之外，随后而来的欧洲人，还会因拉帕努伊岛上那看上去就很不安全的生存环境感到震撼。当地居住人口的减少也会变得越来越明显。

对于这样的结果，有部分是因为欧洲人的插手。具体内容会在后面的“黑奴贩卖”部分讨论。但是在罗赫芬到来之后和后来的探险家到访之前，很显然，这座岛屿已被战争破坏殆尽。这是由蔓延全岛的环境灾难引起的。简单来说，大量的人口给岛屿的生态系统造成了巨大压力。长久以来，人们一直怀疑摩艾石像的修建摧毁了岛上的森林，但整个生态系统崩溃的真相要复杂得多。花粉样本和考古证据（例如骨堆）显示，过度捕猎导致野生动物不断减少，并在15世纪严重灭绝。

人类在拉帕努伊岛这样的岛屿定居，也会间接引起生态变化，因为人类引入的动物，尤其是老鼠，会在它们遇到的新生态系统中留下自己的印记。在拉帕努伊岛这个案例中，很有可能就是这些引入物种，再加上人类定居所产生的压力，成为岛屿生态崩溃的主要原因。此外，拉帕努伊岛相对孤立的地理位置也意味着岛上居民需要比大多数太平洋岛民更加自给自足，从而加剧了他们对岛屿的需求。拉帕努伊岛的变迁提醒我们，一旦超过我们所处自然世界能够给予的范围，那么便会产生这样的危险。

▸ 拉彼鲁兹航海记录中描写的摩艾石像

厄尔尼诺现象

厄尔尼诺现象是一种南太平洋风向和洋流模式的变化，它会改变整个太平洋区域的气候，通常也会改变全球的气候。厄尔尼诺现象直至20世纪才得以正式命名，但是它的影响早已被感知了数个世纪。厄尔尼诺这个名字，早期指的是影响南太平洋地区的一种规律的水流和温度变化。最初，渔民在圣诞节期间注意到了这个现象，并给它取了“厄尔尼诺”这个绰号。今天，我们对厄尔尼诺现象有了更深的了解，知道它意味着一系列更为重要也更为复杂的气候动力学变化。这些变化会导致西太平洋降雨减少，部分东太平洋地区却降雨增多。

虽然人们刚定义了厄尔尼诺现象不久，但是从古代气候记录（例如受厄尔尼诺事件影响的珊瑚生长环）可以清晰地看出，厄尔尼诺事件已有规律地发生了数千年。它对人类历史，尤其是对太平洋及其周边的历史，产生了显著的影响。拉帕努伊岛上的定居点便是一个很好的例子。来自西面波利尼西亚群岛的岛民在公元1200年前迁徙到了那里，但是从洋流图上来看，这是一件不可能发生的事，因为该区域盛行的风向和洋流会阻止来自西太平洋的波利尼西亚岛民登上这座岛屿。岛民们总是会被这些盛行的风向和洋流击退——除非他们是在厄尔尼诺现象期间出发的。在厄尔尼诺期间，风向和洋流会一路推着人们前往拉帕努伊岛。拉帕努伊岛上的定居点证明了那些航海家和探路者在过去几个世纪中积累的关于太平洋的知识，因为建立定居点需要仔细的规划，也就是说，那些岛民不仅了解厄尔尼诺现象，还渴望利用它来达到建立定居点的目的。

厄尔尼诺现象提醒我们，人类并不是孤立地塑造着这片海洋。相反，海洋的涨落以及其他气候事件也赋予这些岛屿先民以智慧。太平洋的活动和厄尔尼诺现象贯穿了太平洋上的各个社会，并且塑造了它们以及整个世界的历史。

▸ 亚历山大・约翰斯顿的《太平洋的科学海图》，体现了太平洋的洋流和贸易路线，1856

PHYSICAL ATLAS
HYDROLOGY No. 5
PHYSICAL CHART
OF THE
PACIFIC OCEAN
OR GREAT SEA (MARE PACIFICO).
Showing the CURRENTS & TEMPERATURE of the Ocean
THE TRADE ROUTES &c.
Founded on the observations which have been made from
the time of Magalhaen to the Prussian Navigators.
WITH ADDITIONS & CORRECTIONS TO 1855.
BY A.K.JOHNSTON, F.R.S.E.
ASIA
NORTH AMERICA
GULF OF MEXICO
WEST INDIA ISLES
CARIBBEAN SEA
NEW GRANADA
EQUADOR
SOUTH AMERICA
NORTH PACIFIC DRIFT CURRENT
EQUATORIAL CURRENT
SOUTH PACIFIC CURRENT
AUSTRALIA
Tropic of Capricorn
Tropic of Cancer
NEW ZEALAND
Galapagos
Gilbert Isles
EXPLANATION OF THE SIGNS &c.
Explanation of the Colours
William Blackwood & Sons, Edinburgh & London.

岛屿帝国

A MAP
of the
DISCOVERIES made by the RUSSIANS
on the
North West Coast of AMERICA.
Published by the Royal Academy of Sciences at Petersburg.
LONDON
Republished by Thomas Jefferys Geographer
to his MAJESTY.
SIEWERNOI OKIAN
NORTHERN OR FROZEN OCEAN
NORTH AMERICA
BAFFINS BAY
HUDSONS BAY
PRINCE WILLIAMS LAND
NEW SOUTH WALES
SEA OF ANADIR
SEA OF OCHOTZK called LAMA by the Tungusi
SEA OF KAMTSCHATKA
KURILIAN ISLANDS
SAGALIN I.
PART OF JAPAN
ISLE OF NIPON
NEW ALBION
PART OF CALIFORNIA
GREAT SOUTH SEA OR PACIFIC OCEAN
Explanation of the Rußian names.
Nos The same as Neß or Promontory.
Nischnoe Lower.
Werchnoe Upper.
Ozero Lake.
Ostrow Island.
Ostrog Village surrounded with Palissadoes.
Neka River
Sim Winter settlem.t to receive the Tribute.
Track of Cap.t Bering and his Companions.
Track of y.e Cosiack Schestakow, and Captain Pawlutzki.
Along the Rivers signifies going by Water.
Scales
Sea Leagues 20 to a Degree.
British Statute Miles 69½ to a Degree.

俄罗斯帝国和北太平洋

到目前为止，本书还少有提到北太平洋地区的民族和文化，但是阿留申群岛的岛民和太平洋最北部群岛的岛民之间，也和之前讨论过的那些岛民一样维系着复杂的海上联系。占据这些岛屿人口绝大部分的阿留申人和居住在北美洲北极大部分地区的因纽特人是有血缘关系的。他们在岛上的生活都以海洋为中心。他们划着海豹皮小艇，在太平洋北部水域中狩猎、采集资源，然后带着这些资源在族群之间相互交流和交易。这些岛屿本身可能就是通道，最早迁徙的人类通过它们来到美洲并定居下来。因此，我们在这里看到了更多的例子，证明太平洋上的岛屿是太平洋与更广阔世界之间相互联系的密集网络中的一部分。

尽管如此，这些岛屿相对来说并没有受到之前讨论过的各种进程的影响。不管是像早期中华帝国在太平洋范围内对贸易和朝贡体系的扩张，还是像西班牙和荷兰那样的欧洲商人对太平洋的入侵，都没有涉及这些岛屿。当然，阿留申群岛和这些南方网络之间存在着贸易和交流关系，尤其是那些来自北极的商品，例如琥珀、象牙和毛皮，在南方文明中十分受欢迎。但是这些岛屿与更广阔世界之间，并没有广泛的联系。当 18 世纪俄罗斯帝国的野心扩张到北太平洋时，这种情况发生了改变。

作为一个不断壮大的国家，俄罗斯帝国的势力范围进一步向东扩展，与此同时，俄罗斯帝国一直饶有兴趣地观察着其他国家对通往亚洲的北方贸易航线的探寻。俄罗斯帝国的不断壮大使得发现陆上航线和北冰洋航线成为一件紧要之事，因为这些航线能够帮助这个不断壮大的大陆帝国连接成一体，同时也许还能为其提供进入太平洋和亚洲市场的商业通路。为此，彼得大帝发起了一次大规模的探险行动，以确定是否可以找到通往亚洲的路线。如果找不到，那也要确定亚洲是否和北美相连。这两项发现都将会对俄罗斯帝国的贸易和扩张产生重大影响。1724 年，丹麦航海家维塔斯·白令（Vitus Jonassen Bering）接受了彼得大帝的命令，并通过随后的探险在地图上标注出了横卧在亚洲大陆和北美之间的那道海峡。

白令的探险队也逐渐发现了来自北美洲北极地区的有价值的商品，尤其是大量的海獭皮。对页展示的地图不仅体现了像白令这样的探险家所领导的正式探险队的航线（虽然这幅地图标注了白令的探险和部分重要事件，例如 1741 年白令死亡的岛屿的位置），还体现了前往阿留申群岛及更远地区的各种毛皮贸易商队的各种发现。毛皮贸易是早期绘制详细北太平洋地图的主要原因，虽然绘制出来的地图被许多欧洲探险家所轻视。尽管如此，这种贸易将对北太平洋岛民产生巨大影响，同时它也推动了俄罗斯帝国对该区域持续的兴趣。

◂ 北太平洋地图，标注了白令的死亡地点，1758

奥罗崇拜

在太平洋境内旅行的，不仅仅有货物和定居者，文化习俗和宗教信仰也通过这些网络得到了广泛传播。拉皮塔陶器在南太平洋范围内的广泛传播证明了文化物品和习俗早已得到传播，而且世界上一些主流宗教与太平洋岛民之间也早有互动。甚至在基督教来到太平洋及其周围岛屿之前，佛教、儒教和伊斯兰教早已成为西太平洋很多地区重要的宗教信仰，并在盛行这些宗教的岛屿上巩固了岛民的日常生活和岛上的政治力量。

不过，不是所有的宗教都是从太平洋外发展而来的。生活在北美岛屿上的原住民便是当地复杂的宗教信仰网络的一部分。这些当地的宗教信仰与他们在岛上的生活，以及他们与海洋的关系有着密切的关联。不过这些独特的宗教习俗受到太平洋地理位置的影响，并没有在其他地方发展起来。到了 17 世纪，最早在赖阿特阿岛发展起来的对战神奥罗（‘Oro）的崇拜成为很多波利尼西亚岛屿的标志性特征。这种崇拜体系沿着太平洋该地区岛屿之间早已存在的贸易和交流网络蔓延，传到了很多相邻的岛屿，例如塔希提岛。奥罗崇拜成功的关键因素在于，它是一种将知识和纹章编纂成法典的学习型文明。这也意味着，在那些以奥罗崇拜为主信仰的岛屿上，奥罗文明也成为巩固岛屿主导政权的一个重要因素。奥罗崇拜起源于赖阿特阿岛，随后便向太平洋的波利尼西亚地区辐射，并传播到了拉帕努伊岛、夏威夷和奥特亚罗瓦。奥罗崇拜与该地区文化有着很大差异。波利尼西亚的万神殿中供奉着很多神明，他们中的任何一个都可以用来巩固主导政权和社会实践，但是当欧洲人来到太平洋该区域时，奥罗崇拜已占据了主导地位。

当库克船长 1769 年第一次到达塔希提岛时，奥罗崇拜是塔希提岛统治者所信奉的宗教信仰。在图帕伊亚的努力下，奥罗崇拜对库克船长与塔希提岛的相遇产生了实质性影响。图帕伊亚是一位奥罗祭司，当年因竞争对手的攻击被迫离开了赖阿特阿岛。在塔希提岛遇到了库克和他的探险队之后，图帕伊亚成为库克的翻译和文化中间人，并为探险队提供了很多关于塔希提岛、波利尼西亚文化以及塔希提岛所在的地理位置的重要信息。对页展示的插图是图帕伊亚众多手稿中的一部分，描绘了塔希提岛上的一座宗教纪念碑。图帕伊亚的这些手稿是约瑟夫·班克斯爵士众多藏品的一部分。

欧洲人来到这里，发现了这些依托奥罗和其他波利尼西亚诸神的文明。这些文明不仅很大程度地影响着宗教崇拜的习俗，同时也对人们的日常生活以及维护岛屿与所在区域之间的政治平衡有着重要意义。然而，欧洲探险家和那几个相互竞争的帝国来到这里之后（正如上文在马来半岛和日本提到的那样），必会将新的、具有竞争力的宗教信仰投入当地的文化融合当中。这将会对那些信奉奥罗崇拜的文明以及赖阿特阿岛附近区域带来深远影响。

► 图帕伊亚画的毛利会堂，左为正面图，右为侧面图，1769

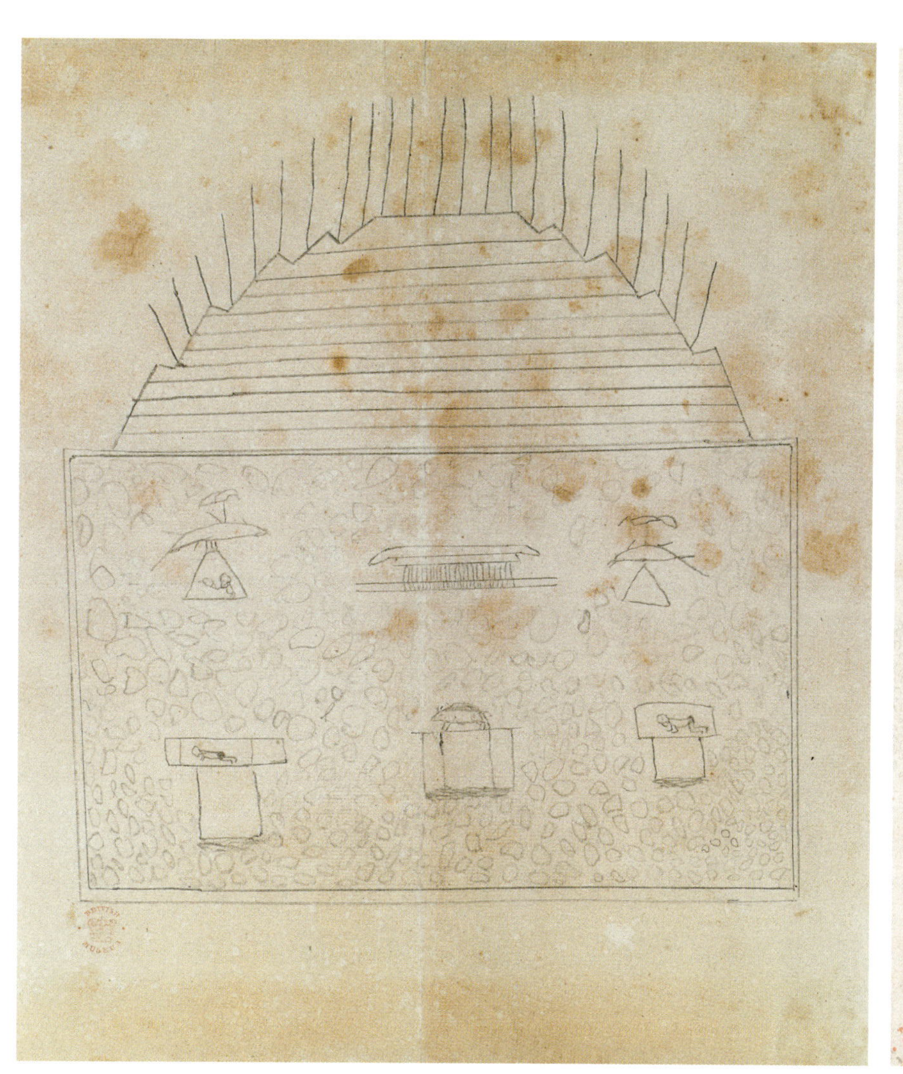

金星凌日

库克中尉（代理船长）和他的奋进号探险队对太平洋的造访，被认为是欧洲与太平洋接触史上的一个重要时刻，但人们总是忘记他的第一次探险会去往这些地方的确切原因。1769 年是一个很特殊的年份，那一年的天文现象可以帮助人们绘制出地球在太阳系中的位置，同时量化并回答其他关于宇宙的问题。那一年，人们从地球上就能观测到，金星穿过太阳的正面，这样便可以测算出它的运行速度，从而计算出地球到太阳的距离。为了得到准确的观测结果，必须从全球各地搜集数据，于是那个时代便开启了一场有史以来最伟大的科学考察运动。来自许多不同国家的观测团队被派往不同的地点，他们的任务只有一个——观察并记录这次金星凌日现象。库克和他的探险队将在塔希提岛观测这次的凌日现象，从而将太平洋作为一个节点纳入覆盖全球的庞大的科学网络。

1768 年，奋进号带着它的船员从伦敦出发。除了观测金星凌日现象，他们还带着其他任务。塔希提岛及其周边地区正逐渐成为太平洋的重要区域，越来越多的欧洲国家对它们产生了兴趣。英国和法国效仿前几个世纪荷兰、西班牙和葡萄牙的做法，渐渐在南太平洋发展自己的势力范围。于是，像塔希提岛这样的地方便成为节点和潜在的势力范围。因此，库克船长还肩负着另一项任务——绘制塔希提岛周围地区的海图，建立英国在当地的信心，加固未来英国对这些岛屿及其资源所有权主张的可能性。即便是到了 18 世纪中叶，人们仍旧没有找到“未知的南方大陆”，所以除了观测金星凌日以及了解塔希提周围的岛屿，库克还得到了寻找南方大陆的特别指示。

虽然库克对那片南方大陆的存在持怀疑态度，但他在按照上述指令行事的过程中，他的奋进号接触到了奥特亚罗瓦和澳大利亚东海岸，准确地说，是大堡礁。塔斯曼因为与奥特亚罗瓦岛上的毛利人接触失败而匆匆离开，并正式宣称这座岛屿不属于任何南方大陆，但是库克的发现将会填补欧洲人因此而产生的对奥特亚罗瓦的知识空白。库克所进行的探险和地图绘制，将会对这些他所遇到的岛屿和人民产生深远的影响。这次探险的成功，再加上欧洲强国不断增长的希望加强对太平洋的掌控的野心，意味着接下来将陆续有探险家，以及随后而来的捕鲸者、贸易商和传教士来到这片水域，将他们的势力伸向太平洋更加偏远的区域。这些行为都受到了帝国统治者的支持。他们生活在欧洲的大都市中，且是公认的古怪又优柔寡断。因为他们的这些决定，整个太平洋现在都被无情地、不可逆地卷入了远在半个地球之外的帝国政治、经济、科学和文化潮流之中。

▸ 金星堡插图，斯波林

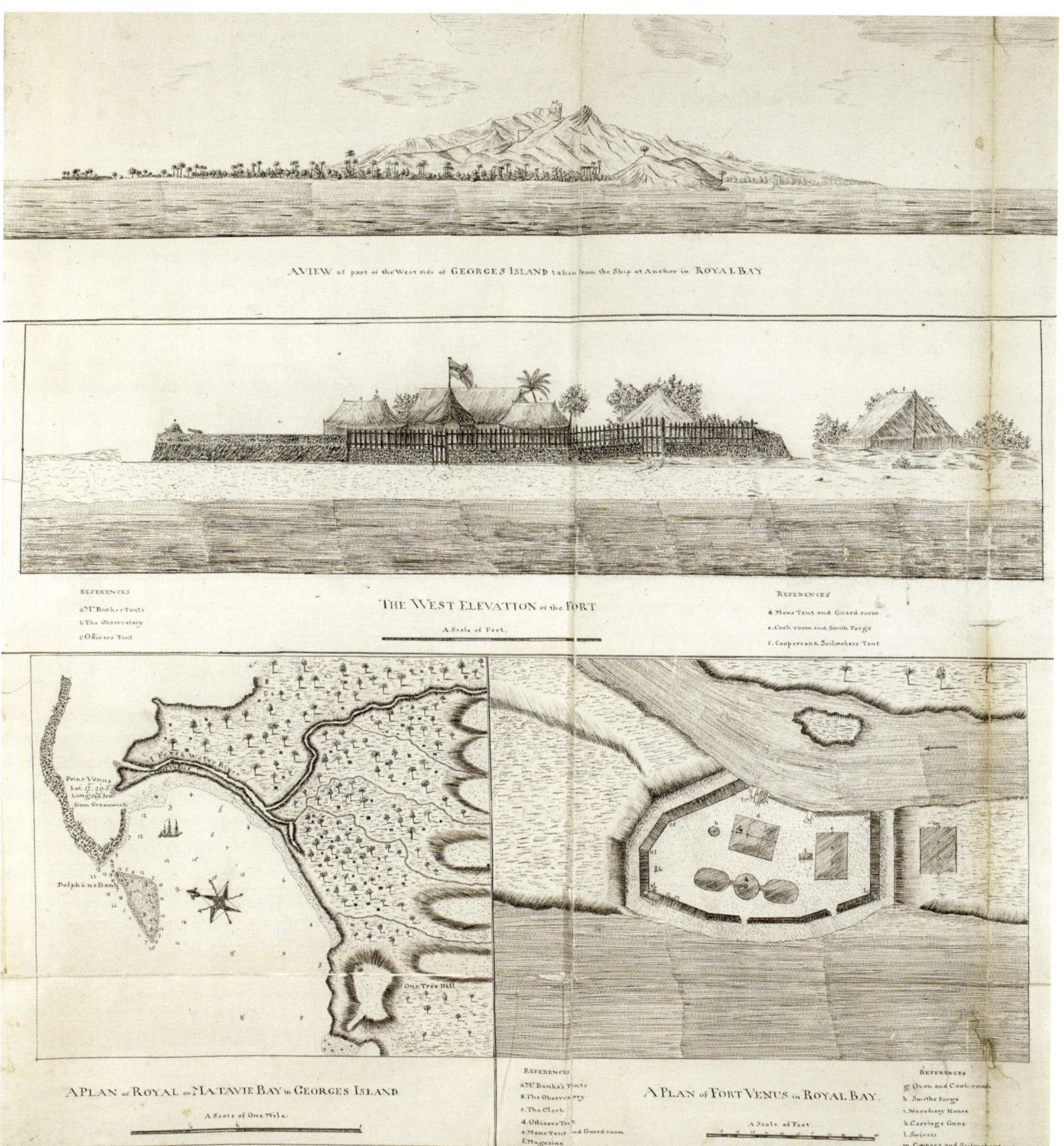
A VIEW of part of the West Side of GEORGES ISLAND taken from the Ship at Anchor in ROYAL BAY
REFERENCES
a Mr. Banks's Tents
b The Observatory
c Officers Tent
THE WEST ELEVATION of the FORT
A Scale of Feet.
REFERENCES
d. Mens Tent and Guard-room
e. Cook-room and Smith Forge
f. Coopers and Sailmakers Tent
Point Venus
Dolphins Bank
One Tree Hill
A PLAN of ROYAL or MATAVIE BAY in GEORGES ISLAND
A Scale of One Mile.
REFERENCES
a. Mr. Banks's Tents
b. The Observatory
c. The Clock
d. Officers Tent
e. Mens Tent and Guard-room
f. Magazine
A PLAN of FORT VENUS in ROYAL BAY.
A Scale of Feet.
REFERENCES
g. Oven and Cook-room
h. Smiths Forge
i. Necessary House
k. Carriage Guns
l. Swivels
m. Coopers and Sailmakers tent

影响欧洲的太平洋藏品

与库克船长一起旅行的，是一个由年轻的约瑟夫·班克斯爵士组建的自然科学家团队。班克斯是一位自然哲学学者，曾亲自率领探险队到达北美，特别是纽芬兰和拉布拉多。班克斯作为奋进号所肩负的广泛的科学任务的一分子，受命与探险队一起出发。这次探险让他和他的团队创作了一部前所未有的关于太平洋版图的博物志。以前那些特别关注所到之处地理位置和博物学的探险行动深深鼓舞着这位年轻的自然科学家，尤其是威廉·丹皮尔等人的记录更是对他的探险方式产生了决定性的影响。不过，班克斯认为，在自己的这次探险之前，几乎没有探险队以他们这样的规模进行过此类考察。他希望全面地研究奋进号所遇到的地理环境、植物和民族，因此他带了一队自然科学家——例如丹尼尔·索兰德（Daniel Solander）和 H. D. 斯波林（H. D. Spöring）——以及绘图人员，例如悉尼·帕金森（Sydney Parkinson）。在班克斯的资源、船上图书馆和各种技术设备的支持下，这些人的任务只有一个：观察并记录奋进号在太平洋以及接下来的环球旅行中所遇到的一切。

班克斯和他的团队详细地记录了他们在太平洋上的所见所闻，并且记录了他们所遇到的各种文化和民族。这些记录的大部分内容，都是在探险队于塔希提岛遇到的赖阿特阿岛祭司图帕伊亚的帮助下完成的。事实上，如果没有图帕伊亚的帮助，班克斯的团队不可能获得这些细节和洞见。在诸多因素的加持下，例如奋进号航行的范围、班克斯的野心、像索兰德和帕金森这样充满洞察力的团队、图帕伊亚的加入，再加上他们所遇到的很多太平洋岛民的欢迎，班克斯的这份记录将会对欧洲人的世界观产生持久的影响。到了巴达维亚（雅加达）后，库克的探险队将会遭遇严重的疾病和困苦，从而失去很多船员以及班克斯的团队成员，但是不管怎样，它带着来自世界另一端的故事回到了欧洲，并将其传播开来。

引起人们注意的，不仅是博物学上的奇迹，还有来自太平洋的文化洞见。民众的这种热情，与 17 世纪丹皮尔出版了他在太平洋的航行记录，并展示了他的印尼奴隶乔利（Jeoly，乔利的文身引起了很大的关注）后所引发的热潮十分类似。左图中展示的是本杰明·韦斯特（Benjamin West）画的班克斯肖像画。画中的

▲ 帕金森的两张毛利人画像

◀ 本杰明・韦斯特的约瑟夫・班克斯爵士铜版雕刻肖像画

班克斯正在试图传达这次探险中发现的博物学知识和文化遗产。班克斯站在那里，穿着毛利人的长袍，周围摆放着毛利人的武器、一件塔希提岛的头饰，以及远征中搜集到的其他物品。对于他来说，他们为欧洲人带来的这些物品和洞见，都是奋进号探险队的遗产。如今看来，班克斯的藏品在很多方面都是这次探险的遗产。约翰・霍克斯沃斯（John Hawkesworth）在1773年出版的对这次探险的官方记录并没有很好地描述库克和他的同伴们所做的工作，而其他与这次探险相关的出版物也都饱受争议。尽管如此，班克斯对他所居住的苏豪广场的学者开放了自己的藏品，而这些藏品后来也成为大英博物馆、英国自然历史博物馆和大英图书馆的藏品的基石，直到今天仍影响着西方人对太平洋的认知框架。

Opatoerow.

N

Oahourou
Oryvavai
Olematerra
Oateeu
Oururutu
Ohevapoto
Oheva roa.
Tebooi.
Orarathoa
Oahoo-ahoo
Ootto
Whatterreero.
Terouuhah
Temanno
Oourea
Maatāah
Oo-ahe
Toutepa
Oweha
Motuhea
Oura.
Whaterretuah.
Oanna
Teoheow.
Whenuaouda
Tupia tata re pahei matte
Tetineoheva.
Opopotea
Oryroa.
Whaneanea.
toe miti no terara te rietea
Orivavie
Mau-rua
Tupi
Otaah.
Orotuma
Tinuna
Bola-bola
Oopati
Oremaroa
Ohevatoutouai
Opoopooa
Otahah
Whareva.
Maa te tata pahei rahie ete
te pahei no Brittane
Ulietea
Tuboona no Tupea pahei taye

Tereati
Toottera
W.
Eavatea
Huaheine
Whaow.
E.
Tatahieta
Ohetoottera

Ohetepoto.
Tetupatupa eahow
Moenatayo
Ohetetoutou-atu
Imao
Otaheite
Mytea.
Ohevanue
Tapooa-mannu
Medaak no te tuboona no Tupia pahei tea
Ohetetoutou-mi
Teerrepooopomarhehei
Oheavie
Oirotah.
Opooroo
Oheteroa
Tometoaroaro
Ohetetoutoureva
Teoroorometiwa-tea
Oouow
Itenue
Ohete maruiru
Ohetetaiteare
Otootooera
Ouropoe
Mannua.
Teamoorohete
Teatowhete
Moutou
Tenewhammeatane
Onowhea

S

Opatoa

来自太平洋的洞见

约瑟夫·班克斯爵士那些后来存到大英图书馆的藏品中包含了很多赖阿特阿岛祭司图帕伊亚提供给探险队的洞见。图帕伊亚与奋进号的成员们相遇于塔希提岛。图帕伊亚因家乡的宗教和政治纷争而流离失所，最后定居在了塔希提岛。这位赖阿特阿岛人很快便成为库克、班克斯和探险队其他成员不可缺少的人物。他不仅是翻译，还为探险队提供了很多塔希提岛周围太平洋区域的信息。班克斯的藏品中有很多图帕伊亚的素描，这些素描展现了塔希提文化的关键元素。他对宗教人物和岛屿风景的描绘，似乎确实为班克斯和其他人理解他们所处的社会起到了一定的作用。此外，他后来对奋进号所遇到的波利尼西亚和南太平洋社会的描绘和解读，为那些首次与之接触的欧洲人提供了来自太平洋的见解。

这些见解不仅是关于太平洋文化的宝贵历史记录，还记录下了这些文化面对欧洲的扩张以及英国和法国这样的国家越来越多的关注时，是如何相互融合、交融的。在这方面，有一样关键的东西——库克按照图帕伊亚提供的海图复制的“社会群岛”（塔希提以及周边岛屿）海图。这份海图中包含的信息记录了该地区各个岛屿的本土名字，从而保护了这个时期的文化遗产，因为在这一时期，欧洲人会改写或重新命名他们所遇到的岛屿和风景特征。更为重要的是，图帕伊亚的海图中所传递出来的地理信息。它并不符合之前或当时西方制图师所熟悉的地理空间投影原理，相反，它有一套自己的空间逻辑。它通过一系列代表着从塔希提岛出发的航行时间的同心圆来传达其与塔希提岛的相对距离。因此，这份海图代表了波利尼西亚人对存在于太平洋众岛屿之间互联关系的理解和想象。而且，这份海图也体现了该区域在遇到欧洲人之前的地理情况。

从很多方面来说，图帕伊亚的海图作为一份迷人的历史记录，抢在埃佩里·豪奥法之前提出了“岛屿的海洋”这个概念。该理论认为，太平洋是一个独特的、文化上相互关联的区域，因此海洋是通道的框架，而不是隔绝各岛屿的障碍。现代学者认为，这种互联网络在欧洲人来到太平洋时便已走向衰弱，而拉帕努伊岛也不是唯一一座逐渐脱离“岛屿的海洋”的岛屿。然而，图帕伊亚的海图和生活表明，这种互联网络在太平洋各式人物的文化想象和人文地理中延续了下来。

不幸的是，图帕伊亚对奋进号探险队和太平洋历史编纂的贡献很快便中断了。在好奇心的驱使下，他加入了探险队，并为我们提供了他对于毛利文化和澳大利亚土著文化的洞见，但是他和很多人一起病死在了巴达维亚（雅加达）。随着外来者在太平洋上花费越来越长的时间旅行，并且旅行得越来越远，太平洋岛民对大陆疾病的敏感性成为一个日益严峻的问题。这些疾病剥夺了图帕伊亚对世界进一步的洞见。

◂ 图帕伊亚画的塔希提周围岛屿的海图，库克船长复制版，1769

紧张关系

库克船队来到塔希提岛时，南太平洋岛民和欧洲探险家之间的接触正变得越来越频繁。来自不同国家的船队都在寻找新的岛屿和机会，并且尤其关注建立定居点和贸易。事实会证明，对于双方的接触格局来说，这将是一个危险的变化。虽然像奋进号这样的探险队告诉我们欧洲人能够了解、学习很多波利尼西亚文化，并与之维持持续联系，但它也告诉我们，欧洲人和那些他们坚持认为愿意招待他们的社区之间的压力和紧张关系是如何一步步发展起来的。即便是最善解人意的船员也会跨越社交界限，曲解当地的文化准则，违反由“Tapu”（意为禁止）统治的精神法规。这里说的“Tapu”，是一个与精神或统治力量有关的，围绕着特定的地点、物品和食物的禁忌系统。

这便是库克的船员与塔希提岛民在金星堡（库克的船员用来观测金星凌日的地点）周围产生许多摩擦的原因。紧张关系有时会激化为暴力。这些暴力既有威胁，也有实战。还有一个因长期接触而关系紧张的例子来自马克－约瑟夫·马里昂·杜·弗雷斯尼（Marc-Joseph Marion du Fresne）的探险队。杜·弗雷斯尼是一位法国探险家，于1771年从马斯克林群岛和卡斯特里航行至太平洋。1772年3月，杜·弗雷斯尼来到奥特亚罗瓦，一边与当地的毛利人接触，一边更新他的存货，并采伐木材作为船队的补给。杜·弗雷斯尼和库克船长的想法是一致的，都对本土文化感兴趣，都渴望与接触过的人做朋友。杜·弗雷斯尼对18世纪“高贵的野蛮人”理论十分感兴趣，因此我们可以认为，相较于库克船长，杜·弗雷斯尼大概更愿意与他所遇到的本地人接触。

探险队在岛屿湾内及岛屿湾周围待了五个星期（后来岛屿湾成为美国非常关注的地点），与当地将海洋作为自己家园的恩加人（Ngare）发生接触。一开始，探险队与恩加人的关系很友好，船员也能通过由路易斯·安东尼·布干维尔（Louis de Bougainville，与库克和杜·弗雷斯尼同时代的法国人）建立的塔希提词汇表来传达自己的想法。当年6月8日，他们参加了当地的仪式，并受到欢迎。但到了6月12日，杜·弗雷尼斯的探险队和恩加人之间的关系突然恶化，杜·弗雷尼斯和他的一个小分队在出海捕鱼时被杀害。于是，探险队开始激烈地复仇。这场复仇持续了一个多月，直到剩余的法国探险家再次驶入太平洋才结束。在这期间，他们杀死了250多个恩加人。

探险队留下的记录太少，因此我们无从得知到底是哪里出了问题使得他们和恩加人之间的关系突然之间发生如此巨大的变化。也许是因为在使用塔希提词汇表进行交流时产生了误解，也许是因为杜·弗雷尼斯和他的船员在当地待得太久而引发了不满。而且在他们之后，也有欧洲人误将传递“请离开”信息的仪式当作本土人友好的欢迎。所以最有可能的，是他的船员，甚至杜·弗雷尼斯本人，违反了一些与“Tapu”（不能去的地方、不能吃的食物）有关的当地法规。一件件小事累加在一起，最终让恩加人忍无可忍。我们永远都无法得知导致悲剧的真正原因，但从后来的探险活动表明，这是有可能的。

▼ 杜·弗雷斯尼之死

大英图书馆太平洋简史

THE

INJURED ISLANDERS;

OR,

THE INFLUENCE OF ART

UPON

THE HAPPINESS OF NATURE.

New wonder rose, when ranged around for Thee,
Attendant Virgins danc'd the TIMRODEE.

LONDON,

PRINTED FOR J. MURRAY, No. 32, OPPOSITE ST. DUNSTAN'S CHURCH,
FLEET-STREET; AND W. CREECH, EDINBURGH.

MDCCLXXIX.

瘟疫携带者

除了新的贸易途径和冲突，到达太平洋的欧洲人还带来了各种搭便车的疾病。这些来自世界另一端的疾病给生活在太平洋岛屿上的人们造成了极大痛苦。当欧洲人来到太平洋更远地区，接触到诸如塔希提岛、夏威夷和拉帕努伊岛这类岛屿时，欧洲疾病已对本土社区产生了巨大影响，这种影响在他们所踏足的其他地区也可以看到。自哥伦布到达美洲以来，很多外来疾病——例如天花、麻疹，甚至可能是疟疾——已经摧毁了大量的美洲原住民。虽然这些疾病在欧洲也很盛行，也同样致命，但是很多欧洲人已经形成了对这些疾病的某种遗传性免疫。虽然欧洲也会爆发大型传染病，每年也有很多人死于感染，但是那些疾病很少会像肆虐于太平洋岛屿的疾病那样席卷所有人和国家。

有些太平洋岛屿，例如日本列岛、台湾岛和香料群岛，通过贸易循环和农业系统与内陆保持着足够紧密的联系，因此这些岛屿上的人也形成了对欧洲和非洲疾病的部分抵抗力。而对于那些位于太平洋深处的岛屿来说，情况便截然不同。此外，船舶也是疾病传播与流通极其有效的媒介。船上拥挤的环境为传染病在船员间的传播提供了条件，而那些康复的人在接触海岸上的族群和社区时，仍然可以扮演病毒携带者的角色。此外，那些获得了上岸许可的水手的行为也是一个因素。

正如库克船长第一次远征塔希提岛和更广阔太平洋时一样，准许上岸休假的水手们发现，他们不可能不和所遇到的岛民发生亲密关系。而这些亲密关系有些是你情我愿的，有些则带有强迫和侵犯的意味。这些身体接触为呼吸系统疾病和其他如麻疹这样的传染病提供了完美的传播条件。最可怕的是，这些身体接触还将很多通过性传播的疾病传给了当地岛民。

对页展示的图片是诗歌《受伤的岛民》（*The Injured Islanders*）的扉页插图。这首诗是一部态度异常强硬的作品，抨击了欧洲在太平洋的扩张对太平洋岛民带来的影响。除了谴责欧洲人带来的文化影响，这首诗还提到了性病对塔希提这样的岛屿的文化所产生的影响。到了18、19世纪，太平洋岛民和外来人员的接触只会愈加频繁。越来越多的探险家、传教士、商人、捕鲸者、殖民地官员以及其他欧洲人涌入太平洋。他们携带着即将在岛屿间肆虐的病毒，并为它们的传播培养了温床。虽然欧洲人的到来使太平洋岛屿发生了深远的社会、经济和政治变化，但是这些变化与外来疾病所造成的深远影响以及它们所引起的死亡和毁灭相比，显得那么苍白无力。

◂ 诗歌《受伤的岛民》的扉页，1779

传教士的努力

纵观整个世界，不管来自欧洲和美洲的探险家去到哪里，基督教的代言人一定都会紧随其后，太平洋上的岛屿也不例外。事实上，库克的太平洋之行所激发的热情，恰好符合了当时大众（尤其是那些福音派圣公会成员）那高涨的、希望参与并支持传教事业的意愿。英国人迫切地希望向太平洋人民推广新教价值观，用以对抗早已在该地区十分普遍的天主教传教活动，因此从18世纪末开始，太平洋岛屿便顺理成章地成为英国传教活动的焦点。

这项工作是由前身为布道团的伦敦会成员领导的，他们的使命便是改变太平洋岛民的宗教信仰。詹姆斯·威尔逊（James Wilson）船长的达夫号（Duff）免费将传教士们带到了太平洋，于是伦敦会在塔希提岛开始了他们的第一拨传教活动。在这趟航行中，也有传教士被安置在了附近的岛屿上。在那里，这些传教士发现自己处于一个社会、文化、政治快速发展的形势之下。他们很快便明白，和那些几乎没怎么接触过欧洲人和其他外来客的岛屿不同，这些岛屿与外面的世界有着密切的联系。来自不同国家的探险家、早期的贸易商，以及那些被船队抛弃的各国水手——这些典型的“海滩游民”早已对传教士遇到的这些社会产生了影响。

因此，传教士们发现，他们所遇到的岛民，早就知道他们是谁，能带来哪些好处，以及他们能在当地社会中扮演什么角色。然而，伦敦会的传教士们拒绝帮助岛民解决当地长期存在的纠纷，于是他们很难获得管辖他们的领导人的信任以及通过这些领导人获得影响力。或许最重要的原因是，大多数福音派圣公会成员都不愿意参加卡瓦碗仪式，因为在他们的信仰中，酒精是邪恶的化身。缺席这些在当地社区和个人层面都非常重要的仪式，意味着这些传教士将自己与当地岛民隔离了起来，于是对他们而言，对岛民产生影响以及开展信仰归化工作变得更为艰难。《南太平洋的传教之旅》（*A Missionary Voyage to the Southern Pacific Ocean*）这本书用许多方式记录了早期传教工作中所遇到的问题。18世纪，在伦敦会和其他太平洋地区的传教会的推动下，尤其是当岛民本身开始承担传教士这一角色的时候，该地区开始出现重大变化。

从18世纪开始，太平洋上的传教士团体开始参与当地的政治活动，记录当地的语言系统和历史，并显著地改变了太平洋岛屿的信仰结构和宗教庆典。然而，这样的结果，并不全是福音派圣公会的成果，正如后面会向大家展示的那样，在一个全球化的帝国世界中，传教士与宗教信仰和实践的地方及全球政治有着千丝万缕的联系。

▸《南太平洋的传教之旅》（1799）中的场景：（左上）塔希提岛上传教士的住宅与周边环境；（右上）塔希提岛帕皮提（Pappare）伟大的毛利特马尔◆；（左下）阿塔胡罗（Attahooro）上带有伊图阿◆◆和棕榈树的毛利祭台；（右下）汤加岛的莫阿（Mooa）上的石阶和站在一旁的人物

◆ Temarre，特马尔，一种塔希提本土寺庙。

◆◆ Eatooa，伊图阿，是向神献祭的地方。

太平洋访客

正如“马六甲的恩里克”和支仓常长等早期旅行家的旅行所阐述的那样，到了18世纪，太平洋地区的岛民已经在欧洲和美洲进行过大量旅行。他们不仅促进了最高层级的跨文化交流，而且还参与了世界重大历史事件，并站在这些事件的前沿。18世纪晚期，库克等航海家所带领的探险队以及其他贸易活动深入太平洋腹地，作为其中的一分子，波利尼西亚的航海家们也成为这一旅行网络的一部分。

来自南太平洋的旅行者来到这里，从而在欧洲思想史上的一个独特时刻成为欧洲话语中的一部分。虽然不是所有人都像航海家图帕伊亚那样完成了他们的旅程，到达了欧洲，但是这些旅行者也对欧洲人如何对待那些在太平洋上遇到的新区域产生了深远的影响。他们也持续影响着我们如何看待并理解我们周围的世界，就像我们仍旧能感受到图帕伊亚的南太平洋岛屿图所散发的持续魅力一样。在这样的交流氛围中，有一大群旅行者在18世纪末19世纪初直接接触到了美洲和欧洲的土地和文化。这群旅行者中，有很多人与捕鲸者和贸易商一起旅行、工作，希望从各种各样的太平洋贸易中获得财富。对于这些人来说，跨越太平洋和其他海洋岛屿的港口——最为著名的便是大西洋上的楠塔基特岛（Nantucket）——便成为重要的中转地。

越来越多的欧洲探险家来到太平洋，在那些参与欧洲探险活动的太平洋岛民中，来自赖阿特阿岛的迈（Mai）最负盛名。他在库克及其探险队在塔希提岛观测金星凌日期间结识了他们，并在四年后（1773）乘坐托拜厄斯·弗诺（Tobias Furneaux）船长领导的英国皇家海军探险号（Adventure）来到伦敦。对页展示的迈（在欧洲社交圈里，他被称为欧迈）的肖像画只是他在欧洲定居的两年里人们为他制作的大量画作中的一幅。迈在当时的欧洲社会是一位极具魅力的人物，不仅因为人们渴望体验和颂扬异国情调，还因为他很快便用自己的智慧和魅力获得了知名度。迈到达伦敦的时候，与布干维尔一起旅行的塔希提人阿赫托鲁（Ahutoru）已经建立了前往欧洲的波利尼西亚访客的基调。阿赫托鲁参加过巴黎的沙龙活动，遇到了法国上流社会的各式人物。从让-雅克·卢梭（Jean-Jacques Rousseau）和其他18世纪思想家的作品中可以看到阿赫托鲁所产生的影响。这些思想家提出“高贵的野蛮人”的思想，认为现代文明有一种侵蚀性的影响力，但是像塔希提人这样的民族，到目前为止，并没有受到影响。这个思想将为未来数代欧洲人与太平洋地区之间的交往奠定基调。

迈在伦敦也遵循了与阿赫托鲁相似的路线。他会见了像约瑟夫·班克斯爵士这样的杰出人物，并觐见了迈称之为“托什王”（King Tosh）的英国国王乔治三世。这样的结果是，迈和阿赫托鲁一样形成了自己的影响圈，同时市面上出现了大量的以迈为主题和焦点的艺术作品。和早期诸如图帕伊亚那样的旅行者不同，迈注定会回到自己的家乡。在库克船长的第三次太平洋探险中，他跟随船队回到了塔希提岛。事实上，从他的回归可以看出，在欧洲国家的全球政治活动中，英国化的迈、塔希提人，以及更广泛的太平洋诸岛的参与正变得越来越普遍。库克船长声称这次探险的主要目的便是送迈回到塔希提岛，但事实上，库克还肩负着通过传说中的西北航线找到回家的路的秘密使命。当时，送迈回家只是一场早已存在了数个世纪的地缘政治游戏中一个重要的障眼法而已。

▸ 迈的肖像
出自库克的 *A Voyage towards the South Pole, and Round the World*

遇见夏威夷

直到18世纪晚期，欧洲人才意识到组成当今夏威夷的诸多岛屿的存在。太平洋环流和欧洲人建立的贸易网络——例如大帆船贸易——意味着虽然欧洲人已在太平洋耕耘了数个世纪，但是他们的船只一直在围绕岛屿航行。尽管胡安·盖坦（Juan Gaytan）的大帆船有可能在1542年就到达过夏威夷群岛，但即便这次短暂的接触是真的，欧洲人与夏威夷的接触也要到1778年詹姆斯·库克抵达时才开始。

在那之前，夏威夷一直是一个由分布在岛屿上的各个王国组成的典型的波利尼西亚文明。这些岛屿本身与波利尼西亚的航海文化有着直接的联系，在11世纪之前就有人居住，大约在公元1200年，塔希提旅行者就在此定居了下来。正是这些塔希提人在岛屿上建立了一个面对库克和他的探险队仍能存续下来的主导文明。这种文明具有前面讨论过的波利尼西亚文明的许多特征：权力掌握在各酋长手中，而这些酋长的社会地位来自复杂的家谱网络及其赋予他们的“Mana”◆。卡胡纳（Kahuna）神官是拥有丰富医学和艺术知识的智者，而社会中的一般团体则需要遵守卡普体系◆◆规定的法则。夏威夷的卡普类似于其他波利尼西亚岛屿上发现的法规。

这就是有着和波利尼西亚社区初次接触经验的库克所遇到的世界。库克探险队留下的很多记录，例如英国皇家海军舰艇发现号（Discovery）上外科医生助手威廉·韦德·埃利斯（William Wade Ellis）的记录，都描述了他的船员对夏威夷的着迷。但是夏威夷在库克第三次探险剩余时间里所扮演的角色充分说明了其地理位置的重要性。最终，库克扬帆前往北美西海岸，试图在回家的路上寻找西北航线。然而这次探险霉运连连，最后因为冬季的来临和航线上大量结冰而被迫返回南方。由于船只受损，加上补给逐渐短缺，库克考虑到船队需要一个地理位置合适（且温暖）的地方进行修整和补给，于是决定返回夏威夷。

▲ 夏威夷艺术品插图，路易·乔里斯，1822

▸《夏威夷岛上的毛利风光》，埃利斯，1782

◆ 一种生命力概念，据说存在于头内，与崇高的社会地位和仪式力量相关。

◆◆ 卡普（Kapu）是古老夏威夷的法律法规和行为准则。

在这里，重要的不是库克的死，而是将夏威夷当作资源点这个选择。夏威夷岛屿的地理位置优越，有着愿意从事贸易的人口、合适的港口以及对长途远征的探险家来说非常有用的资源。库克是第一个以资源点的方式使用夏威夷岛屿的人，但他绝不会是最后一个。捕鲸者和贸易商很快便会不得不求助于夏威夷的各个岛屿、安全港口和补给地点。而对于其他人来说，夏威夷则成了将货物从北美运往中国销售市场这条航线上的中转站。欧洲人的到访将为库克所遇到的岛民带来巨大影响。几年之后，卡美哈梅哈大帝（King Kamehameha）就是利用欧洲人的武器戏剧性地统一了夏威夷。随后而来的传教活动和欧洲疾病将产生致命的影响，使夏威夷岛屿发生持续而剧烈的变化。夏威夷在太平洋中心区域的战略作用只会变得越来越重要，而夏威夷也因此在19世纪和20世纪走上了全球化的道路。

努查努阿特人遇见詹姆斯·库克

库克在第三次太平洋之旅中来到了北美西海岸及沿岸岛屿。把迈送回塔希提岛后，库克的任务便是将注意力转向寻找西北航线和西边的返航航路。这里有必要重申一下前文提到过的许多欧洲国家对俄国人绘制的地图所表现出的轻视态度。虽然当时俄国人的海图绘制得很好，甚至还标出了堪察加半岛（Kamkatchka）和今天阿拉斯加之间的狭窄通道，但英国海军部还是更愿意相信一些虚无缥缈的东西，并且在它们的启发下派遣库克踏上了这次远征。一些只会坐在扶手椅里空想的地理学家，尤其是法国的菲利普·布阿切（Philippe Buache），曾发布一系列推测性的航海图。这些航海图受到了广泛好评，同时重新激发了人们对西北航线的兴趣。在这些推测性海图上，北美海岸的位置大幅下移，同时北极区的班克斯岛和加州海岸之间还有一条向南的直航航线。

◂ 努特卡湾的努查努阿特定居点风光，韦伯，1778

因此，当探险队到达温哥华的努特卡湾（Nootka Sound）时，库克和他的船员一定认为西北航线的入口就在附近。然而，他们即将面对的，是一次艰难又令人失望的旅程。在返回夏威夷之前，他们一直都在围着阿拉斯加海岸打转。这一次对西北航线的寻找，和后来更多的尝试一样，是失败的，但是探险队到达温哥华岛是具有历史意义的。它开启了努查努阿特人和各种欧洲团体之间一系列的持续接触，并且促成了一条新的横跨太平洋的贸易航线。这条贸易航线的核心是库克船员找到的一种深受俄国捕猎者欢迎的毛皮。很多信息匮乏的欧洲国家所轻视的俄国海图，正是这些捕猎者的作品。

在欧洲人与太平洋岛屿的交往中，物物交换是一种很常见的现象。在一次正常的物物交换过程中，库克的一些船员拿着一些海獭皮，想要交换一些欧洲货物。毛皮的品质非常好，但是当时这些船员还不知道他们所得到的这些毛皮到底具有怎样的价值。在探险队因没有找到西北航线而不得不返回夏威夷的数个月后，一些幸存的探险队成员用海獭皮换取了丰厚的利润。“丰厚”这个说法，事实上，还是太谨慎了。有些探险队成员用单件毛皮商品就交换到了皮带扣等价值数百西班牙元的物品。

在需求旺盛的时候，高品质的海獭皮比一桶高级鲸油还值钱，而它的获取方式比鲸油要安全。对于库克的船员来说，海獭皮交易是这趟以悲剧收场的远征的意外之喜。对于那些听说过这些交易的人来说，这是一条获得财富的新途径。于是，本就处于危险生态位的动物种群和刚建立不久的横跨太平洋的交换网络都遭到了严重的剥削。库克的第三次远征对他所接触到的两个岛屿产生了迅速而持久的影响，而努查努阿特和夏威夷群岛也因此成为将海獭皮运往广州及其他中国市场的贸易中枢。于是，努查努阿特将不得不在一个迅速变化的世界中平衡自己的贸易地位和岛屿的生态环境。

树木、水果与叛乱

约瑟夫·班克斯爵士知道，他和詹姆斯·库克一起旅行时的所见所闻——尤其是那些沿途看见的并收集起来的各种植物——背后有着巨大的经济价值。他们在塔希提岛遇到了一种特殊的和其他所有植物都不一样的水果：面包果。在面包果身上，班克斯看到的是一种高产的、能够廉价地产出高能量食物的植物，一种在大英帝国其他地方也能非常有用的植物——具体来说，面包果将对加勒比的奴隶经济产生重要影响。

到18世纪末，加勒比岛的生态变得十分脆弱，作物种类单一，几乎全是产糖作物。糖的生产需要大量劳动力，而这些被奴役的劳动力需要吃饭，但是加勒比岛上却不产粮食。在正常情况下，这不是问题，但是在战争时期，当食物供给可能会被切断时，这便会成为一个严重问题。在班克斯这样的人看来，面包果是有可能解决大英帝国粮食安全问题的一个潜在方案，因此向议会阐述面包果的潜力便成为他的一个议题。1787年，在班克斯的游说以及英国皇家学会金字奖章和经济奖励的诱惑下，指挥官威廉·布莱（William Bligh）中尉率领英国皇家海军舰艇邦蒂号（Bounty），踏上了征途。

布莱曾在库克的第三次也是最后一次太平洋探险中担任船长◆一职，因此他对太平洋很熟悉。在担任邦蒂号指挥官之前，他一直在海军服役，参加了与第四次英荷战争以及美国独立战争有关的行动，同时还担任过商船船长。因此，布莱应该很熟悉他的新船只邦蒂号——一艘为运输面包果而改造的商船。如右图所示，这次改造主要是建造一个能够存放面包果树的货物区。从船只的设计（右上图）可以看出，这次改造十分用心，不仅为面包果树保留了足够的稳定空间，还可以容纳大量的其他植物。

这里有一个残酷的对比。如右下方这张描绘大西洋上奴隶运输船布局的插图所示，类似的安排也曾出现过：人们戴着镣铐挤在一起，彼此之间几乎没有可以挪动的空间。他们蜷缩在甲板下，被迫忍受着非人的待遇。相比之下，这些树得到了如此精心的呵护，而人却被当作牲口一样运输，然后被贩卖到那些完全不在意奴隶性命的种植园主手中，被迫参与危险又暴力的种植园经济。这样的对比揭示了种植园奴隶制的荒谬逻辑。

最后，对于邦蒂号探险队，人们所记住的是船员们对布莱暴政的反抗，是布莱乘坐着一艘小艇奇迹般的安全到达了帝汶岛。约瑟夫·班克斯爵士似乎一直对邦蒂号探险队所发生的事情、船上的货物以及加勒比地区奴隶制种植园不断演化的经济状况十分感兴趣。右上展示的插图就来自他私人制作的布莱著作的复刻本。

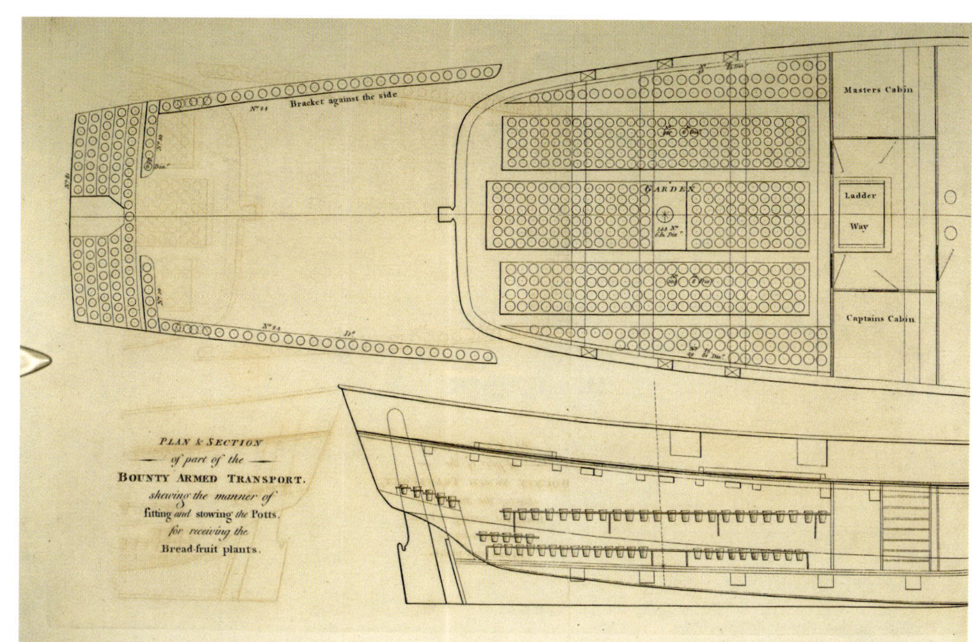

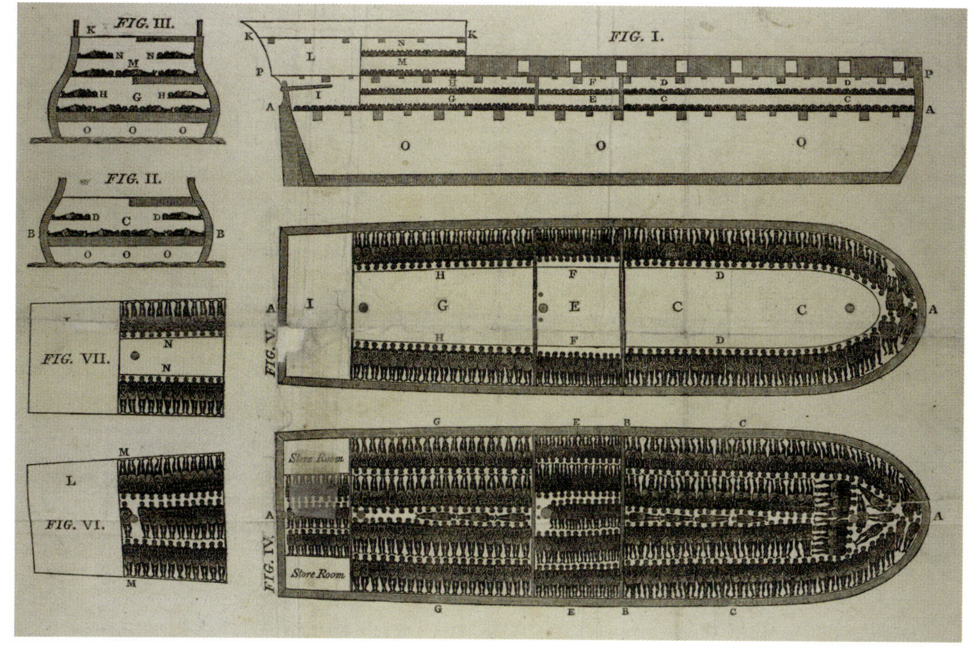

◆ 这里的船长不是指挥官，只负责导航。

◂ 面包果，路易·乔里斯

▸（上）皇家海军邦蒂号的货物区
出自班克斯制作的布莱的《南海之旅》*A Voyage to the South Sea* 的复刻本，1792

▸（下）奴隶运输船布鲁克斯号插图，1808

反叛者与海滩游民

邦蒂号不是太平洋上唯一一艘载有叛变船员的船只，也绝不是唯一一艘让船员想要逃离到太平洋岛屿上寻求更好生活的船只。航行在太平洋上的船只，纪律十分森严，很多船上规矩甚至延续到了20世纪。即便是像布莱对邦蒂号那样的专横统治，也不是罕见的场面：有些探险队的指挥官，例如美国国家探险队的查尔斯·威尔克斯（Charles Wilkes）中尉，对待船员的方式会让布莱显得十分温和与公平。事实上，探险队队长、捕鲸船船长和贸易商的太平洋之旅常常需要在狭窄又压抑的环境下耗费数年时间才能完成，因此残酷地执行那些严苛的规章制度早已成为常态。

船上严酷的生存条件与水手上岸休假时在各种太平洋岛屿上的生活形成了鲜明对比。休闲、食物、酒水、性爱只是众多吸引水手离开船队的原因之一，更重要的是，太平洋上充斥着财富和个人机会，这些都会诱惑水手用命运来搏一搏前途。商船上的水手纷纷弃船，选择与能够提供更好未来的船长一起出海。到了19世纪，加州淘金热的诱惑促使捕鲸船的水手逃离繁重的狩猎工作，奔向勘察队的怀抱，期望能跟随他们获得财富。

然而，在很多太平洋岛屿上，最常见的欧洲人是住在海滩附近的海滩游民。他们或是主动潜逃至太平洋岛屿，或是人为地被困于此地。这些人不管身处哪种文明，都必须体现自身价值，从而养活自己。这些海滩游民体现出了各种各样的自身价值，并将自身的技术和经验贩卖给当地的统治者。虽说那些懂得如何维护欧洲武器以及如何加工金属的人格外受欢迎，但是其他技能也会让海滩游民在岛屿社会中获得重要地位。因此，这些海滩游民成为传教士群体的眼中钉。传教士通常比海滩游民来得晚，因此等他们来到太平洋的时候，那些早期欧洲居民早已建立了威望，不仅与他们的理念不同，还与他们发生冲突，削弱了他们的影响力。

海滩游民的故事吸引了很多欧洲本土读者，同时他们也成为太平洋地区欧式生活的代言人。不过，海滩游民的故事并未像反叛者的故事那样留下广阔的想象空间。当时，邦蒂号船员的故事广为流传。人们一直没有找到那些船员，

◂ 星期五・弗莱切・十月・克里斯汀一世

▴ 皮特凯恩群岛
出自 *A Narrative of the Briton's Voyage to Pitcairn's Island*，1818

直到 1808 年才偶然发现了他们的踪迹。那一年，美国船只黄玉号（Topaz）来到皮特凯恩群岛（Pitcairn Island），从而遇到了由邦蒂号反叛者组成的社区。除此之外，1814 年英国船只大不列颠号（Briton）也来到了皮特凯恩群岛，但是当时的指挥官根本不知道岛上的反叛者群体，或者说最后一位反叛者约翰・亚当斯（John Adams）还活着。船员们还遇到了“星期五”・十月・克里斯汀一世（Friday October Christian，后来因为皮特凯恩群岛的位置和国际日期变更线之间的复杂关系而改名为星期四）——反叛者与当地塔希提女性结合后出生的第一个后代。虽然这次相遇破解了邦蒂号船员的命运之谜，但是整个欧洲并没有因此而减少对这些反叛者的好奇心。直至今日，邦蒂号反叛者的后代在皮特凯恩群岛上的生活在国际报纸的专栏中仍占据着一席之地。

文学想象中的太平洋

到了 19 世纪，太平洋的浩瀚与神秘激发了欧洲人的文学想象。早期探险家和私掠船的记录与报告，以及像德雷克和夏普这样的传奇人物为许多作家提供了灵感。在这样的背景下，作家们开始用自己想象中的风景和人物填补太平洋上那广阔的未知空间。写《格列佛游记》的时候，乔纳森·斯威夫特利用太平洋上的未知区域（当时人们对太平洋的区域空间只有零碎的了解）创造了一个扭曲、延展、变形的世界来容纳他那神秘的岛屿和大陆。简而言之，地图上那些属于太平洋的未开发区域，因为少数曾到过那里、遇到过那里的陆地的人们而为民众所了解。这种了解虽然并不详细，但也足以让人们创造出一个可以容纳关于广阔世界的奇妙幻想的空间。

从 18 世纪中叶开始，人们与太平洋的频繁接触，尤其是欧洲和美洲船队与太平洋水域和陆地的频繁接触，进一步激发了文学想象。其中最经久不衰的，是荒岛求生的故事。虽然因沉

▲《飞行员威利斯》中的场景

▲ 魁魁格与他的鱼叉，出自《白鲸》

船而流落荒岛的故事并不新奇——毕竟《格列佛游记》也属于这一类别——但是当那些讲述因为海难而在太平洋岛屿上生活了数月甚至数年的故事刊登在面向都市读者的报纸和杂志上时，仍然受到了极大欢迎。亚历山大·塞尔柯克（Alexander Selkirk）在位于智利太平洋海岸的马斯蒂拉岛（Más a Tierra）上困了四年。他的故事奠定了小说《鲁滨孙漂流记》（1719）的基础。即便小说的背景是加勒比海，但这也没有阻碍马斯蒂拉岛在20世纪中期被改名为鲁滨孙克鲁索岛。困住塞尔柯克的荒岛与一个从未涉足太平洋的小说人物重合在一起——这实在是一个非常奇怪的组合。

到了19世纪，出现了很多广受欢迎的以荒岛为核心主题的作品，例如《珊瑚岛》（*The Coral Island*）。其他小说，例如《瑞士的鲁滨孙一家》（*The Swiss Family Robinson*），则是从有关太平洋岛屿的报告以及身边其他文学佳作中汲取的灵感。而以这些小说为基础的作品，包括《瑞士的鲁滨孙一家》的“续集”《飞行员威利斯》（*Willis the Pilot*），则明确将地点设定在了太平洋上。整个20世纪，太平洋岛屿一直都是各种虚构故事中推动情节发展的地点，而《蝇王》（*Lord of The Flies*）这样的小说和《荒岛余生》（*Cast Away*）这样的电影也继续使用并且为后来几代人重新推广了这一手法。此外，太平洋岛屿也不是海洋上唯一一个赋予很多伟大文学作品（尤其是那些英语经典作品）以灵感的地方。海洋本身——它的浩瀚以及它对航行者的眼界所产生的影响——也促成了很多伟大小说的诞生。其中，《白鲸》被认为是美国文学中最伟大的作品之一。从中我们再次看到了这些或是因为财富的承诺，或是因为远征的荣耀而被吸引到太平洋的人是如何赋予诸多小说以灵感，让我们至今仍能批判性地审视自身以及我们周围的世界。

▸《珊瑚岛》中人被鲨鱼袭击的情节

马奎那与努特卡危机

在库克的第三次远征之前，只有少数几个俄国商人知道海獭皮的价值，但是这种情况很快就发生了变化。前库克探险队成员的交易结果实在太过惊人，以至于几年内很多英国船只，例如努特卡号和海獭号，用唤起当地财富的名义横扫太平洋。

在这些寻找财富的探险队中，有一位领军人物，他就是贸易商及前皇家海军军官约翰·梅雷斯（John Meares）。梅雷斯常常乘坐挂有不同旗帜的船只在太平洋上航行，同时向中国市场出售海獭皮。正是这种贸易将梅雷斯带到了如今的温哥华岛，从而结识了当地的一位酋长马奎那。马奎那的统治带有欧洲色彩。有证据表明，他是在库克到达的那一年（1778）掌权的，并在他所统治的领土与欧洲强国的早期接触中发挥了主导作用。梅雷斯坚信（或者说至少是这样认为的），他从马奎那手里购买了岛上的土地，于是当西班牙面对英国和俄国在该地区日益增长的贸易兴趣，试图重申其对北美西海岸的控制时，双方便发生了矛盾。

这便是所谓的“努特卡危机”。西班牙试图驱逐像梅雷斯这样的英国贸易商，从而差点引发两国之间的战争，同时也引发了马奎那对尤阔特◆（属于努特卡岛，努特卡岛位于努特卡湾内）领土的占有问题。这些争端直到1790年《努特卡公约》

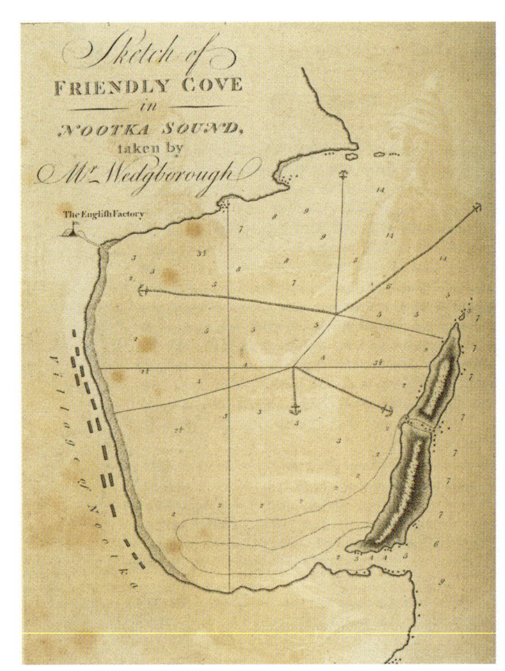

（Nootka Conventions）通过后才得到基本解决。同时，为解决领土争端问题，西班牙和英国都向努特卡湾派遣了正式的探险队。1792年夏天，胡安·弗兰西斯·德拉·博德加·瓜德拉（Juan Francisco de la Bodega y Quadra）和乔治·温哥华（George Vancouver）来到了岛上，一是为各自的帝国绘制陆地和海上航道的地图，二是为了补充协议的细则。在欧洲方面已经签订公约，双方装备精良的船队相互对峙的背景下，马奎那并不愿意做一个旁观者。相反，他在双方的谈判中发挥了积极作用，而英西双方在岛上的大部分时间也用来招待马奎那了。

博德加的探险队离开岛屿时，西班牙仍控制着尤阔特地区，但是几年后这片土地就被割让了，马奎那的人又回来了，拆除了正在建设中的西班牙基础设施。像马奎那这样的人是帝国时代太平洋地区的重要角色。他们不仅在帝国列强之间的斡旋中扮演了重要角色，而且还利用这些新来者巩固自己的权力基础。此外，他们利用

和他们有关联的帝国与商人之间的竞争，为自己与欧洲人的交往争取了更大的利益。马奎那和其他人会利用对资源（例如海獭皮）的竞争来增加自己的利润，同时巩固自己的权力基础。在随后的几十年里，来自帝国、殖民者和疾病的压力将会极大地削弱本土统治者在这些岛屿上的影响力，但不可否认的是，他们在塑造不同地区如何参与太平洋全球化方面，确实发挥了重要作用。

◆ 尤阔特（Yuquot），也被称为“友好的海湾”。

▲“新船在北美西海岸努特卡湾下水。是这一区域建造的第一艘大船。”出自梅雷斯的 *Voyages Made in the Years 1788–89*

◀“友好海湾”速写，出自梅雷斯的 *Voyages Made in the Years 1788–89*

糟糕的合伙人：俄国与阿留申群岛岛民

在维塔斯·白令（参见第91页）远征之后，俄国人对北太平洋的兴趣日益增加。在北太平洋收获毛皮从而得到贸易机会的可能性，以及通过东北航线找到一条通往中国和日本的航线的可能性，促使猎人、商人、探险家在北太平洋上展开了一系列的探险活动。右侧展示的地图——出自加夫里尔·萨里切夫（Gavril Sarychev）对英国人约瑟夫·比林斯（Joseph Billings）领导的俄国探险队的描述，很好地展示了从白令探险队到比林斯探险队，人们对北太平洋的了解——不同海岸线的地理位置，尤其是阿拉斯加海岸，变得更加明确。这样的地图对于更好地了解这片即将逐渐被俄罗斯帝国吞并的土地上的地理、人口和资源具有重要意义。简而言之，萨里切夫的地图描绘出了俄国成为真正的太平洋强国的发展路径。

俄国在太平洋的扩张不仅灾难性地伤害了海獭和其他栖居在北太平洋地区的带毛动物，还为很多岛民带来了灾难。在这些因俄国的太平洋扩张而受到伤害的群体中，阿留申群岛岛民首当其冲。在当地工作的毛皮贸易商很快发现，阿留申猎人能够比他们以及其他任何土著群体更有效地追踪和捕获海獭。于是俄国商人很快便开始雇用阿留申猎人，然后将他们绑定在契约和奴隶系统之中，只不过台面上没有明说而已。为俄国贸易商以及随他们而来的贸易公司工作并不是一件可以选择的事：任何拒绝为俄国商人捕猎的个人或群体都会遭到武力报复。即便是当地海獭的灭绝也不足以拯救阿留申人免受俄国利益集团的掠夺。

有史以来，海獭的数量从未庞大过，主要是因为它们栖居的生态位很特殊。冰冷的水域、高代谢率、高热量燃烧率和低出生率意味着北太平洋地区从来没有出现过大量的海獭。然而，当地海獭的灭绝却导致了俄国商人对阿留申猎人和他们家人（阿留申女性在剥皮和处理毛皮的工作中也起到了同样重要的作用）的绑架。这些阿留申猎人，有时甚至占了一个社区的大部分，被俄国商人带到北太平洋的不同区域，以便继续狩猎那些地区的海獭。随着俄国商人

不断地寻找新的海獭群，阿留申岛民被带到了阿拉斯加和温哥华岛，甚至还去到了加利福尼亚海岸。

这种做法对于阿留申岛民和海獭来说，都是灾难性的。暴力、社会失序、新的疾病为阿留申社区的人口和社会结构带来了毁灭性的影响。比林斯探险队和萨里切夫曾试图通过进行人口普查并将调查结果反馈给俄国政府来缓解商人对阿留申社区的剥削。阿留申社区也曾零星地反抗过当地形形色色的商人和贸易公司。但是毛皮贸易商太团结了，政府根本控制不了，而他们的武器也十分精良，阿留申人根本无力反抗。最终，唯一能够阻止商人活动的，是海獭和其他他们能从中获利的动物的濒临灭绝。只有到那个时候，他们对北太平洋的捕猎才会减少。

▲《白令海峡地图》
出自萨里切夫对 1785–1793 年远征的叙述

◀ 阿留申岛民

太平洋上的拉彼鲁兹

詹姆斯·库克船长的远征不仅强化了英国对太平洋的兴趣，也强化了整个欧洲对太平洋的兴趣。到了18世纪后期，当时的海上强国对库克第一次远征所遇到的太平洋地区产生了浓厚兴趣。在库克之后出发的很多探险队都有一个共同目标：在欧洲地图上那些空白区域寻找商业机会并获得外交软实力。在这些探险队中，最著名的是拉彼鲁兹伯爵让-弗朗索瓦·德·加洛（Jean François de Galaup, comte de Lapérouse）。他在1785年受命进行与库克船长的发现之旅相类似的环球探索。

▲ 船只在毛伊岛下锚的场景
出自拉彼鲁兹死后出版的对于这次远征的叙述，1798

► 拉彼鲁兹的航海图
出自拉彼鲁兹死后出版的对于这次远征的叙述，1798

法国人对拉彼鲁兹的远征抱有浓厚兴趣，国王路易十六也对这次远征以及可能获得的成果很感兴趣。对页地图展示了拉彼鲁兹这次远征的规模和范围。他的目的地有夏威夷、阿拉斯加、日本、拉帕努伊、澳大利亚以及位于这条对18世纪晚期探险家来说没什么惊喜的航线上的其他地点。事实上，值得注意的是，在拉彼鲁兹远征早期的报告中，对于访问过的地方、标记出来的太平洋特色，以及为欧洲本土读者描绘的风景，几乎都是标准化的描述。人们希望在去往那里的探险家的描述中看到夏威夷，看到毛利风光，看到对太平洋物质文化的描述。从这个方面来说，为帝国探索新机会的渴望

消磨在了当时盛行的、对充满异域风情的、被认为是天堂的南太平洋岛屿的描述中。

拉彼鲁兹的早期远征是成功的，但是他离开澳大利亚后，情况发生了变化。在澳大利亚度过冬天后，拉彼鲁兹将自己的最新文章寄回了法国，并在1788年3月驶离植物学湾。自此以后，再也没有听到他和他的船员的消息。拉彼鲁兹、他的罗盘号（La Boussole）和拉斯特拉贝号（L'Astrolabe），以及所有船员的集体失踪激发了人们对这支探险队命运的强烈兴趣。后来，唯有北极探险家约翰·富兰克林爵士（Sir John Franklin）的失踪在民众中引发了同等的关注。人们对拉彼鲁兹探险队的命运抱有极大的兴趣，据说路易十六在去断头台的路上还在问：“拉彼鲁兹有什么消息吗？”当时，官方派出的救援队并没有发现任何关于船长、船只或船员的踪迹（英国皇家海军潘多拉号可能在1791年忽略了幸存者的求救信号）。直到1826年，拉彼鲁兹探险队的命运之谜才得以重见天日。彼得·狄龙（Peter Dillon）船长得到了部分文物和信息，表明拉彼鲁兹探险队是在离开瓦尼科罗岛（Vanikoro）时失踪的。瓦尼科罗岛属于圣克鲁斯群岛（Santa Cruz Islands），而圣克鲁斯群岛属于所罗门群岛。

对于拉彼鲁兹来说，永远都见不到人们戴着花环欢迎他回到欧洲，也永远见不到人们祝贺他的探险队获得了新的发现。相反，正如库克船长在第一次远征中在大堡礁搁浅时所得到的教训一样，拉彼鲁兹的命运告诉欧洲，天堂也有獠牙。

夏威夷的统一

卡美哈梅哈大帝统一夏威夷，是波利尼西亚群岛历史上具有纪念意义的时刻，同时也开启了夏威夷群岛历史上存在时间最长的王朝。1790 年，为了报复早期来访船只埃莉诺号（Eleanor）对岛民的殴打和谋杀，卡美哈梅哈和一群人袭击了英美联合船只公平美国号（Fair American）。卡美哈梅哈因此声名鹊起。在接下来的二十年里，通过持续的战争和外交行动，卡美哈梅哈大帝及其子孙的单一王权统一了夏威夷。

很多文章都记录了卡美哈梅哈大帝统治时期的成就，尤其是在社会和法律方面。他禁止祭祀，并规定旅行者必须受到尊重和照顾。卡美哈梅哈大帝也明白，夏威夷周围的海洋世界正在发生变化，而那些造访夏威夷并且经常逍遥法外的欧洲人也需要得到监管。如果这些都能实现，那么夏威夷和它的人民将会在这个充满变化的世界里获得成功。夏威夷岛屿上大片大片的檀香木对于欧洲商人来说非常具有吸引力。如果不加控制，这些欧洲商人终究会将周围岛屿上的这种珍贵资源砍伐干净。于是卡美哈梅哈建立了政府对树木的垄断，从而控制树木的砍伐和销售。

卡美哈梅哈还关注到了那些进出岛屿的船只。对于太平洋上的欧洲水手来说，夏威夷位于太平洋的中心，这意味着，对于贸易商船、捕鲸船、军舰和其他 19 世纪早期往来于太平洋的欧美船只来说，夏威夷除了本身那些巨大的有利可图的资源之外，还是一个非常有用的中转站、贸易资源集散点。通过管理来访船只，尤其是对其征收港口税，卡美哈梅哈在檀香木贸易的巨额收益之外，又获得了更多的收入。这为卡美哈梅哈政府的发展奠定了强大的经济基础。随着时代的发展，尤其是当捕鲸者和毛皮贸易商的活动日益频繁的时候，这些因行政结构而产生的利润只会越来越多。综上所述，在 19 世纪很长一段时间内，夏威夷和它的统治者都处于繁荣发展之中。

▲ 卡美哈梅哈大帝，乔里斯，1822

▸ 加休曼努王后，乔里斯，1822

虽然卡美哈梅哈有很多成就，也有出色的政治和行政能力，但是夏威夷群岛并没有完全控制住那些会在这个世纪陆续到来的白人水手、商人和潜在的殖民者的涌入和活动。夏威夷群岛的地理位置实在是太重要了，特别是随着19世纪的发展，在贸易网络的作用日益凸显、新技术的物流需求变得逐渐明朗的背景下，夏威夷的重要性更是不言而喻。因此，夏威夷所承受的帝国主义和殖民主义的压力与日俱增。同时，太平洋周围那瞬息万变的世界也意味着，夏威夷人民需要适应频繁的变化和挑战。对于太平洋上其他岛屿来说，夏威夷的成功是一个榜样，让它们知道如何在一片充满了不断壮大的帝国的海洋中发展并维持自己的独立。而它最终的失败也意味着，几乎没有岛屿可以在变革的风暴中独善其身。

全球战争中的海洋

对于很多人来说，全球战争的概念等同于20世纪的世界大战。虽然全球战争确实是太平洋上重要战区之间的全球性冲突，但是它们并不是第一批遍及全球的冲突。七年战争（1756–1763）是英国和法国之间爆发的一场真正的全球性冲突，而美国的独立战争和1812年战争也有着远离主战场的其他战区。自18世纪以来，欧洲人和美国人便一直在太平洋地区开采宝贵的资源，因此在上述这些战争中，太平洋成为其主要交战区域之外的又一重要战区。值得注意的是，这些冲突并非不分青红皂白一股脑地渗入太平洋地区。例如，据说在美国独立战争期间，美国人和法国人不得出入库克探险队所在的区域。总的来说，这些冲突将太平洋变成了一片充满掠夺的海洋，而交战双方也试图通过太平洋上的这些冲突对外围战争施加影响。

这并不是新鲜事。早在“西班牙湖”时期，太平洋上便到处都是有价值的软柿子。即便在欧洲国家之间没有发生战争的时期，私掠船也能徘徊在太平洋上，专门掠夺那些往返于马尼拉和美洲之间的大帆船。战争只会让这种掠夺变得更为明目张胆。在1812年战争中，美国海军上尉大卫·波特（David Porter）受命驶向太平洋，目的是追捕在海上工作的英国捕鲸船。对于正处在建国初期的美国来说，这是一项极为有用的策略。英国依靠鲸油来维持其制造业经济的运转，同时也依靠鲸油来点亮那些快速发展的城市中的大街小巷。如果能大量地掳获太平洋上的捕鲸船，英国经济的运行便会受到影响。即便不能影响英国经济，掳获的鲸油回到美国后也能再次出售。对于一个面对着英国强大战争机器的国家来说，这是一笔潜在的意外之财。

1812年，波特驾驶着艾塞克斯号（Essex）出发，并在战争期间掳获了12艘捕鲸船。他的策略虽然阴险，但很有效：靠近目标的时候，他常常会升起英国国旗，等到捕鲸船来不及反抗

▲ 大卫·波特肖像

► Madisonville 的风景
出自 *A Voyage to the South Sea*，1823

的时候再露出自己的真面目。更重要的是，波特的工作激发了美国新闻界和公众的想象力。人们写文章庆祝他的成功，而他在太平洋上的行为也成为一场带有宣传性的政治反击，因为在这场战争中，美国一直被认为在海上作战中处于劣势。于是，当英国将注意力转移到艾塞克斯号，并于1814年在智利瓦尔帕莱索港口附近摧毁了这艘美国船时，美国媒体将其定性为一场英勇无畏的牺牲。艾塞克斯号的经历是美国海军闯荡太平洋的重要历史时刻。它是美国海军第一艘绕过合恩角进入太平洋的军舰；它在太平洋上的战绩赢得了极大的称赞；波特在1813年吞并马克萨斯群岛时，甚至试图尝试建立美国的第一个海上殖民地。虽然国会没有批准波特的请求，但是波特在太平洋地区留下了深刻的印象。这种印象奠定了美国在太平洋的基调，也奠定了未来几十年美国民众对太平洋的看法。艾塞克斯号的活动重申了太平洋作为全球性冲突和掳获商船之地的可能性。同时，它也标志着美国与太平洋关系的转折点。

泛太平洋贸易

18 世纪末 19 世纪初，在所有推动了太平洋全球化的可交易商品中，海獭皮的交易可能是利润最大的生意。因此，通过海獭皮的交易，我们可以更为详细地了解美国人和欧洲人追逐利润的行为如何改变了跨越太平洋的商业网络，以及如何重建各种各样的岛屿与世界其他区域之间的关系。本书在之前的章节中通过描述努查努阿特人与詹姆斯·库克的相遇，以及后来马奎那所扮演的角色，详细地讲述了海獭皮贸易的起源，同时也暗示了，对利润的渴望将驱使商人们扬帆起航，前往海獭的领地（尤其是温哥华岛），然后再踏遍整个太平洋。

这些毛皮的价值非常高，因此到了 18 世纪后期，大批商人涌入了这片区域。俄国商人通过剥削方式获取海獭皮，从而开拓了自己的商机。与此同时，越来越多的美国和英国商人前往北美西海岸。收购海獭皮后，这些商人与渴望得到高品质皮毛的中国市场所能产生的利润之间唯一的阻碍，便是横亘在两者之间的浩瀚太平洋。去往中国的路途十分遥远，因此对于毛皮商人来说，一个合适的中转站便十分具有价值。在这个中转站，商人们可以获得补给，维修就快散架的船只，甚至还有可能找到一个能接手他们手中毛皮的中间商，从而让他们更快地返航采购新的皮毛。

在所有散落在太平洋上的岛屿中，刚刚为卡美哈梅哈统一的夏威夷最符合条件，没有哪个岛屿能与它相比。在日益增多的来往于太平洋的贸易商的需求下，卡美哈梅哈组织整个夏威夷为贸易商提供基础设施和市场。在这里，夏威夷的地理位置起到了重要作用。夏威夷位于太平洋中心，不仅有大型港口，还能在当地生产大量的商人们入港时所需要的补给。与此同时，夏威夷政府的组织力无疑也很关键。它提供了可靠的、

足够规模的、能够满足每年往返于太平洋的大量船只需求的基础设施。这一点是非常重要的，因为夏威夷不仅仅是海獭皮贸易的枢纽——其他商品贸易商也十分依赖夏威夷及其独特的地理位置。对于捕鲸船来说，为了搜寻抹香鲸和其他鲸类动物，在海上漂了几个月后，夏威夷便是一个宝贵的补给点和上岸休息地点。对于檀香木商人以及对可以从太平洋岛屿上采购到的其他商品感兴趣的越来越多的商人来说，夏威夷是一个囤货和获得补给的好地方。从火奴鲁鲁港的发展可以看出夏威夷群岛的增长规模。1824 年，只有 105 艘船停靠火奴鲁鲁，但是到了 1850 年，规模增加到了 476 艘。

当时的夏威夷不仅是太平洋的枢纽，也是 19 世纪帝国和资本贸易网络发展的象征。在强大又具有洞察力的领导下，例如卡美哈梅哈大帝的统治，太平洋岛屿上的地方政府在这场泛太平洋贸易中发挥了重要作用。他们利用自己独特的地理位置和特性在这个全球化的世界中占据了一席之地。在这样的背景下，太平洋岛屿面临的挑战在于，如何在利用这些源源不断的贸易的同时，保持岛民及其岛屿的独立性。

◂ 俄美公司的新阿尔汉格尔斯克（如今的锡特卡）贸易站

▴《火奴鲁鲁港的景观》
乔里斯，1822

封闭的岛屿

随着太平洋与周围世界接触的升温，很多岛屿及其岛民都深深地陷入了帝国主义全球化、殖民全球化的破坏性循环中。但是有一处岛屿群在很大程度上脱离了这一进程，那就是日本列岛。自 1635 年锁国令颁布以来，整个日本，尤其是那些受到欧洲势力扩张影响的地区，便一直处于与外部世界隔离的状态。但是这种与世隔绝的状态并不绝对：遭遇海难的水手偶尔会被冲上日本海岸，日本渔民有时也会被外国船只从陌生的岛屿上解救出来，结果却发现几乎不可能重新返回他们称之为家的地方。这便是遭遇海难的日本水手的命运。1837 年，有一群传教士曾试图将他们送回故土，但是传教士的船受到了炮火攻击，而船上的日本水手不得不在中国澳门、新加坡和其他地方另谋生路。偶尔也会有探险家出于对利润的渴望，不顾自身安危，尝试进入日本，试图重新与这片再次笼罩在迷雾中的岛屿建立贸易联系。

到了 19 世纪，随着欧洲列强的全球帝国版图与他们在太平洋的势力范围相重合，欧洲列强再次将注意力投向日本。某种程度上说，由于俄国在北太平洋的扩张，俄罗斯帝国一定会试图与日本和中国市场建立贸易联系。1803 年，在沙皇亚历山大一世的授命下，亚当·约翰·冯·克鲁森施滕（Adam Johann von Krusenstern）踏上征途，希望通过途径好望角和合恩角的海上航线与中国、日本和东亚建立贸易关系。克鲁森施滕带领两艘船舰出发，历经三年航行，不仅为太平洋地图做了很多重要的补充，还完成了俄国第一次环球航行。不过，他并没有成功打开俄国与日本的贸易之路。

没过多久，也就是 1818 年，一艘英国商船兄弟号（Brothers）来到了日本的浦贺港。兄弟号的船员们也立志要打开与日本的贸易，从而为了自己的利益垄断新的市场和机会。克鲁森施滕的远征让我们了解了俄国人眼中的日本，而兄弟号的远征则激发日本人创作了一份富有洞察力的详细记录。通过这份记录，我们可以看出日本在这一时期对欧洲访客的态度。这份记录不仅描绘了兄弟号船只本身，还描绘了很多船上的随船物品：手枪、步枪和剑（我们尚可理解这几样物品受到的关注），除此之外，还有很多日用品，例如桌子、船锚、罗盘、雨伞以及其他储存在船上的物品。

尽管兄弟号激起了日本人的兴趣，但是它的船员和之前的克鲁森施滕一样，并没有在打开与日本的贸易方面获得成功。日本仍旧是一个封闭的、孤立的群岛，如果要将日本纳入全球化的怀抱，则需要更为有力的手段。贸易商再次到达日本的事实表明，19 世纪的太平洋即将被卷入一个新的、密集的、涉及诸多不同参与者的贸易网络之中。

◂ 长崎的景观
出自克鲁森施滕的著作，1813

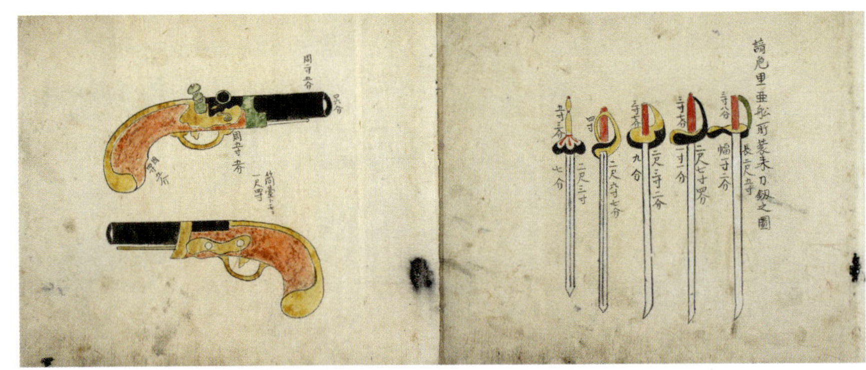

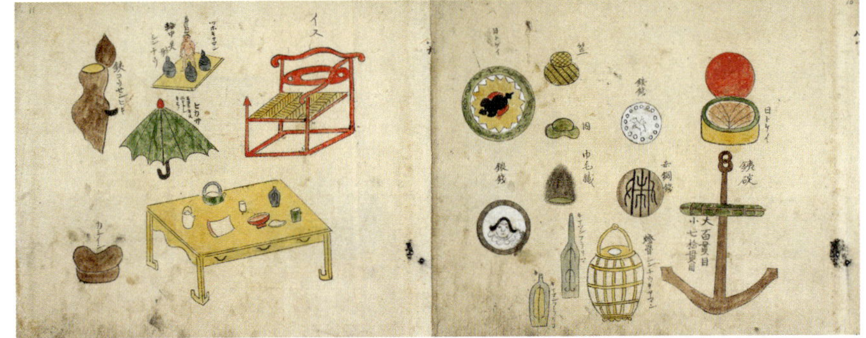

▲▶ 日本插图，描绘了兄弟号、兄弟号的船员和各种各样的物品，1818

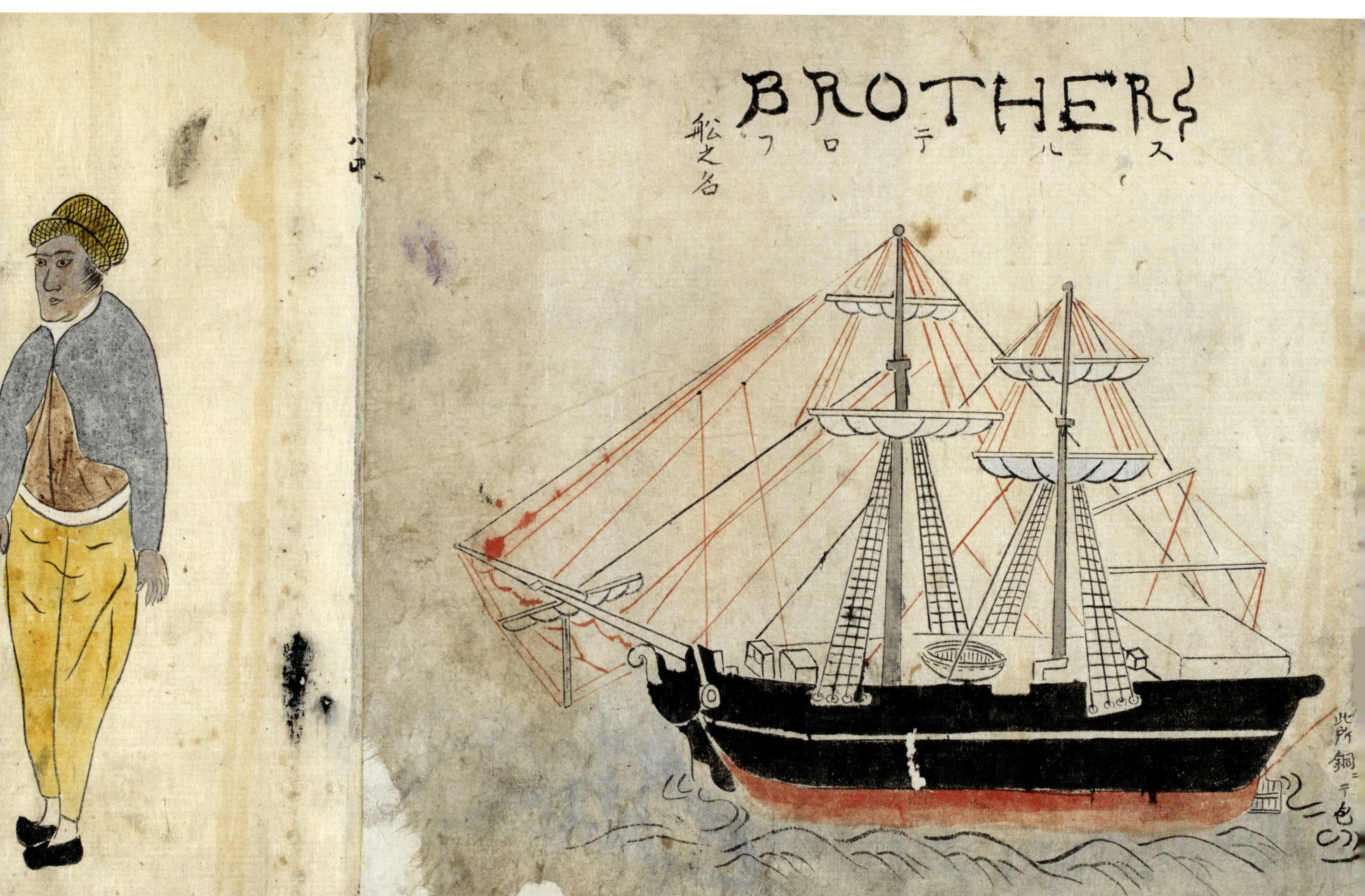
BROTHERS
船之名
フロテルス
此所銅ニテ包

流放之地

从很早开始，欧洲各帝国便会将罪犯流放到那些遥远的，在他们控制下的土地上。在美国独立战争之前，英国一直将北美当作自己的流放地。后来，库克和其他人遇到了澳大利亚和太平洋的其他区域。在那些大都会管理者看来，这些地方似乎很适合接管北美的流放工作，于是大量人被送往这些地方，他们中有些人曾犯下可怕的罪行，例如伪造罪和欺骗国家罪，而还有些人的罪行，则是过于穷困。

这些与世隔绝的殖民地除了受到欧洲人的重视之外，还对太平洋岛屿产生了深远影响——有时仅是因为它们所处的地理位置，有时则是因为它们为了生存而建立的复杂的互联网络。这些殖民地以及殖民地内的囚徒无法脱离他们周边的岛屿而单独生存。例如范迪门之地（今塔斯马尼亚岛）等岛屿因被选来容纳大量从英国

▸《范迪门之地地图》
上面有霍巴特和朗塞斯顿的小地图，1838

▸（对页）《霍巴特镇》
威廉·约翰·哈金斯，1830

或其他欧洲国家转移过来的流放者，而经历了流放殖民地的冲击。从 19 世纪初到 1853 年禁止罪犯运输，范迪门之地一直是那些被送往澳新◆的流放犯的主要目的地。因此，到了 1853 年，范迪门之地有 70000 多名转移过来的罪犯。其间，殖民者也被送到了岛上。对于那些来到岛上的人来说，他们身边的人，不是罪犯就是有前科的人，这些人在契约的束缚下承担起改善土地、建造房屋、促进殖民地发展的任务。

很多流放殖民地，尤其像位于澳大利亚和奥特亚罗瓦之间的诺福克岛，常常因暴力而臭名昭著，从而留下了一段黑暗的历史。因为这些流放地而饱受折磨的，不仅是那些被囚禁在殖民地内的人。原住民帕拉瓦人（Palawa）因食物资源与流放殖民地和范迪门之地在建的定居点发生了冲突，而定居点的扩张则为以后进一步的冲突和疾病创造了环境，而这些冲突和疾病将造成大量原住民死亡。在罪犯运输结束之前，范迪门之地只剩下不到 50 名纯种原住民后裔。

范迪门之地并不是唯一一个让周围社区因为流放殖民地而遭受破坏的岛屿。为了维持殖民地的运行，太平洋上的殖民地十分依赖和岛民之间的贸易，尤其是粮食贸易，从而在流放地与周围岛屿之间形成了一个高度依赖的网络。就像法属新喀里多尼亚流放殖民地所证明的那样，这种依赖将会对那些被殖民地所依赖的岛屿造成巨大的压力。当时，欧洲本土的压力使得欧洲人在遥远的太平洋岛屿上建造殖民地，但是这些殖民地所在的区域，没有足够的食物和供给来满足其需求。于是，这些定居点十分依赖它们周围的卡纳克人（Kanak）◆◆，也因此与卡纳克人发生了很多冲突。

对于部分太平洋岛民群体来说，流放殖民地的出现意味着对资源的竞争，意味着冲突，也意味着随着流放殖民地的增加和扩大，大批土著人口会遭到杀害。而对于其他岛民群体来说，流放殖民地的出现意味着紧密地参与到那些会对他们的社会和经济结构产生深远影响的交换和依赖网络之中。关键是，欧洲帝国的流放殖民地，并不是完全的与世隔绝，囚犯被运送到那里后，也不是过着与周围世界完全隔绝的日子。相反，囚犯们去的地方让他们嵌入了太平洋的交互网络，并让他们成了其他人的麻烦。

◆ Antipodes，指澳大利亚与新西兰。

◆◆ 卡纳克人是新喀里多尼亚的原住民。

◀ 新喀里多尼亚监狱内部
出自 *Picturesque Atlas of Australasia*，1886

▼ 囚犯们在新喀里多尼亚修路
出自 *Picturesque Atlas of Australasia*，1886

从奴隶贸易到毒品交易

19世纪早期，为了寻找可以与中国交易的商品，很多美国、欧洲、俄国的航海家进入了太平洋。对很多商人来说，中国有很多商品，例如茶叶和丝绸，只要倒卖到他们的本土市场，便能赚取大量财富。然而几个世纪以来，欧洲商人一直面临的问题是，他们手里并没有很多中国市场需要的商品。神通广大的商人找到了像海獭皮和檀香木这样的商品，但是这些商品不但很难获得，而且还非常有限，需要付出很大的代价和风险才能获得。当上述几样消费品短缺的时候，中国商人只想交换一样东西：白银。

对于那些希望和中国做生意的国家来说，中国的这项需求意味着将有大量的贵金属离开它们本身的经济体，因此一些国家（例如英国）便决定一定要找到一种替代白银的商品。鸦片是一种有效且极易使人上瘾的麻醉剂，在当时的清朝，鸦片是违禁品，只有在治病救人时才能使用。但这并不能阻止英国东印度公司将鸦片走私到中国境内。当时中国商人只能用白银换取鸦片，而欧洲商人拿着这些白银再从中国商人手中购买茶叶和丝绸。随之而来的鸦片危机迫使当时的清政府采取了行动。1839年，清政府迫使英国驻华商务监督交出鸦片库存，然后集中销毁了这些鸦片。

在英国国内，很多人谴责中国对贸易的抵制，并斥责中国对英国商人施加了诸多限制。在他们看来，这是游说政府与中国建立更好贸易关系的大好机会。这只是一种委婉的说法，事实上是通过炮舰外交迫使中国公开地与他们进行

◂“和平”协议的签署者：恭亲王（奕䜣）（左）
◂ 詹姆斯·霍普·格兰特爵士（右）

鸦片贸易。1839－1860年，英国人发动了两次鸦片战争，英国军队给中国，包括中国的土地与海洋，带来了巨大的伤害。1839年11月，英国皇家海军电压号（Voltage）和风信子号（Hyacinth）从广州撤离英国难民时，击沉了29艘中国船只。这次交战充分说明了当时英国在技术上的领先。这次战争不仅让英国获得了更多进入中国的通商口岸（包括上海、广州、厦门、宁波、福州），还让英国人获得了在中国境内“自由贸易”的权利。在那些“和平”条约中（对页两张照片就是在协议签订期间拍摄的），中国将香港岛和九龙半岛割让给了英国。

虽然两次鸦片战争对太平洋上诸多岛屿来说基本没有本质上的影响，但是它们证明了太平洋上的政治和经济环境一直在变化。那些在太平洋上往返了数个世纪，一直想方设法进入中国和其他亚洲市场的探险家和商人，现在已逐渐占据了优势。太平洋上的海外帝国时代即将到来。同时，这些帝国的全球扩张也引发了一系列引人注目的伦理矛盾。1839年，英国人因废除了加勒比地区的种植园奴隶制而掀起了一阵显示道德优越性的浪潮。但是他们在两次鸦片战争中的表现说明，大英帝国只是从奴隶贩子变成了毒品贩子而已。

▼《1841年1月7日，东印度公司的轮船涅墨西斯号在安森斯湾攻打中国帆船》，彩色凹版蚀刻版画，爱德华·邓肯，1843

另一个海洋的岛屿

太平洋上的捕鲸业为我们带来了一本经典的文学著作——赫尔曼·麦尔维尔那部描绘了浩瀚的海洋以及生活在海洋及其周围的人们的小说《白鲸》(1851)。这本书向我们展示了，在18世纪和19世纪对太平洋产生了巨大影响的岛屿，但实际上它属于另一个海洋：大西洋。楠塔基特是一处低洼沙洲，就位于科德角海岸附近。一个多世纪以来，楠塔基特一直是美国捕鲸业的中心。水手们驾船从岛上出发，沿着右侧这张1775年的海图，将大西洋上的资源掠夺干净后，便将目光转向了西边的太平洋，因为那些私掠船和探险家说，太平洋上到处是鲸鱼。

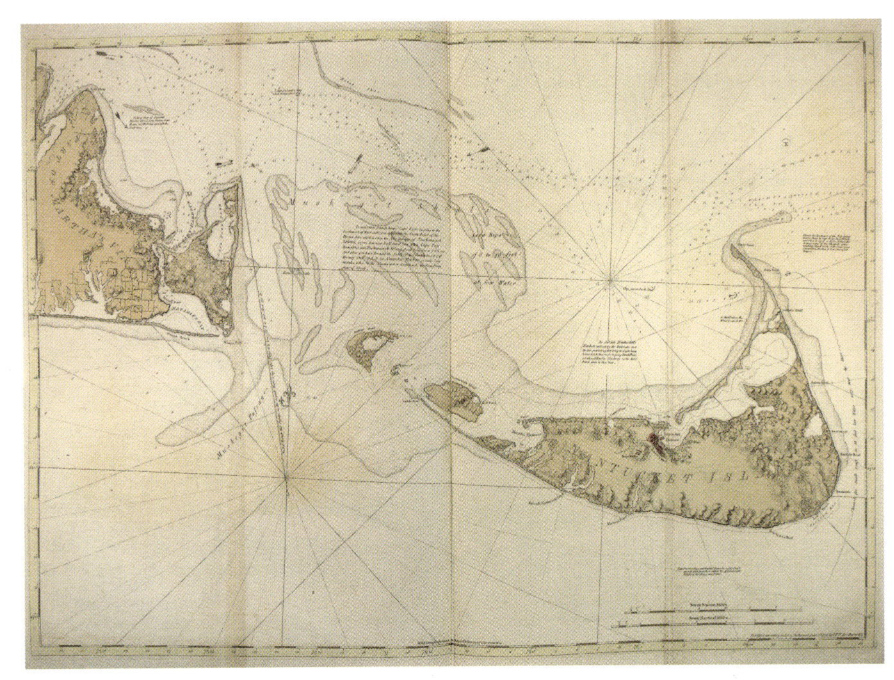

捕鲸者在海洋上追捕抹香鲸，屠杀这些生物，将它们提炼成具有丰厚利润的鲸油。下面的章节会进一步讨论这些行为对太平洋生态系统产生的影响，不过在此之前，我们先来谈谈这种贸易对太平洋岛屿的影响。楠塔基特和岛上的捕鲸者标志着美国在太平洋上逐渐开始产生影响。捕鲸船一去便是好几年，因此它们在太平洋上狩猎的时候需要登陆能够定期为他们提供补给的陆地。因此，随着人们对从鲸身上可以获得的利润有了进一步的了解，越来越多的捕鲸者来到像夏威夷和奥特亚罗瓦这样的岛屿。捕鲸者在岛上进行交易，补充物资，离船休假。他们的这些行为对其所遇到的那些岛屿产生了深远影响。举个最基本的例子：捕鲸者与岛民交换食物和其他补给，从而改变了他们所访问的这些岛屿原本的经济状况。捕鲸者还把疾病带到了他们所访问的岛屿上，包括那些通过性传播的疾病，虽然很多船长和水手都来自大西洋上一个极度敬畏上帝的岛屿。

不过捕鲸者与岛民的互动，并不是单向的。很多波利尼西亚人在捕鲸船上找到了工作，和他们的新雇主一起在海上航行。《白鲸》中的魁魁格便是这样一个人物。魁魁格原本是一位富有探险精神的部落首领，登上裴廓德号后，他担任鱼叉手工作，同时也是船上一位受人尊敬的船员。在现实中，很多波利尼西亚水手和捕鲸者与捕鲸船之间更像是一种契约关系，同时他们也常常遭受船长和其他船员的虐待。

捕鲸业，尤其是楠塔基特的捕鲸业，开启了美国在太平洋的最早的殖民活动。为了保证楠塔基特的利益，1838—1841年，詹姆斯·雷迪·克伦敦（James R. Clendon）被任命为奥特亚罗瓦岛屿湾的美国领事。在楠塔基特捕鲸者的努力下，岛屿湾很快便成为太平洋上著名的不法之地。毛利人受到猖狂的虐待，岛上港口的管理也是出了名的腐败。尽管如此，或者说正因如此，来自马萨诸塞州的捕鲸者、商人和政治家疯狂地炒作岛屿湾，希望岛屿湾能够成为美国在南太平洋建立殖民地（同时也是利润丰厚的捕鲸地）的起始点。因此，楠塔基特是一个很特别的地方，不仅使捕鲸业对太平洋岛屿产生巨大影响，还煽动了美国殖民主义和帝国主义在海洋上的早期实践。

▲ 飘扬着美国领事詹姆斯·雷迪·克伦敦的旗帜的岛屿湾入口

◂《楠塔基特以及部分玛莎葡萄园岛海图》，1775

榨干海洋的最后一滴血

不仅对于美国捕鲸船队，对于许多欧洲国家的捕鲸船来说，太平洋上的捕鲸业都是一桩大生意。18 世纪和 19 世纪，这些国家的工业和工厂都需要消耗鲸油，因为那些被开发出来的越来越多的用于生产各种商品的机器都需要用鲸油来润滑。鲸油也可以用于夜间的照明。最好的鲸油，例如鲸脑油，是化妆品行业非常重要的原料。不同种类的鲸鱼，以及鲸鱼利用自己体内蜡质液体的不同方式，都会造成鲸油特性的不同。例如，鲸脑油就是抹香鲸在回声定位时用来聚焦的媒介。因此，为了得到不同的鲸油，必须捕杀不同的鲸鱼，并且需要穿梭于不同的大洋中寻找这些鲸鱼的聚集之地。

大西洋上几近灭绝的很多鲸鱼种类都被画在了美国军械和水文局 1852 年出版的捕鲸指南上。根据这部指南，鲸群在大西洋的活动很少，但在太平洋很多。人们对太平洋中鲸鱼数量的了解，最初来自探险家的记录。当时，地图上那些未知区域向欧洲资本主义打开了剥削的大门，因此探险家纷纷来到这些区域，从而留下了关于鲸鱼的记录。这些重要的狩猎场一旦为人所知，成群结队的捕鲸者，尤其是那些来自楠塔基特和美国东海岸其他区域的捕鲸者，便会蜂拥而至。

捕鲸绝不是一件易事。鲸鱼是很危险的猎物，很容易便能打翻船员们追击猎物的小型船只，甚至还能击沉船只。艾塞克斯号就是在 1820 年被一头抹香鲸弄沉的。此外，太平洋本身就是一个危险的地方。捕鲸船队会遇到很多危险，例如疾病、怀有敌意的岛民，以及来自敌国的私掠船。不过捕鲸的潜在利润也是巨大的。对页展示的这类海图清晰地显示了整个太平洋区域内不同种类的鲸鱼走向灭绝的进程，从而也说明了这种利润巨大的狩猎活动所产生的后果。只要经济上可行，这种狩猎行为便会一直继续下去。最终，只有廉价石油的发现才能挽救太平洋上的鲸鱼。

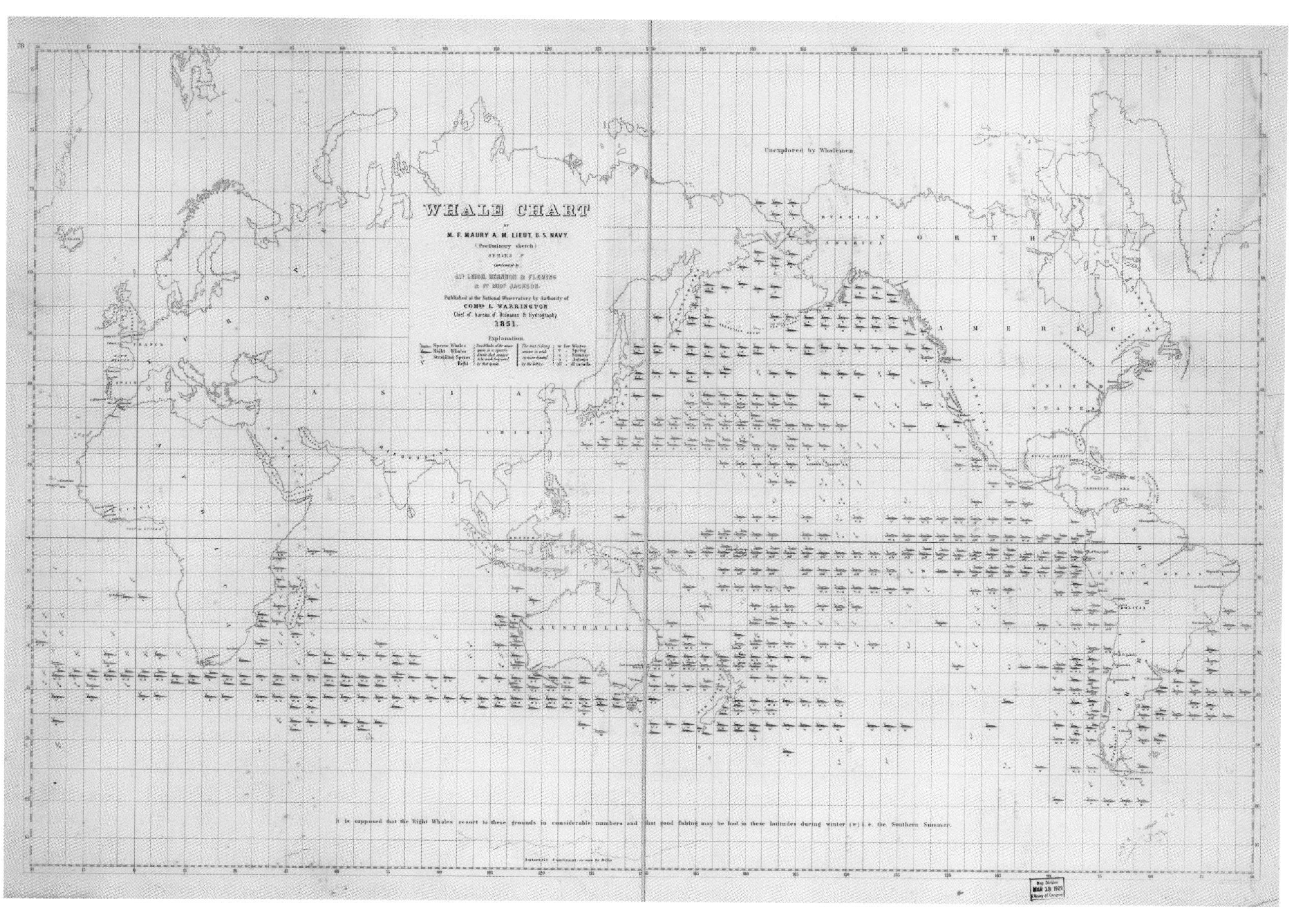

◀ 正在被鱼叉攻击的抹香鲸
出自罗伯特・汉密尔顿的 *The Natural History of the Ordinary Cetacea or Whale*，1843

▲ 标记了太平洋上鲸鱼数量的美国海图
美国军械与水文局，1852

太平洋理论

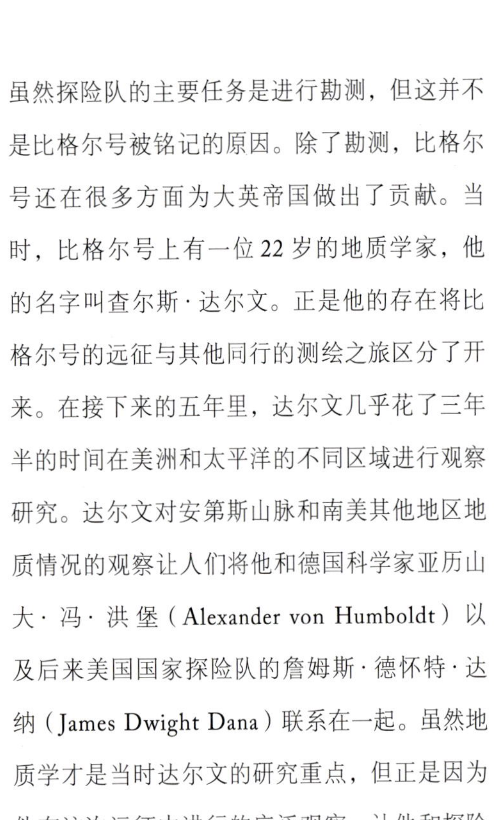

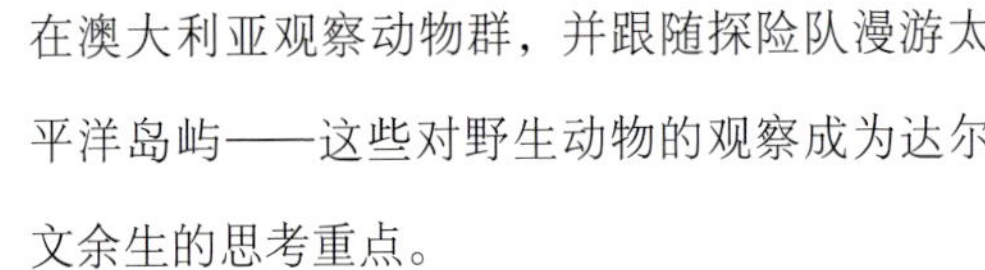

19 世纪，英国一直都对探索和测量太平洋内以及太平洋周围陆地抱有兴趣。总的来说，正如皇家海军比格尔号（Beagle）的远征所证明的那样，探索太平洋的陆地与大英帝国的利益是相辅相成的。比格尔号在 1831 年底离开英国，前往南美洲勘察海岸。随着西班牙和葡萄牙在南美洲的殖民地开始分崩离析，当时的英国利益集团开始将南美洲当作自己的投机区域。比格尔号的远征也是一场环球之旅。通过这次远征，船员们不仅绕过了美国，还穿越了太平洋来到澳大利亚以及更远的地方。比格尔号这次远征花费了五年的时间。

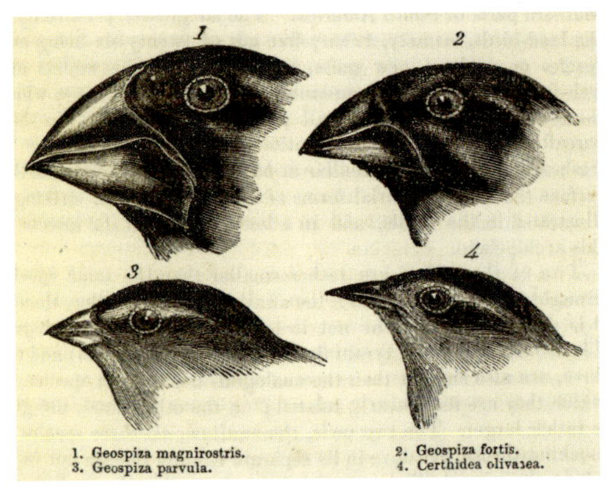

虽然探险队的主要任务是进行勘测，但这并不是比格尔号被铭记的原因。除了勘测，比格尔号还在很多方面为大英帝国做出了贡献。当时，比格尔号上有一位 22 岁的地质学家，他的名字叫查尔斯·达尔文。正是他的存在将比格尔号的远征与其他同行的测绘之旅区分了开来。在接下来的五年里，达尔文几乎花了三年半的时间在美洲和太平洋的不同区域进行观察研究。达尔文对安第斯山脉和南美其他地区地质情况的观察让人们将他和德国科学家亚历山大·冯·洪堡（Alexander von Humboldt）以及后来美国国家探险队的詹姆斯·德怀特·达纳（James Dwight Dana）联系在一起。虽然地质学才是当时达尔文的研究重点，但正是因为他在这次远征中进行的广泛观察，让他和探险队青史留名。达尔文在亚马孙雨林中看到了生物的多样性，在比格尔号上撒网追踪海中生物，在澳大利亚观察动物群，并跟随探险队漫游太平洋岛屿——这些对野生动物的观察成为达尔文余生的思考重点。

到了 19 世纪，随着人类的定居和环境的改变，太平洋岛屿的生物多样性大部分已经遭到破坏，很多物种被迫陷入极端的孤立甚至灭绝。不过有一些地方，或是由于其极端孤立的地理位置，或是由于其十分丰富的物种，总之它们并没有因为人类的居住和后来人类对太平洋的殖民而完全失去自然的多样性。加拉帕戈斯群岛虽然并没有因为其孤立的地理位置而受到保护（加拉帕戈斯群岛一直都是水手和私掠船进行补给的重要地点），但是其独特的环境延续了岛屿上及岛屿周围生命的繁荣。因此，达尔文仍然能够遇到一个可以突显岛屿对物种分化发展的影响的地点。他对加拉帕戈斯群岛上雀类的观察不仅成为他在物种进化理论方面众所周知的基石，还在从比格尔号远征到 1859 年发表《物种起源》期间的几十年内对达尔文的思考产生了巨大影响。

太平洋岛屿独特的地理位置和生态环境为达尔文提供了一个观察自然界基本模式的难得的机会，而他因此得出的理论，至今仍影响着我们对自然界的思考。人类对太平洋的探索影响着人们对世界的认识，达尔文理论便是其中的一个例子，太平洋岛屿的文化以及库克和其他人的探险还会产生（并将持续产生）类似的见解。随着 19 世纪的展开，还会发生更多的故事。

◂（上）加拉帕戈斯群岛的海鬣蜥
出自 *The Zoology of the Voyage of HMS Beagle*，Part 5，1843

◂（下）几种雀喙
出自达尔文对比格尔号航行的记录，1860

▸ 雀
出自 *The Zoology of the Voyage of HMS Beagle*，Part 3，1841

绘制“美国湖”海图

从美国独立那一刻起，围绕着新英格兰海岸的捕鲸业以及商业和政治利益便预示着这个国家注定成为太平洋强国的命运。对于美国人来说，“美国湖”（20 世纪理论家提出的叫法）的创建是联邦政府所能承担的，不管是在经济和地缘政治上都最有利可图的事业。虽说这样的尝试会涉及很多方面——例如需要在一些岛屿上设立美国领事，从而加强美国在那里的行政影响力，但是到了 19 世纪，任何太平洋上的美帝国主义行为都有一个很明显的开端：派遣探险队。库克和其他追随其脚步的探险家们留下的著作说明了派遣探险家绘制海图，并在这些地区为一个发展中的帝国升起旗帜的重要性。在太平洋的背景下，美国探险队不仅能履行绘制海图的作用，还能开辟新的经济机会（一直以来，发现新的捕鲸点都是人们乐于知晓的好消息）。同时，标出太平洋岛屿附近危险的浅滩会让人们更安全也更便捷地从当地获取利润。

虽然在捕鲸者和其他在太平洋上有经济利益的人看来，派遣探险队毫无疑问是正确且有必要的，但美国政府数十年来一直在推诿搪塞这件事。直到 1838 年，被称为“国探队”（Ex. Ex.）的美国国家探险队在查尔斯·威尔克斯中尉（不是上尉，这让威尔克斯很恼怒）的率领下，带着两艘战舰、一艘大船、一艘双桅帆船和两艘纵帆船，终于驶向了太平洋。威尔克斯肩负着一项重大任务：向南调查南极地区有陆地的可能性；绘制各种太平洋岛屿的海图；然

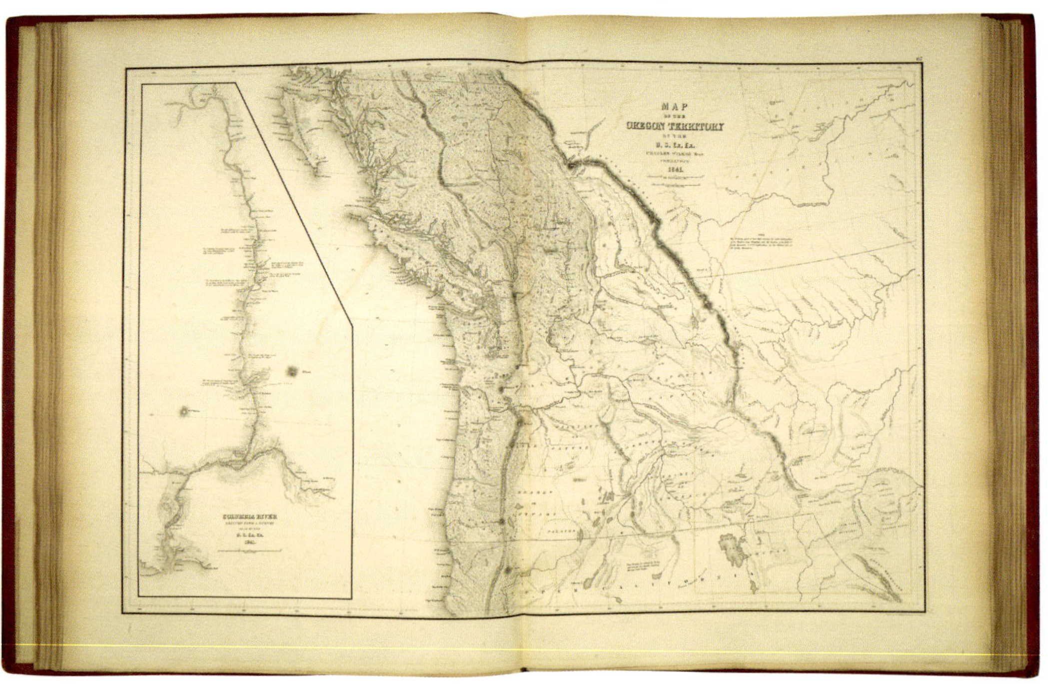

◂《俄勒冈领地地图》
出自 *Narrative of the United States Exploring Expedition*, 1850

后朝着北美西海岸前进，绘制哥伦比亚河流域海图。也就是说，这次探险至少有三个大目标：第一，绘制海图，方便联邦政府保护西部海岸，同时方便陆地国家靠近；第二，通过在南极地区找到陆地来创造帝国荣耀；第三，通过标记像斐济这样的岛屿周围危险的浅滩来保护贸易商——例如那些想要寻找檀香木的商人。

除此之外，威尔克斯还要负责庞大的不适合探险的科考队和其他船只，特别是补给船救济号（Relief）。尽管探险队面临着很多严峻的挑战，威尔克斯与船员之间也纷争不断，威尔克斯还卷入了与他所遇到的岛民之间的暴力冲突，但是这次探险仍为美国在太平洋的影响力做了铺垫。哥伦比亚海图的绘制为美国对太平洋海岸线的发展做出了贡献，而通过巨大冲突并且牺牲了很多斐济岛民才换来的斐济海图（以及其他同类海图）则保护了在该地区进行贸易的美国船只。威尔克斯还观察了那些对未来几代人来说具有重大意义的地点。在夏威夷的时候，威尔克斯绘制了他称之为“珍珠港”（当时的名字是 Wai Momi）的海图，并对它的深度进行了测绘。威尔克斯认为，珍珠港十分宽敞，足以在未来几十年中成为太平洋上最重要的港口。根据楠塔基特捕鲸者的经济利益和像威尔克斯这样的人做出的地缘政治观察，越来越多的美国人认识到夏威夷的战略重要性以及其作为美式太平洋上关键角色的潜力。

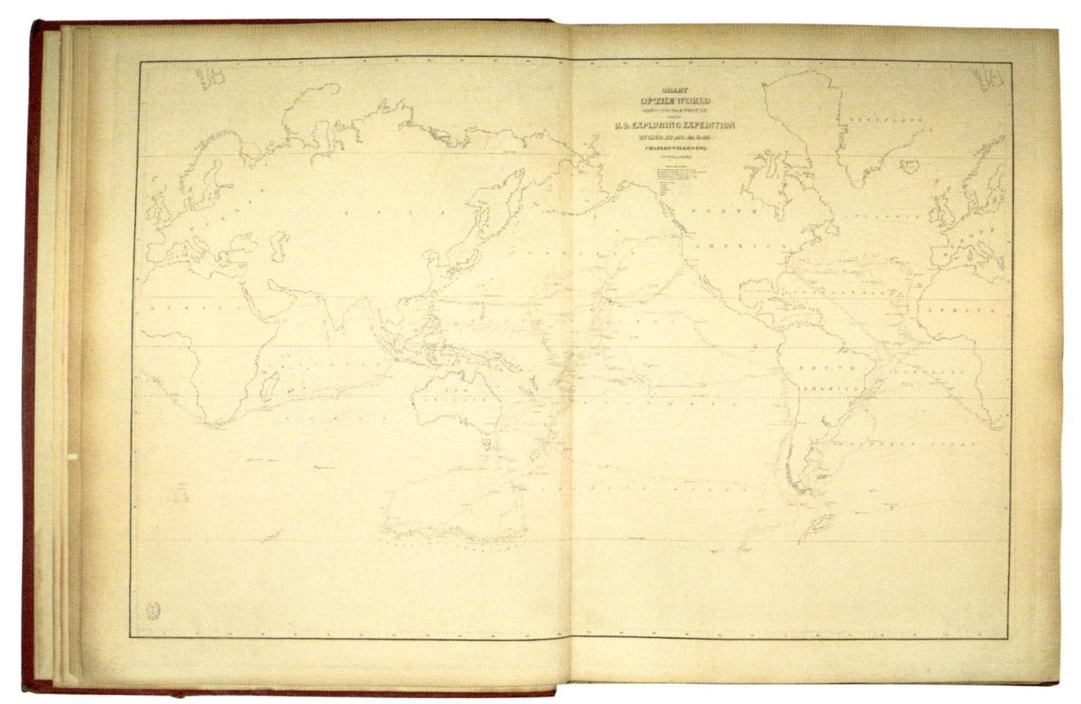

▲《美国国家探险队路线图》，1850

▶ 名为《查尔斯·威尔克斯上尉》的肖像画（实际上威尔克斯直到 1855 年才获得了上尉头衔），1850

用鲜血买来的地图

19 世纪，檀香木让斐济群岛引起了殖民贸易商的注意。塔斯曼探险之后，欧洲和其他国家的探险家一直都对斐济敬而远之，因为相传斐济群岛上充满了暴力，还有食人的传统。因此，大大小小的探险家，不管是以荣耀还是屈辱的方式（布莱在邦蒂号叛乱后曾驾船漂流到这片岛屿），都只是曾经靠近过这片岛屿，但并未与这片岛屿有过长期的接触。但是到了 19 世纪初期，随着殖民贸易商对檀香木的狂热，这种情况发生了改变。1800 年，美国双桅横帆船阿尔戈号（Argo）船员在斐济周围海域遭遇了海难，醒来时发现周围都是斐济岛民。两年后，当这些船员离开斐济的时候，他们对斐济及其岛民已经有了足够的了解。特别是，在这片岛屿上，有着大片大片的檀香木。

中国市场是檀香木贸易繁荣发展的经济基石。檀香木是少数几种能让欧洲和美洲的贸易商贩卖到中国并从中获取巨额利润的商品之一。因此，檀香木与进入中国市场的最邪恶的商品——鸦片，以及海獭皮并列为三大最热门商品。采购檀香木成为利润丰厚的行业，于是贸易商和他们的砍伐队开始登陆所有拥有檀香木的岛屿。在这样的背景下，斐济与那些入侵太平洋的势力相互隔绝的状态，即将戛然而止。

对于那些试图从斐济群岛收获檀香木的贸易商来说，令人闻风丧胆的暴力的斐济岛民并不是他们唯一需要担心的事。人们很快便知道了斐济群岛附近的珊瑚暗礁的厉害，再加上当时没有该地区的海图，很多船只和船员都沉没在了那里。虽然到了 1815 年的时候，由于岛上那些容易采伐的木材几乎耗尽，斐济的檀香木热已基本结束，但是当威尔克斯和他的国家探险队离开美国港口的时候，人们对于绘制那些浅滩的需求仍然是存在的。

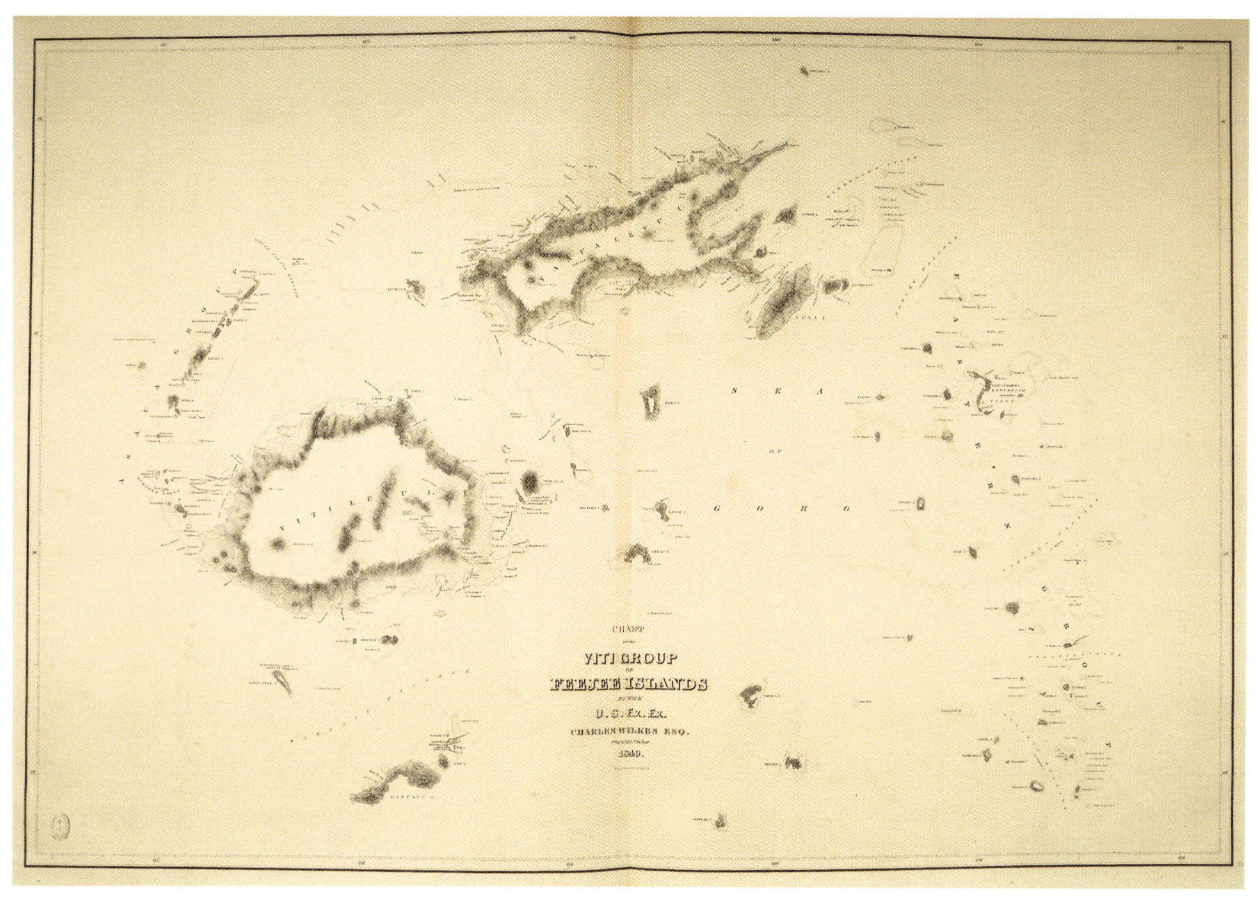

◂《维提群岛或斐济群岛的海图》
由威尔克斯根据探险队的勘测结果绘制

◂（对页）斐济的舞蹈集会
出自美国国家探险队的记录

威尔克斯和他的船员来到斐济后便开始了一段艰苦的航行。这段航行的特色便是充满了难以控制的冲突。因此，当威尔克斯的船员们在勘测过程中与周围岛民闹得精疲力竭的时候，这位中尉便像一个随时可以引爆的火药桶一样一点就着。为了展示自己的武力，威尔克斯登上了岛屿，疯狂地袭击在他面前出现的任何斐济战士、村民、妇女和儿童，不管这些人是否参与了最初针对威尔克斯船队的袭击。我们的中尉最终同意与岛民和平相处，不过他仍坚持要求大量岛民亲自向他道歉。威尔克斯还逮捕了他认为该为针对他和其船员的袭击负责的首领维耶多奇［Veidovi，在威尔克斯的记录中名为芬多奇（Vendovi）］，并坚持让探险队将维耶多奇带回美国。美国国家探险队将带着这片岛屿的完整海图离开斐济，从此以后，斐济及其岛民将真实地出现在地图的这片固定区域。和其他太平洋岛屿的海图一样，这张海图也是靠暴力和鲜血换来的。

一次具有影响力的科学考察

到了 19 世纪，博物学家和科学家已成为所有探险队（不仅是去往太平洋的探险队）的标配。约瑟夫·班克斯爵士和一长串在他之前或他之后踏入太平洋的充满好奇心的人们创建了一种模式，通过这种模式，科学家对自然世界的探索将有助于推动探险队的工作，同时还有助于帝国的建立和随之而来的殖民地的建立。理解世界是宣称拥有世界的必要组成部分。

当时，威尔克斯的美国国家探险队需要一个团队来支持这次航行的科考工作，同时这个团队的规模也要配得上这场庞大的、野心勃勃的探险之旅。不过当威尔克斯接手这支麻烦不断的探险队时，这种需求并没能阻止他削减科学团队，也没能阻止他自己承担更多的科考任务。虽然威尔克斯兼顾了测量学、气象学和天文学，但他仍旧需要人手来填补其他专业的空白。其间，威尔克斯做了很多重要的任命：提夏安·皮尔（Titan Peale，博物学家）、威廉·里奇（William Rich，植物学家）、查尔斯·皮克林（Charles Pickering，博物学家）、约瑟夫·库图伊（Joseph Couthouy，贝壳学家）、威廉·布拉肯里奇（William Brackenbridge，园艺学家）和詹姆斯·德怀特·达纳（地质学家）。虽然这些科学家的指挥官对他们抱有持续的恶意，但是他们会为太平洋的历史和文化做出重要贡献，同时他们也会帮助我们更为广泛地了解更广阔的自然世界。指挥官对科学家的态度确实是一个不利因素，但与此同时，威尔克斯也明白科学团队对探险队的重要性，而且他手下的科学家并不需要很多设备。这无疑在很大程度上帮助了像达纳这样的科学家构建了他们在回国后发表的洞见。

在探险期间，达纳收集了数千份样本，其中很多样本都和他的专业地质学有关。同时达纳在库图伊的专业领域也大有斩获，收集了很多珊瑚和软体动物样本。回国后，他发表了他在贝壳学和本专业地质学上的发现（他在贝壳学上的见解为另一位曾去过太平洋的科学家查尔斯·达尔文的工作提供了帮助）。尤其值得注意的是，达纳对夏威夷及其周围海域的观察帮助他对火山的运作方式以及火山与地球表面构造板块的运动之间的关系产生了深刻见解。达纳提出，火山和山脉是由地球表面板块的撞击形成的，它们就像是地球表面的皱纹——该理论已十分接近如今对俯冲带以及俯冲带所导致的火山活动的理解。

达纳的工作为日后的研究奠定了基础。以达纳的理论为基础，人们认识到美国西海岸也是更广阔的海洋地质活动的一部分，因此太平洋是一个巨大的火山环。这些理论，以及其他关于美国和太平洋之间联系的理论，提示着人们美国将于 20 世纪在太平洋进行巨大的扩张。经过漫长而痛苦的过程后，美国国家探险队收集的这些样本，最终成为华盛顿特区史密森尼学会藏品的基础。因此，威尔克斯和他的团队在太平洋的探索和收集工作仍然影响着如今的美国人看待和理解世界的方式。

▸ 博物学插图，包括达纳的珊瑚
出自与美国国家探险队的故事集一起出版的地图集

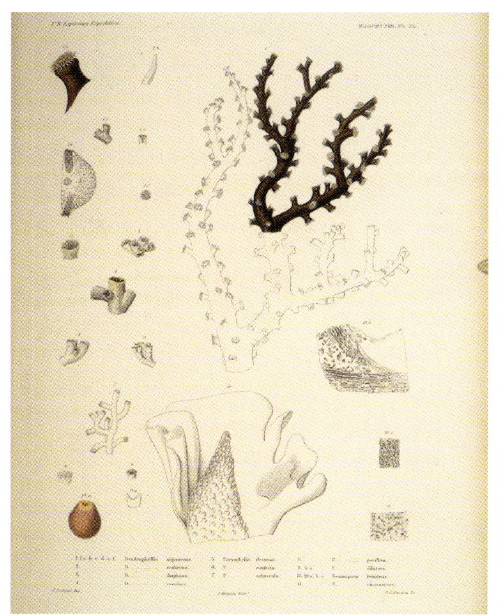

太平洋上的奴隶

很显然，在毛皮贸易商、捕鲸者和其他人的推动下形成的太平洋岛屿和外来者的金融网络之间的经济互动是有阴暗面的。除了贸易，来自太平洋外的水手还带来了很多破坏性的交流，例如暴力、酗酒和岛上越来越多的性工作者。到了 19 世纪中期，人们对太平洋更广泛的殖民（尤其是对澳大利亚东部海岸的殖民）以及拉丁美洲部分地区的经济发展和技术现代化，产生了对劳动力的新需求。很多商人都希望能够填补这一空白。甘蔗种植园、鸟粪提炼，以及其他发展中的经济项目需要持续不断的劳动力供应才能运行，而这些产业对于从哪里获得劳工这个问题，是不讲道德底线的。在那些不讲道德的资本家看来，解决问题的方法很简单：绑架并奴役太平洋岛民。

这种行为被称为"黑奴贩卖"，但是那些参与奴隶运输的人却说，这样做是为太平洋岛民提供机会，因为根据他们所提供的"契约"，太平洋岛民将会获得钱和旅行的机会。事实上，参与黑奴贩卖的人，会从智利或新南威尔士的港口出发，来到太平洋上那些较少与外界接触的岛屿，把当地岛民吸引到海滩上，然后俘虏他们，将他们运到大洋彼岸，然后再卖给那些需要劳工在海洋周边地区工作的人。这种做法从 19 世

◂ 来自太平洋岛屿的劳力在昆士兰麦基镇上的一座种植园中种植甘蔗，19 世纪 70 年代

▾ 在新赫布里底群岛◆强征南海岛民作为劳工的速写，1892

◆ 瓦努阿图旧称。

▲ 皇家海军罗萨里奥号抓捕纵帆船达芙妮号的场景

◀ 强征的南海岛民在昆士兰的种植园里工作，1893

纪40年代一直持续到20世纪初，它本质上就是奴隶制。那些卷入其中的人们需要在既危险又极端困难的环境下不停劳作。这种生存环境和加勒比地区的奴隶们忍受了几个世纪的生存环境没什么不同。黑奴贩卖这种做法有一个特别具有危害性的地方。太平洋岛屿对于因系统性地转移那些来自小社区、小人口基数族群的正值壮年的男性而造成的人口锐减是非常敏感的。拉帕努伊岛已经因为外来疾病和环境退化而饱受折磨，但是自19世纪60年代黑奴贩卖的做法来到拉帕努伊岛后，在接下来的几十年里，岛上人口更是锐减到只剩100多人。

到了19世纪60年代，人们试图遏制黑奴贩卖。像皇家海军罗萨里奥号这样的船只便会在海上巡逻，寻找载有被迫签订契约的岛民的船只。但这其实是很难监管的。有些船只可以合法地在海洋上运送来自太平洋岛屿的劳工，即便在这个过程中劳工们仍在遭受极端的虐待。除去这些明显的与奴隶制相似的方面，黑奴贩卖所在区域还具有一定的不确定性，因此即便各殖民地和帝国的监管越来越严格，但只要有利可图，这一行为便会一直继续下去。不幸的是，即便被绑架和奴役的一方采取了干预措施，但最后还是以各种灾难告终。人们曾试图将被绑架的劳工从利马（Lima）遣返回努库西瓦岛（Nuku hiva），但因为那些被送回家的岛民携带着天花病毒而以灾难收场。因为天花，努库西瓦岛上死了1500人。拉帕努伊岛也因那些被绑架然后又被送回的岛民而再次受到外来疾病的蹂躏。黑奴贩卖这一行为让太平洋岛屿付出了毁灭性的代价。

▲ 岛民们站在一艘去往班德堡的船只的甲板上，1895

太平洋殖民历史

自第一批欧洲人来到太平洋起，人们便开始对那些栖居在岛屿上的人展开了初步的人类学研究。探险队的到访（例如库克领导的探险队）和太平洋上越来越多的传教活动增加了这种人类学研究的范围和广度。在这些研究工作中，有些是出于探索精神，希望更多地了解这个世界，以及它的族群和社区，但更多的是希望通过记录各种族群的文化而更好地了解他们，方便以后更有效地改变这些土著族群的宗教信仰。在进行人类学研究的同时，人们还收藏了很多来自太平洋岛屿社区的文化和精神物品。从殖民角度和福音派信徒的角度来说，这种收藏有着双重作用，首先有助于打造博物馆以及都市酒店中的私人展览，其次移除岛屿社会中的重要物品有助于让基督教的偶像取而代之。

除了上述这些行为，市面上还同步出现了越来越多的试图记录太平洋岛民传统和历史的作品。这些作品都是根据跨越太平洋的人类学研究（从新几内亚到奥特亚罗瓦，到夏威夷，到温哥华岛，等等）而编写的。对页展示的《波利尼西亚神话集》（*Polynesian Mythology*）是由英国水手、殖民地管理者乔治·格雷爵士（Sir George Grey）编写的，并在1855年由约翰·默里（John Murray）出版。殖民主义与殖民地的管理，以及与传教士活动非常相似的人类学实践，这三者之间有着强烈的联系。当殖民地管理者试图“文明化”太平洋岛屿的世界时，他们认为，随着原住民逐渐接受殖民文化、习俗和宗教，他们目前所统治的岛屿文化将不可避免地消失。虽然在殖民者的眼中，这是一个有利的结果，但还是有很多殖民者强烈地希望记录下他们试图取代的本土文化和风俗。乔治·格雷爵士便是这样的人。

《波利尼西亚神话集》是一部与众不同的经典著作，因为它的选材直接来自围绕在格雷身边的奥特亚罗瓦毛利人，尤其是朗卡赫克（Te Rangikaheke，受洗时被称为Wiremu Maihi或William Marsh）。朗卡赫克作为一名殖民地的公职人员和研究毛利历史的学者，编写了大量手稿，详细记载了毛利人的传统、语言、宗谱、传说和历史。格雷就是利用这些记录，编写了《波利尼西亚神话集》。格雷不但丝毫没有提及朗卡赫克，还在编写过程中引入了许多错误。在整个19世纪，到处可见关于殖民地人类学的著作。这些著作涵盖了一系列知识，有些很荒谬，有些则非常重要。《波利尼西亚神话集》这本书在很多方面解说了殖民地人士创作的文本，但它地位的提升，是因为朗卡赫克的匿名贡献和学术成就。

▸ 格雷《波利尼西亚神话集》的扉页，1855

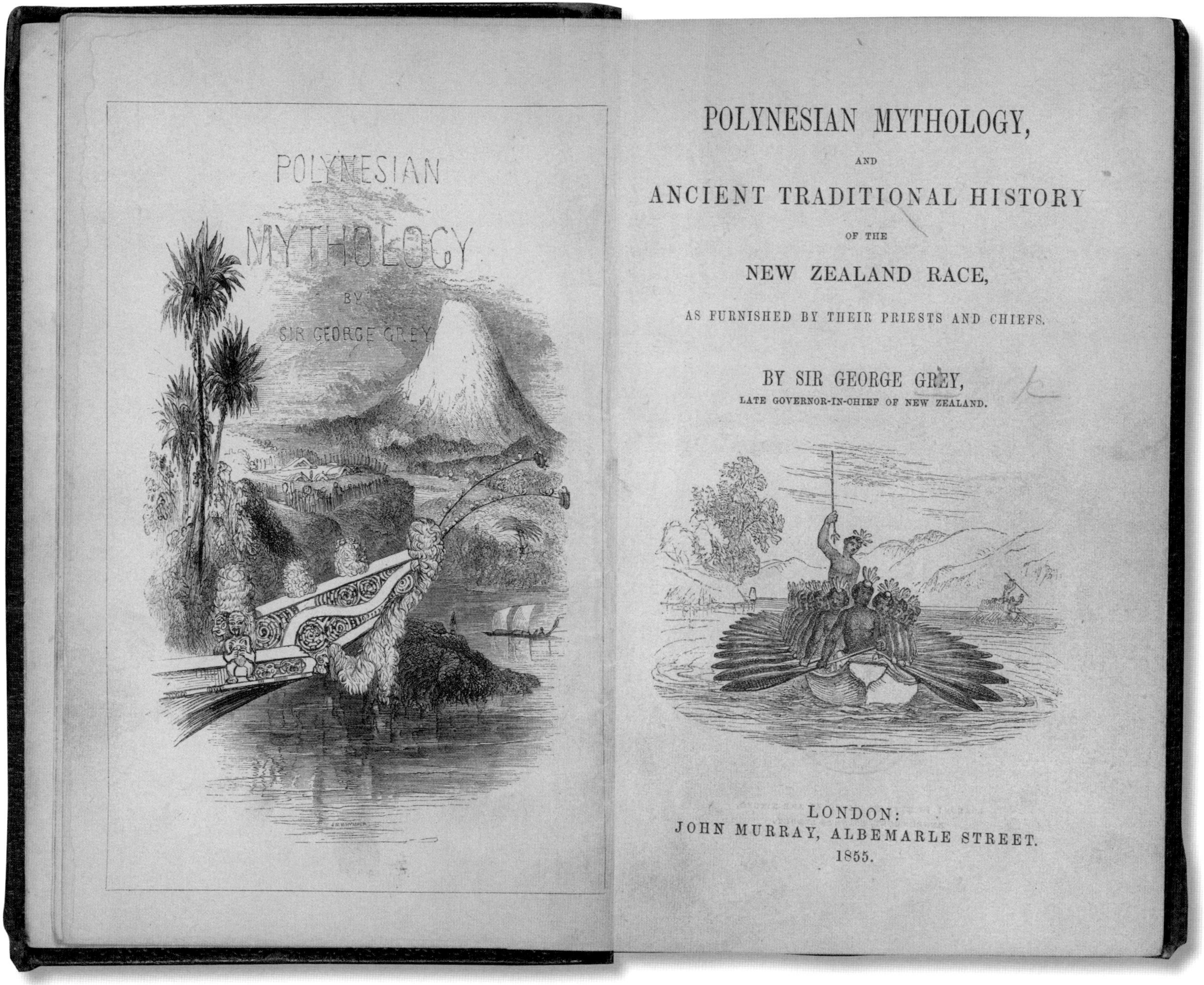

POLYNESIAN MYTHOLOGY,

AND

ANCIENT TRADITIONAL HISTORY

OF THE

NEW ZEALAND RACE,

AS FURNISHED BY THEIR PRIESTS AND CHIEFS.

BY SIR GEORGE GREY,

LATE GOVERNOR-IN-CHIEF OF NEW ZEALAND.

LONDON:
JOHN MURRAY, ALBEMARLE STREET.
1855.

地平线上的黑影

美国在太平洋的野心，并没有止步于威尔克斯在国家探险队远征期间（1838—1842）去过的那些岛屿。美国人相信自己在太平洋地区的昭昭天命（Manifest Destiny）◆。在这种信念驱使下，美国的商业利益将在整个19世纪继续发展，联邦政府甚至为一些地方直接提供了政治和武力支持。在这一时期，美国政府对太平洋进行的最重要的干预，大概就是1852—1855年马修·佩里（Commodore Matthew Perry）领导的那次远征了。其间，佩里率领着一支规模越来越庞大的由美国军舰组成的探险队前往日本列岛，希望能够迫使这个孤立的王国打开对外贸易的港口和市场。

19世纪初，来自英国、俄国和其他帝国的贸易商一直都在尝试与日本建立贸易关系，但是到了19世纪中叶，政治和经济压力让各帝国在太平洋上的竞争进入了白热化。许多工业国家的制造业不断扩大，与此同时，各帝国在太平洋投资的殖民地和帝国势力范围也在不断扩大。这意味着，到了19世纪中叶，太平洋上所有已知的经济机会都已经被剥削过。日本市场可能没有中国市场那么大的体量，但日本仍然是一个很大的王国，而且是一个很大程度上与世隔绝了几个世纪的王国。因此，在欧洲各帝国眼中，日本是开发新的金融市场和地缘政治影响范围的重要机会。此外，这些国家在19世纪因帝国建设而不断领先的技术优势也说明，通过武力控制日本的时代已经到来。

佩里的探险队对日本采取的外交和军事手段充分发掘了当时他所能接触到的军事技术的潜力。1853年7月，佩里以蒸汽桨轮护卫舰密西西比号（Mississippi）为旗舰，并配备现代武器，包括能发射爆炸性炮弹的大炮，全副武装地驶入了江户湾。他很快便进行了一场教科书式的炮舰外交演习：不顾日本官方的反对，对海湾进行勘测；加农炮空射，并放话说任何抵抗都会导致直接的攻击。佩里的要求看起来很简单，打开日本的贸易大门，然后他便离开了，并承

诺一年后才会回来，到时他要知道日本的答案。这其实是一个带有误导性的承诺，因为佩里 6 个月后便又来了。为了对日本政府施压，他将自己的舰队扩充到 10 艘军舰。从日本人对这次远征的描述中可以看出，佩里的做法确实在日本造成了恐慌和困惑，因为在那些描述中，日本人不仅强调了这些船所构成的威胁，还夸大了美国人的特征。右图中展示的就是日本人对雄伟的船只和各种奇形怪状的人物的描绘。

最后，佩里认为自己已经打开了日本和美国的贸易，然后便离开了日本。不过现实情况要复杂得多，主要是因为佩里所接触的官员与幕府将军的互动方式，以及日本政府其他错综复杂的问题。不过，佩里为美国争得了一系列权利：美国船只可以进入日本水域，搁浅的船员会得到良好照顾，联邦政府可以派遣领事来帮助日本开放港口，最重要的是，美日之间达成了最惠国协议，美国同步享有日本对其他国家做出的所有让步。美国对昭昭天命的信念以及炮舰外交的实践在太平洋地区获得了成效。

◆ 昭昭天命是一个惯用措辞，是 19 世纪美国人所持有的一种信念，他们认为美国被赋予了向西扩张至横跨北美洲大陆的天命。

◂ 未命名的日本卷轴，描绘了佩里的船只到达浦贺的场景，1853

▸ 歌川广重作品，描绘了一个日本男人和一个日本男孩站在港口的岸边，旁边停靠着一艘美国蒸汽轮船

昭昭天命之战

美国的地缘政治利益在太平洋的扩张必然会导致海洋中的岛屿上爆发某种形式的冲突。帝国在扩张和收缩时期常常会产生各种冲突，因为不同的势力范围会重叠，然后势力双方便会相互竞争。很多美国人都认为美国在太平洋地区拥有昭昭天命，在这样的背景下，美国及其在太平洋地区的代表都采取好战态度，因此他们更容易造成冲突。佩里与日本打交道的方式以及很多像威尔克斯那样的指挥官的行为充分说明了这一点。然而，由于美国在太平洋和太平洋周边海域的扩张而引发的一系列冲突，其实是非常荒谬的。例如，在位于温哥华岛和美国大陆之间的圣胡安群岛（San Juan Islands）上爆发的 1859 年猪战（Pig War）。相对时间更近一点的乔治·温哥华探险队绘制了这些岛屿的地图以及它们在海峡中的位置，但是探险队地图集（右图）上显示的岛屿布局并不准确。温哥华探险队并不是唯一一个画错了岛屿和岛屿之间海峡位置的；威尔克斯在勘察哥伦比亚河的时候，也犯过同样的错误。这些错误其实很好理解。海峡

◂《温哥华岛海图》
根据温哥华探险队的勘察而制作

本身的气候和地质条件都非常具有挑战性，再加上世界上最强的潮汐流，因此这里的勘测工作是极度困难的。

制图错误引起的诸多问题来源于温哥华岛周围那条奇怪的美国 - 加拿大（当时称英属北美）边界。美加两国的西部边界大多以北纬 49 度为界，但是为了让温哥华岛属于加拿大，边界线穿过了海峡。这使得美加两国就海峡的归属问题产生了争议。值得铭记的是，19 世纪，大英帝国和美国之间剑拔弩张：1812 年两国之间爆发了战争，《俄勒冈条约》引起了极大争议，英国随后也干预了 19 世纪后半叶的美国内战，因此，围绕这些岛屿而产生的任何冲突都有可能扩大为两国之间更为广泛的冲突。

当冲突真的发生时，其起因竟然是因为杀了一头猪。岛上的一个美国定居者杀死了一头属于哈德逊湾公司（Hudson's Bay Company）员工的猪。虽然难以置信，但就是这件事导致美国和英国双方都派出了一支小规模的军队。虽然双方指挥官和军队都不愿意陷入公开的冲突，但当时的情形无疑是危险的。最后，为了两国利益，双方暂停争端，调解当下局势。不过，边界问题仍然很模糊，双方都派了军队去占领圣胡安群岛。这种情况一直持续到了 1871 年，最终在国际仲裁的调解下才得以解决，而两国的边界也紧紧地固定在岛屿西部。美国再一次赢得了关于太平洋内及太平洋周边岛屿的争斗，但并不是所有针对其他太平洋帝国的地缘政治行动都能够兵不血刃地得到解决。在 1898 年美西战争中，美国派出了一支庞大的舰队，并在菲律宾安排了 11000 名海军陆战队队员。虽然在战场上美国很快就击败了西班牙，但是美国军队和菲律宾抵抗组织之间的冲突持续了 3 年之久，并夺走了 20 万平民的生命。当时，美国在太平洋的天命让太平洋岛屿上的许多居民付出了生命的代价。

▲“英国营地”插图，圣胡安群岛

分裂的海洋

虽然太平洋在地球表面占据的面积，比所有大陆加起来还要大，但在绘制太平洋地图的时候（尤其是欧洲人绘制的地图）基本上不会将它描绘成一个整体的空间。相反，在地图上，太平洋被分割成了碎片。例如在用默卡托投影法绘制的地图上，西部水域是东太平洋，而东部水域则是西太平洋。这样的情况遍布整个太平洋，各种各样想象中的边界以及文化上的边界将这片巨大的水域切割成了一块一块的区域。太平洋上还有另一样影响着我们的日常生活和对海洋地理的了解的人类构想：用来区分一天和另一天的国际日期变更线。这种空间上的时间划分是很重要的，不仅能让人们理解今天是什么日子，对于水手们来说，这种划分还从根本上影响了他们对另一个固定参考点（现在基本上以本初子午线为参照）的纵向距离的理解能力。自早期第一批欧洲人来到太平洋起，为了帮助航海家在航行中记录日期，人们便在海洋中设置了一条分割线。然而，这条线的位置并不是固定的。

在西班牙珍宝船队航行的数个世纪里，太平洋上的日期变更线与如今的变更线截然不同。在某个时期，现在位于国际日期变更线以西的菲律宾东海岸，落在了美国那一边，从而有效地让这一区域晚于西班牙美洲时间。在北太平洋，随着俄罗斯帝国的疆界在毛皮贸易时期的扩张和收缩，国际日期变更线也在东西移动。同样，1884 年的国际子午线会议在英国格林尼治建立了本初子午线，从而影响了国际日期变更线的位置。本初子午线的划定不仅为很多投影地图建立了一个地理上的中心点，同时也固定了正午的时间。对于一艘需要测量经度的船只来说，有了本初子午线，地球表面东西向的距离可以表达为从本初子午线出发的，以度、分、秒为单位的数据。此外，如果说格林尼治是表示时间和距离的固定起点，那么 180 度经线便会穿过太平洋。

在 1884 年的国际子午线会议上，虽然划定了本初子午线，但明确回避了对国际日期变更线的修订。对此，会议中有人指出，穿过太平洋的 180 度经线是一个理想的选择，因为它覆盖的陆地很少，因此可以更容易决定谁留在国际日期变更线的哪一边。然而，在国际子午线会议召开之后，各国就不同的领土到底落在国际日期变更线的哪一边讨价还价了 130 多年。正如日界线随着阿拉斯加从俄国领土变成了美国领土（在当时动物数量锐减和俄国贸易利润迅速下滑的背景下）而发生了改变一样，不同太平洋领土的殖民和独立也会导致这些区域从线的一边移向另一边。夸贾林环礁（Kwajalein Atoll）便是一个典型的例子。它一直在西班牙、德国、日本和美国的影响力之间周旋，不断地从日界线的一边移到另一边，并且为了迎合与之关系最密切的经济体而不断地变换新模式。这些细节能够帮助我们理解人类构想的重大意义，它不仅可以在时间上划分太平洋，还可以在我们的想象中划分太平洋。

▸ 船库里的独木舟

波利尼西亚联盟

1872 年，卡美哈梅哈五世去世。他并未委任继承人，因此卡美哈梅哈王朝走向了终结。在卡美哈梅哈统治期间，夏威夷变得更加繁荣，与世界的政治互联也越来越多。不过，不管是谁接手卡美哈梅哈的血统，这份繁荣和互联网络都将继续下去，因为夏威夷的宪法明确规定，如果执政君主没有继承人，那么夏威夷群岛的立法机关就会选出一个新的君主，从而开启新的王朝。卡美哈梅哈五世去世后，候选人之间开始了激烈的长达 14 个月的竞争，最后卡拉卡瓦（Kalākaua）被选为卡美哈梅哈王朝之后的继承人。

卡拉卡瓦的统治一开始并非风调雨顺。他需要英国和美国的帮助来压制他的竞争对手艾玛王后（Queen Emma，卡美哈梅哈五世的遗孀）。但这并未阻碍他在统治期间实现抱负，也没能阻碍夏威夷在世界上越来越重要的地位。卡拉卡瓦计划利用夏威夷与外部国家和帝国之间的互联性来构建一个能够提高波利尼西亚群岛世界地位的政治格局。卡拉卡瓦十分担心太平洋周围的岛屿，尤其是波利尼西亚群岛，会受到英国这样的殖民强国（更别说迅速崛起的美国）的操纵和压制。卡拉卡瓦认为，这是不公平的，因此他迫切希望构建一个让小国家也能在国际舞台上发挥影响力的政治体系。

1881 年，卡拉卡瓦离开夏威夷，开始了一系列正式访问，从而成为第一位正式完成环球旅行的夏威夷人。在访问期间的外交会议上，卡拉卡瓦思考了如何发挥夏威夷和其他波利尼西亚岛屿在世界上的作用。在他访问日本期间，日本已经迅速地脱离了孤立的状态并在世界舞台上崭露头角。因此，卡拉卡瓦对日本的访问让他认识到，一个国家在科技、政治、经济方面拥抱西方元素的同时，还能保持其人民和文化的独特性。在这次旅行中，卡拉卡瓦强烈地感受到，像夏威夷这样的小国，想要转移外国列强的注意力，并在国际社会中保持强大和独立，唯一的办法便是团结其他小国，建立一个更大的联盟。

想要实现这个目标并非易事。到了 19 世纪晚期，欧洲诸列强和美国的政治活动遍布整个太平洋，他们操纵太平洋上的岛屿政府，也操纵彼此，只为增加自己在太平洋上的话语权。开始建立波利尼西亚联盟时，他遇到了很多复杂的问题——如何安排各岛屿的优先性，如何建

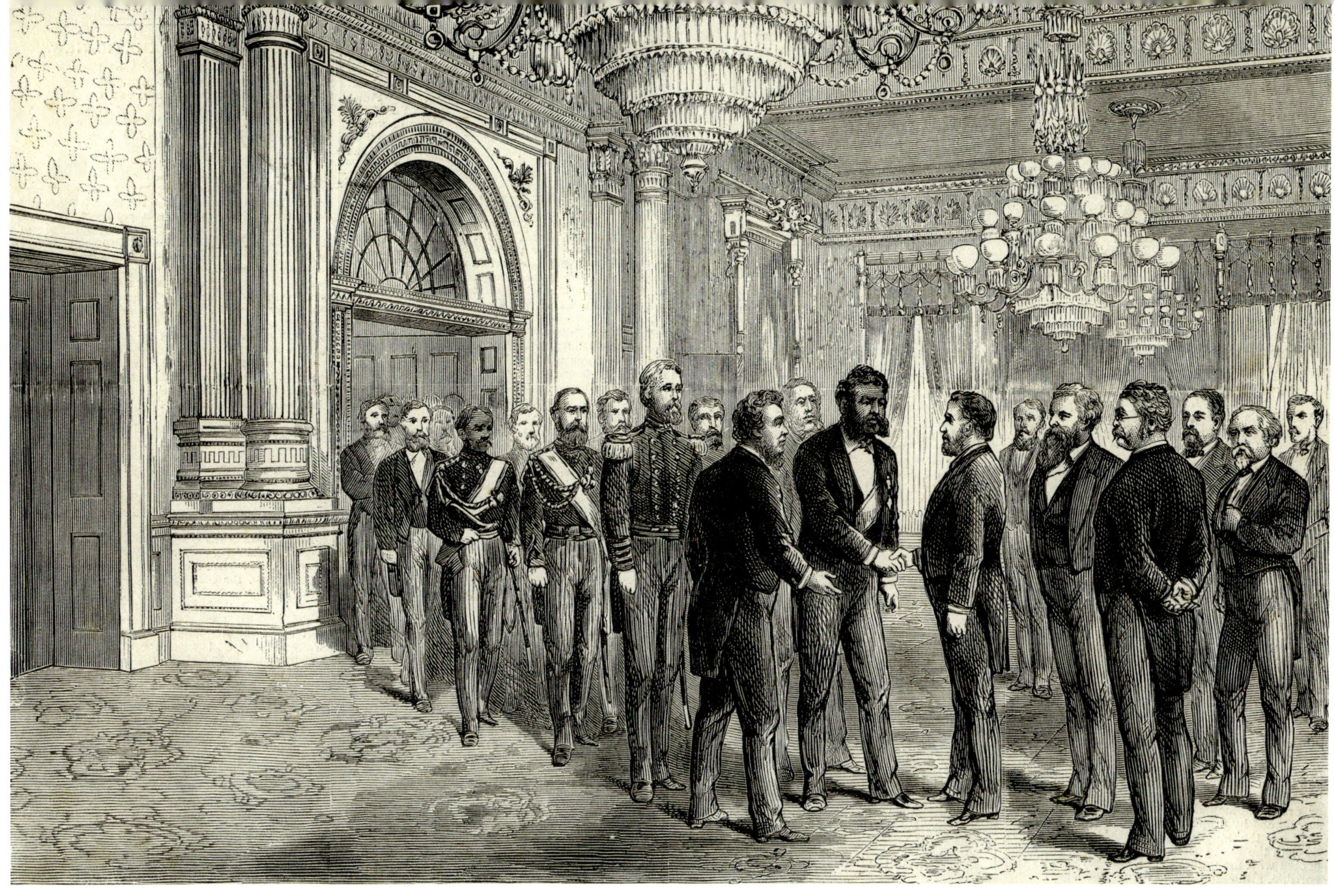

▲ 在卡拉卡瓦访问美国时，格兰特总统为他举行了第一次现代国宴，1874

◄ 卡拉卡瓦国王

立一种连贯的联邦思维，同时避开各帝国和殖民强国的阴谋诡计。尽管波利尼西亚联盟有着宏伟的愿景和崇高的行动（它们甚至还曾试探日本的入会意愿），但最终，这个理想因为太过雄心勃勃而无法付诸实施，因为当时它和它的地缘政治野心已然遭到了很多国外因素的影响和破坏。此外，卡拉卡瓦那保持波利尼西亚独立的想法和决心，也会鼓励他的敌人展开破坏夏威夷政府权力的计划。19 世纪末，夏威夷将会遭遇根本性的改变。

吞并夏威夷

在 19 世纪的大部分时间里，夏威夷似乎一直都是美国人眼中的机会来源和焦虑来源。它为美国捕鲸者提供了宝贵的中转点，是美国福音派传教士的重点传教区域，并且开辟了许多农业机会，尤其是甘蔗的种植。与此同时，夏威夷的独立，以及欧洲国家（可能是英国或法国）过来统治这个区域的可能性，让美国感到十分焦虑。简而言之，夏威夷群岛既可以促进美国“昭昭天命”信念的发展，也可以极大地阻碍它的发展。造成这种结果的主要原因其实已经贯穿了整个世纪。对页展示的地图简单明了地说明了这一点。夏威夷是太平洋地理和战略的中心。数个世纪以来，太平洋上的季风让夏威夷远离欧洲水手的视线，但是 19 世纪的发展和蒸汽动力的出现，以及随之而来的对海上装煤港的需求，让夏威夷成为这个洋流不断变化的海洋中一个关键之地。

从很大程度上说，夏威夷的战略重要性也是为什么包含了这份地图的书——《夏威夷吞并手册》（*A Handbook on the Annexation of Hawaii*, 1898）——会出版的原因。卡拉卡瓦的统治清晰地传达了一个信息：夏威夷的君主们更愿意保持岛屿的独立性，并希望在接下来的新世纪中继续强化这种独立性。然而，在卡拉卡瓦晚年，以及他的继承人利留卡拉尼女王（Queen Lili'uokalani）统治时期，夏威夷立法机构的成员掀起了一波又一波的骚动，谴责卡拉卡瓦和他的立法机关收受贿赂、贪污腐败。在 1887 年（太平洋联盟这个想法提出后不久）到 1898 年，很多像美国裔律师桑福德·多尔（Sanford Ballard Dole）那样主张西化的人们发起了一波又一波的抗议热潮。这种动荡局面侵蚀了卡拉卡瓦和利留卡拉尼的权力。

▲《顽童》杂志上讽刺桑福德·多尔行为的插图

1893 年发生了一场推翻君主制的政变。新政府开始与美国驻夏威夷公使约翰·L·史蒂文斯（John L. Stevens）走得很近，希望能借此开始将夏威夷纳入美国领土的进程。虽然最初的提议受到了热烈的欢迎，但是新任美国总统格罗弗·克利夫兰（Grover Cleveland）上任后，桑福德·多尔在 1894 年派去美国的代表团便受到了冷遇。事实上，克利夫兰打算恢复利留卡拉尼的权力。克利夫兰的这一举动促使多尔宣布夏威夷成为一个独立的共和国。然而，1898 年美国与西班牙开战之后，这一切迅速发生了改变。

当时美国掀起了一股民族主义浪潮，与此同时，人们也认识到夏威夷群岛在军事上的战略重要性。在这样的背景下，另一位总统威廉·麦金莱（William McKinley）决意吞并夏威夷。1900年，夏威夷正式成为美国的领土。夏威夷先后经历了美国的殖民主义和帝国主义，这也反映出当时众多太平洋岛国的处境。这些太平洋岛国被迫周旋于一个充满地缘政治阴谋、军事阴谋、殖民阴谋的世界。不同国家的代表有时各怀鬼胎，有时又目标一致（从夏威夷政变和后来的吞并乱局中便可窥见一斑），不过最终都是对岛国政府不利。在这样的环境下，想要在世界中维持原本的秩序和稳定，只会越来越困难。尤其是当太平洋上的冲突（例如美西战争和菲律宾群岛上的战争）可能会迅速改变岛民所在的政治环境时，这种困难便会尤为明显。美国在太平洋上日益增长的影响力造成了不稳定和混乱，但不是所有岛屿都面临着和夏威夷一样的命运。例如，日本在19—20世纪的帝国时代便以一种与众不同的方式存活了下来。

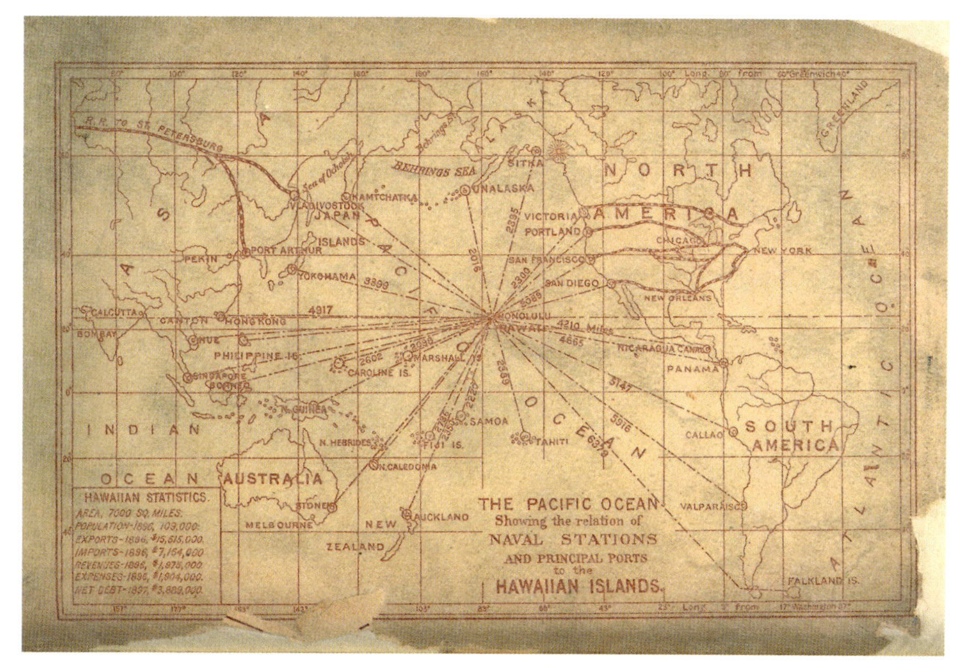

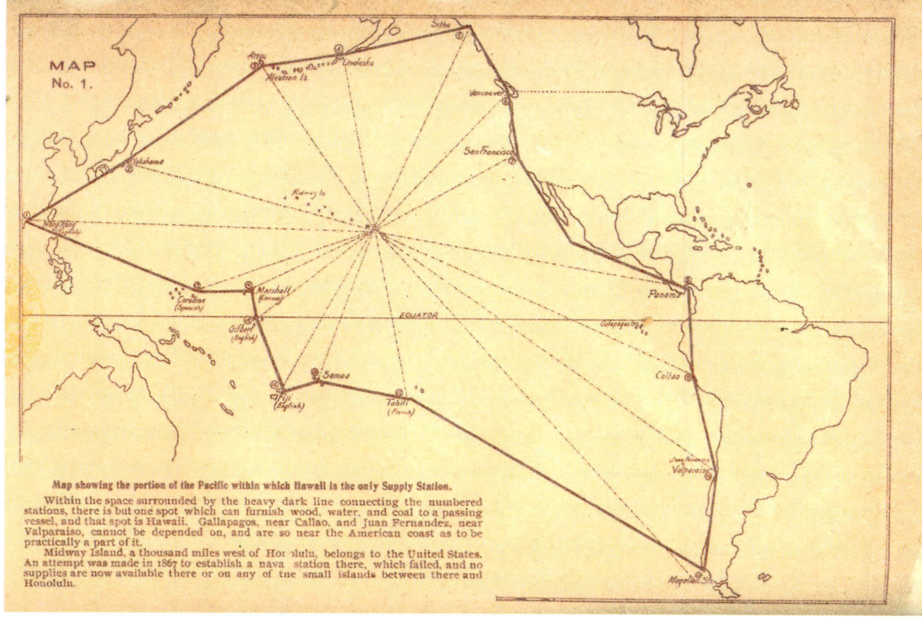

Map showing the portion of the Pacific within which Hawaii is the only Supply Station.

Within the space surrounded by the heavy dark line connecting the numbered stations, there is but one spot which can furnish wood, water, and coal to a passing vessel, and that spot is Hawaii. Gallapagos, near Callao, and Juan Fernandez, near Valparaiso, cannot be depended on, and are so near the American coast as to be practically a part of it.

Midway Island, a thousand miles west of Hor olulu, belongs to the United States. An attempt was made in 1867 to establish a nava station there, which failed, and no supplies are now available there or on any of tne small islands between there and Honolulu.

▸《夏威夷吞并手册》中的地图，展示了夏威夷群岛的战略重要性

对抗熊◆的岛屿

在 20 世纪的大部分时间里，太平洋上的政治和经济平衡与之前几个世纪相比大不相同。其中最令人瞩目的是日本列岛的崛起，尤其是考虑到 19 世纪中叶佩里的“黑船”到达后发生的一系列事件。不过日本的崛起和佩里的到访，其实是相互联系的。佩里来到日本时，江户幕府已经统治了日本 200 余年。在它的统治下，日本被分割为一块块的封建领地，并且过着与世隔绝、不受外界影响的日子。幕府制度在很大程度上是成功的，因为它为日本带来了和平与稳定，但是 19 世纪的历史进程表明，这样的社会结构已不再适合一个现代的日本。外部世界的变化、人口的增长、科技的发展，以及各帝国在太平洋上的急剧扩张，都说明了一件事：日本需要改变现有的社会和政治状况。对于那些对该观点仍旧心存疑虑的人来说，佩里的到访和英国对中国发起的鸦片战争进一步说明，如果在面对外部世界时不将自己置于一个更公平的立足点，日本将会遭遇些什么。

这些因素，以及部分其他的因素，一起推动了江户幕府的倒台。幕府时代的结束促进了明治天皇的维新运动。明治天皇实际上只是统治整个日本的中央政府的象征，明治维新也并没有将权力交还给天皇，相反，天皇需要在日本中央立法机构的监督下进行统治。日本对外部世界的感知和夏威夷国王卡拉卡瓦是一致的：只有政治凝聚力和现代化才能强化日本在群狼环伺的太平洋上的地位。日本也许会选择加入卡拉卡瓦的太平洋联盟，但日本的理念和这个联盟是背道而驰的：日本必须团结起来，有自己的立场，理想状态下，还能在太平洋发展自己的势力范围。

虽然建立日本帝国的想法在日本国内和政府内部引发了数十年的争论，但是在文化霸权的粉饰下，以及在面对中国和朝鲜的衰弱，想要加以利用的野心驱使下，日本帝国的势头很快便发展起来了。19 世纪末，日本在中国和朝鲜都发动了军事行动，导致日本扩大了在太平洋地区和世界舞台上的影响力。对于很多欧洲人来说，日本的崛起是对欧洲各帝国统治地位的威胁，同时也威胁了支撑当时帝国逻辑的种族主义意识形态。很多欧洲统治者，包括俄国沙皇尼古拉二世，都非常厌恶亚洲帝国所产生的优势。对于尼古拉二世而言，日本的崛起威胁到了俄国在北太平洋的势力范围。为此，两国之间一直摩擦不断。1904 年，日本向俄国宣战，并袭击了停靠在亚瑟港的俄国舰队。日本的这一举动震惊了俄国。接下来发生的事，更是震惊了所有西方帝国。俄国方面因为战场远离本土而饱受后勤之苦，日本方面却因为快速现代化和官僚集权而组建了一台效果卓著的军事机器。在美国的调解下，各方宣布和平的时候，日本以胜利者的姿态吞并了朝鲜半岛；而俄国不得不面对国内对于这次耻辱性的失败的各种谴责。在为日俄战争进行和平谈判的三方势力中，日本和美国对于 20 世纪的太平洋将产生巨大影响。

◆ 这里的熊代表俄国。

◀ 仁川海战插图（1904）

▼ 明治天皇（1867–1912）

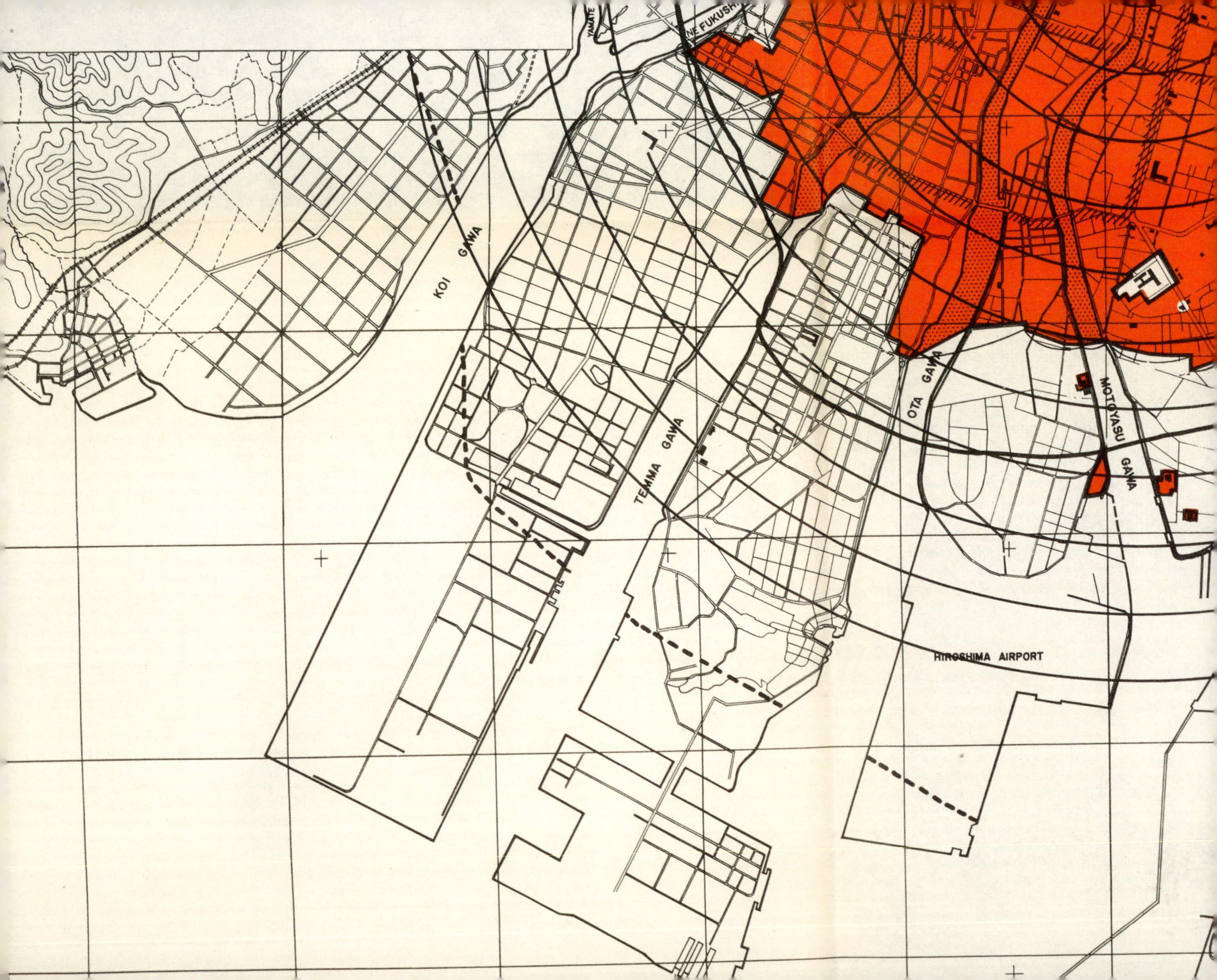
YAMATE
KOI GAWA
TEMMA GAWA
OTA GAWA
MOTOYASU GAWA
HIROSHIMA AIRPORT

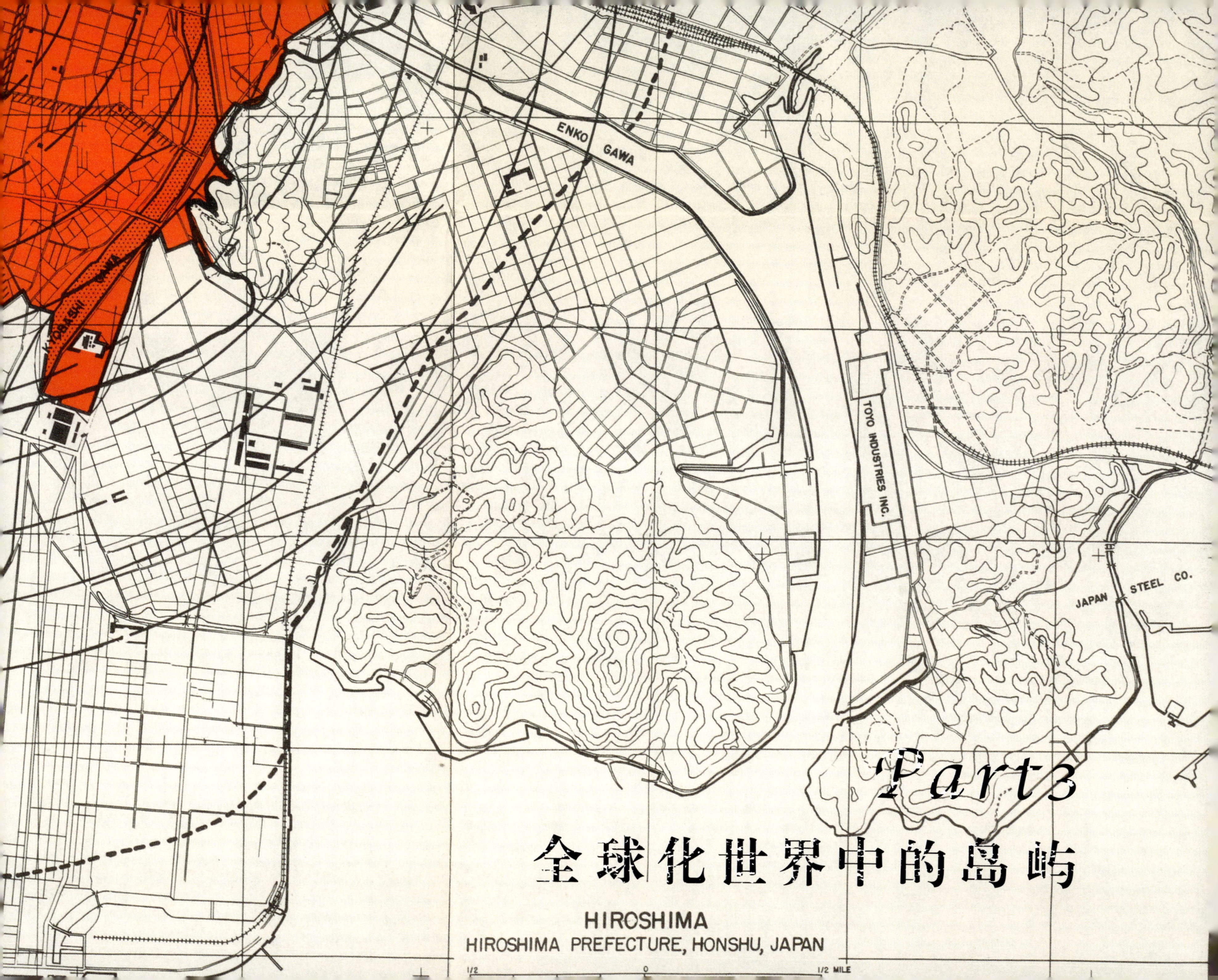

Part3 全球化世界中的島嶼

在20世纪之前的四个世纪，太平洋发生了巨大变化。这些变化大多来自外来者的入侵，尤其是美国人、欧洲人和俄国人，总是试图让太平洋及其岛屿臣服于他们的意愿和需求。不过，如果认为太平洋所有的变化都源自这些新的影响力的涌入，那也是不对的。在欧洲人到来之前，一股变革的浪潮早就席卷了很多太平洋岛屿上的社会、政府和经济体。更重要的是，虽然岛民们在遇到外来者时会产生变革，但是其中的很多变革都是自驱式的，并且远远超出了与外来者打交道所需要的范畴。例如日本的明治维新和卡拉卡瓦的波利尼西亚联盟，都是复杂的时代进程和哲学想象的产物，而这种时代进程和哲学想象，远远超过太平洋岛屿与西方世界相接触的地区需要达到的程度。

此外，太平洋也改变了那些与它接触的外来者。在整个启蒙运动时期，班克斯爵士和其他人对太平洋的观察塑造了欧洲人看待世界的方式。与此同时，那些前往太平洋的学者（其中最突出的是达尔文和达纳）根据他们对海上岛屿的观察形成了很多理论，这些理论至今仍影响着我们理解和感知世界的方式。太平洋也影响着世界各地的日常经济。来自太平洋的鲸油让全世界的工业保持运转；来自太平洋的毛皮成为全球时尚；整个欧亚大陆都喜欢用檀香木来装饰客厅；还有其他数不尽的或是人们必不可少或是人们高度需求的商品。在太平洋及其岛屿上已经发生的（或者没发生的）事情，都会成就或破坏当地及国际的经济，例如南海泡沫导致的经济崩溃。

20世纪，之前就存在的模式——资源剥削、互联模式的改变、域外帝国的扩张和收缩——仍旧存在。和之前一样，太平洋岛屿上发生了很多令人极其震惊的事件，这些事件定义了20世纪，同时也影响了我们对当今世界的理解。本书即将讨论的一些事件——尤其是美国向日本投放原子弹——都在全球的社会意识中刻下了深深的烙印。如今，这些烙印仍旧深深影响着我们对世界的理解，然而我们已不再记得这种理解源于太平洋。从禁止捕鲸到绿色和平组织（Greenpeace）◆的建立，再到已成为全球生活方式的冲浪运动的诞生，20世纪的很多发展都发生在或者起源于太平洋及其岛屿。

太平洋上的岛屿是一面透镜，通过它我们可以清晰地看到全球地缘政治的此起彼伏。更重要的是，20世纪和21世纪的太平洋不断地提醒着我们人类本身和人类社会对我们栖居的星球所产生的影响，同时也特别向我们展示了人类的政治活动与环境影响之间的关系。如此浩瀚的、散落着许多小而重要岛屿的太平洋，是一面完美的棱镜，透过这面棱镜，可以看到我们向世界索取所付出的代价，以及我们在即将到来的世纪需要应对的挑战。

◆ 绿色和平组织是非政府环保组织，在40多个国家设有分部。

日本的远洋帝国

在世纪初日俄战争取得胜利的基础上，日本在20世纪继续发展自己的海上力量。不过从某种程度上说，日本与太平洋的关系，和其他强国与太平洋的关系是不一样的。日本与太平洋之间存在依赖关系，因为对于日本来说，太平洋是巨大的资源互联网络。日本在19世纪末20世纪初的军事、政治和经济扩张也是为了发展这一网络。通过扩张，日本创造了一个不一样的帝国，美国历史学家威廉·筒井（William Tsutsui）称之为“远洋帝国”。

在佩里的黑船到达后，日本便开始快速发展这种新型帝国。锁国政策的结束使得日本的渔船航行到了更远的岛屿，而快速的技术现代化也让捕鱼业得到了显著发展。我们知道，在面对不断侵蚀太平洋的豺狼虎豹时，日本希望自己能有一个平等的立足点，因此，不难想象，这种军事目标直接促进了日本在这一时期的技术创新。同时，日本的管理者和规划者还敏锐地意识到，仅仅实现军事现代化是不够的，日本还需要在全球范围内发展国家治理的能力、自给自足的能力和自我管理的能力。

因此，远洋帝国的基础，不仅是日本渔民身上那股坚信自己能够航行得更远的冒险精神，还有日本政府通过谈判而获得的在太平洋周围大小国家的水域内的捕鱼权。获得这些权利后，日本企业便迫不及待地扩大了对海洋资源的使用，并在未来的几十年中进一步剥削这些资源。于是，日本的船只开始控制外国渔场，例如西北太平洋。在那里，日本不仅快速地控制了俄国船只，还在俄国渔业止步不前时不断地增加着船只数量。

日本在西太平洋日益增长的掌控力与日本帝国在东亚的发展也是有关联的。20世纪初，日本虽然参与了各种冲突（例如1904—1905年的日俄战争），但是人口却在稳步增长。这也意味着，更多的人口将会参与到军事和制造业中。与此同时，日本帝国也面临着如何喂饱这些人的问题。因此，日本需要进一步发展渔场和捕鱼技术。由此可见，远洋帝国和日本在亚洲大陆的侵略和扩张是密切相关的。

20世纪，日本帝国的威名在太平洋上广为流传，不过值得注意的是，远洋帝国的发展是一个具有明显太平洋特色的现象。远洋帝国那由水道、岛屿和沿海大陆构成的绵延万里的网络让人想起了已存在了数个世纪的太平洋岛民的贸易网络，以及像埃佩里·豪奥法那样的太平洋学者后来的理论构建。太平洋并不是一个由孤立岛屿组成的海洋，而是一个由宝贵的海洋连接起来的陆地网络。

▶《大日本帝国全图》，1919

大日本帝國全圖
最新詳密 金刺分縣圖
大正八年版
不許複製
著作者 水嶋盛政
發行者 金刺源次
印刷所 田村印刷所
發行所 金刺製圖部
定價金八錢

第一次世界大战与太平洋

1914年，欧洲陷入战争。由于参与第一次世界大战的各方势力在太平洋上都有着重要的殖民利益，因此太平洋不可避免地成为冲突的舞台。虽然人们最常提及的欧洲战场的特色是堑壕战、消耗战和大量的人员伤亡，但太平洋战场却是另一番景象。所有殖民列强在太平洋和隔壁的印度洋上都有小舰队，因此太平洋战场上的重要战役都是在海上进行的。此外，协约国的军队也在不断地攻击太平洋上由德国控制的岛屿，并且在几乎没有流血的情况下拿下了其中的很多岛屿。这与欧洲战场形成了鲜明对比。

这场战争也提供了一个可以解决各国数十年来积怨的舞台。早在19世纪，各国之间便存在着许多几乎演变成战争的利益冲突。例如，19世纪八九十年代的萨摩亚内战便差点导致英国、德国和美国之间的战争。现在，第一次世界大战为各国提供了一个机会，可以重温那些冲突并重新描绘地图上那些在19世纪的政治冲突期间划定的国界线。1914年8月，来自新西兰的军队攻占了德属萨摩亚。日本在第一次世界大战中的角色尤为引人注目。日本不仅与老对手俄国（1904—1905年，日俄之间发生过战争）同在一个联盟并在联盟中扮演了重要的角色，而且在协约国心中，日本是宝贵的合作伙伴，因为它可以保护太平洋上的航道，并占领西太平洋上受德国控制的岛屿。对于日本来说，战争是一个在亚洲大陆和西太平洋岛屿扩大自身势力范围的好机会。通过各种冲突，远洋帝国的规模将会显著扩大。

更值得注意的是，日本也将这场战争视为其进一步在世界舞台上提升影响力的机会。在《凡尔赛和约》谈判期间，日本与主要协约国的代表团坐在一起，为日本赢得了巨大的优惠条件。日本在国际联盟也牢牢地占据了一席之地。日本所取得的成就，很像一个世纪之前卡拉卡瓦为夏威夷所谋求的利益。不过，并不是每件事都随日本的意愿发展。日本通过在战争期间获得的地缘政治利益和随后的和平谈判而受益匪浅。毫无疑问，它已经靠近国际顶级政治圈，但是在欧洲和美国人眼中，日本仍旧是在种族上低他们一等的“外人”。这一事实通过日本在1919年提出的种族平等提案被拒事件得到了充分的证明。在这份提案中，日本倡导在以后的会议中，国际联盟的所有成员都应受到平等的对待。很多文件都描述了日本想要实现种族平等的愿望，例如右侧展示的地图。种族平等提案的被拒以及无法被平等对待的事实在日本人心中埋下了怨恨与冲突的种子，从而奠定了日本在第二次世界大战中的角色。凡尔赛宫的日本代表团并不是唯一因战争而来到欧洲的太平洋岛民。在战争期间，毛利人［就像《战争中的毛利人》（*Maoris at War*）一书中描述的那些人一样］和其他太平洋岛民也来到欧洲，为掌控着他们各自岛屿的帝国而战。

所以，需要记住的是，欧洲的冲突并非只是一场欧洲战争，它也告诉我们，许多太平洋岛屿社会是如何卷入一个全球化的世界及其冲突范围的。

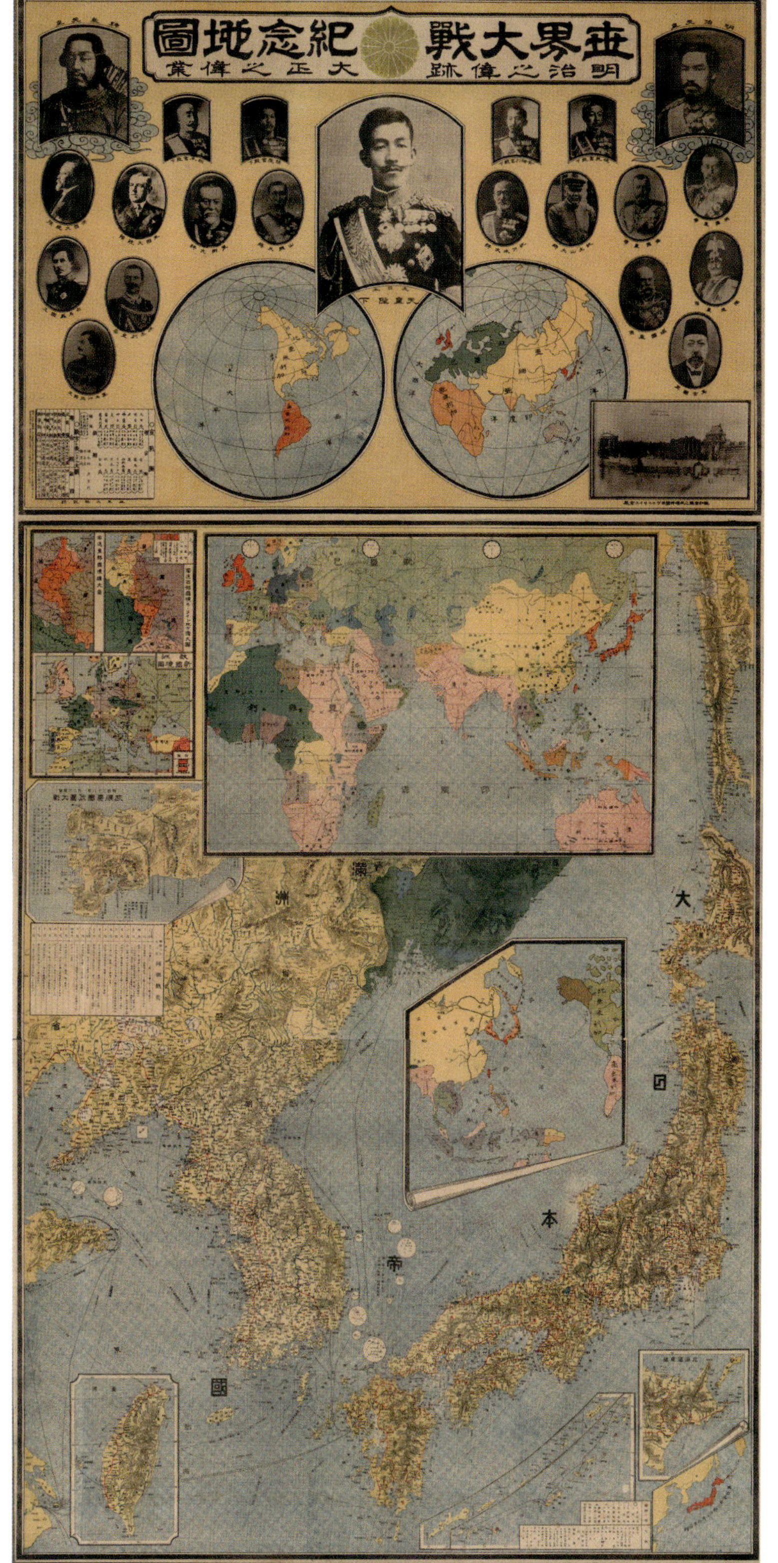

◂ 纪念日本参与第一次世界大战的地图，1918

◂（对页）先锋营在法国的 Bois de Warnimont 为约瑟夫·沃德表演哈卡舞，1918 年 6 月 30 日

岛屿战争

当美国国家探险队的威尔克斯中尉在对他所谓的“珍珠港”［在威尔克斯之前，夏威夷人称之为Wai Momi和Pu‘uloa］进行勘测的时候，大概想象不到一个世纪之后这个海湾的命运。在对珍珠港进行勘测时，威尔克斯发现，这个地方有可能成为太平洋上最重要的战略地点之一。它不仅可以为船只提供通道和保护，还拥有着因夏威夷在太平洋中的位置而带来的更广泛的地缘政治优势。甚至在夏威夷被吞并之前，美国政府在1875年签署的互惠协议中便已经对珍珠港的这一优势采取了行动。在那份与卡拉卡瓦政府签署的协议中，美国政府允许夏威夷将糖卖至美国市场，作为回报，夏威夷要让美国海军进入他们称之为珍珠港的地方。

第一次世界大战之后，日本的地缘政治野心继续膨胀，并逐渐扩张至美国在太平洋的利益范围之内。除此之外，还有美国对日本及其人民持续的种族歧视，例如针对希望在美国定居的日本移民的严厉移民政策。这也是美日关系中一个额外的、不断发展的纷争因素。随着日本在1941年12月对美国发动袭击，紧张局势演变成了战争。初次袭击的焦点便是1841年被威尔克斯定义为太平洋战略中心的Wai Momi，也就是当时的美国海军基地珍珠港。日本对珍珠港的袭击只是一个开始，自此之后，日本全身心地投入了旨在扩大其在西太平洋和亚洲大陆的地缘政治影响力和战略资源基础的战役中。按照这样的发展趋势，日本将会一路攻占太平洋内的诸多岛屿，一直到南面的澳大利亚。

这场战争为太平洋岛屿带来了前所未有的大规模冲突，并为太平洋的大部分地区带来了巨大的破坏和伤痛。与此同时，日本、美国和同盟国的军队也为许多太平洋岛屿带来了新的互动和新的技术文化交流。大量的后勤人员和被引进到岛屿的人员为许多太平洋文明带来了不可磨灭的影响（他们中的很多人用他们所在岛屿特有的文化诠释了自己的见闻，以及这些岛屿在即将衰落的太平洋帝国中所扮演的角色）。例如，非裔美国海军陆战队队员与太平洋岛民的接触促进了后来的独立运动，因为岛民们发现，黑色的皮肤并不会阻碍他们扮演与白人相同的角色。虽然战争结束后，美国巩固了其在太平洋上的主导地位，但是他们也为这份胜利付出了巨大的代价。和欧洲本土的冲突相比，太平洋上的冲突拖得更久，从而成为一场血腥的消耗战和越岛战。战争席卷了整个西太平洋，日本的暂时领土也一路向南扩张到了所罗门群岛。如果要阻挡日本前进的脚步，势必要牺牲数百万人的生命。而这些人中，很多都是平民。只有把战争引回日本太平洋帝国的中心——日本列岛，这场战争才会结束。于是，美国使用了一种无与伦比的破坏性力量，结束了这场战争。因为这种空前的破坏性力量而笼罩在太平洋上空的阴影，将在20世纪及之后笼罩着全世界。

▸ 1941年12月7日，日本偷袭珍珠港

广岛和长崎

美国投放的两颗威力空前的原子弹加速了太平洋战争的结束。自1942年起，美国就一直在进行“曼哈顿计划”，旨在开发第一批核武器。这些武器在1945年夏天派上了用场。广岛是第一座被轰炸的城市。8月6日，爆炸直接造成8万人死亡。3天后，又一枚原子弹落在长崎，直接造成4万人死亡。在爆炸发生后的几天、几个月和几年里，还有数千名受害者因核辐射后遗症而死亡。

轰炸发生之后，冲突很快就结束了。裕仁天皇在呼吁和平时提到了原子弹毁灭性的“残酷”力量。在第一次使用原子弹之前，大多数人无法想象它们的破坏程度以及它们在如此短的时间内造成如此大的破坏和伤亡的能力。右侧展示的地图是日本工学会绘制的，展示了广岛原子弹的破坏区域。地图中央那令人反感的黑色记号标志着被命名为“小男孩”的原子弹摧毁的区域。这一区域覆盖了广岛建筑和人口最密集的地区。

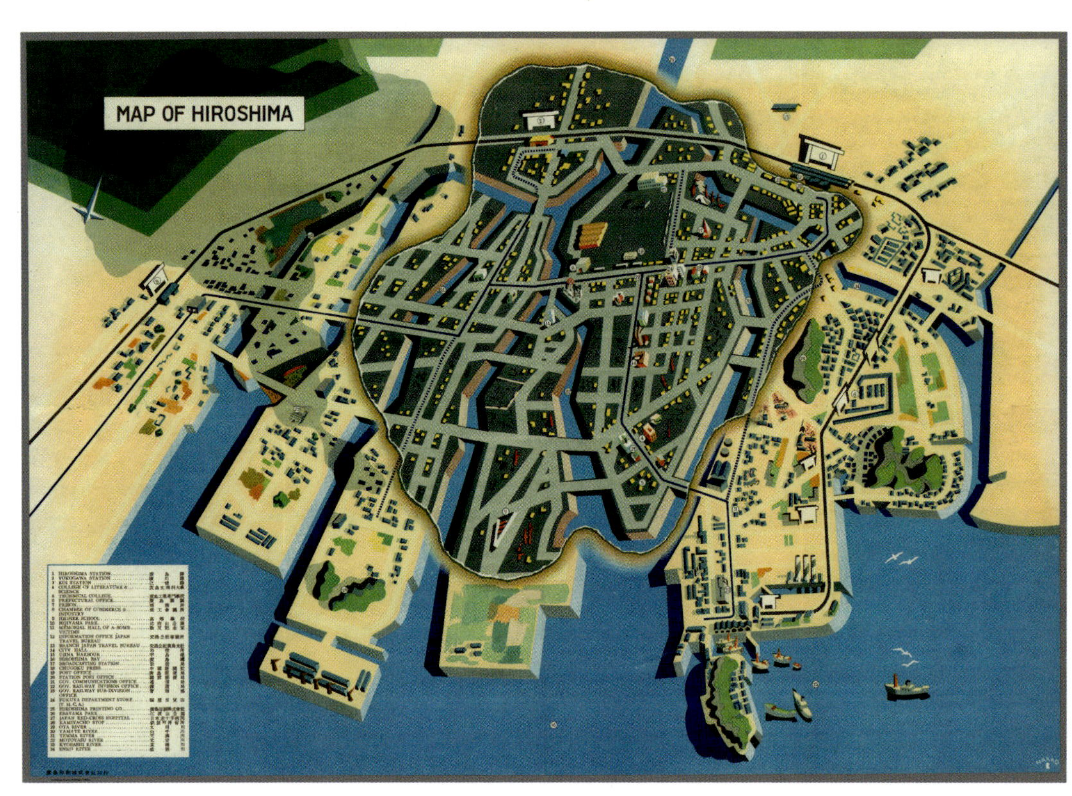

随着原子弹的投放，在太平洋及其岛屿上诞生了一个新世界，一个对核武器的使用以及对日后可能发生的升级核冲突深感恐惧的新世界。虽然从此以后，世界上大多数国家没有再受到核武器的影响，但核武器并未就此离开太平洋。相反，太平洋成为日后测试和开发核武器的舞台。而太平洋岛屿也会成为20世纪反对开发和使用核武器的核心力量（见第186—187页）。

▸ 原子弹在长崎爆炸，1947

◂ 日本交通株式会社的地图，展示了原子弹对广岛的影响，1947

◂ 从红十字医院上方看向西北方向的广岛。这些框架建筑物是最近才建成的

▾ 轰炸前后的长崎（左）和轰炸前后的广岛（右）

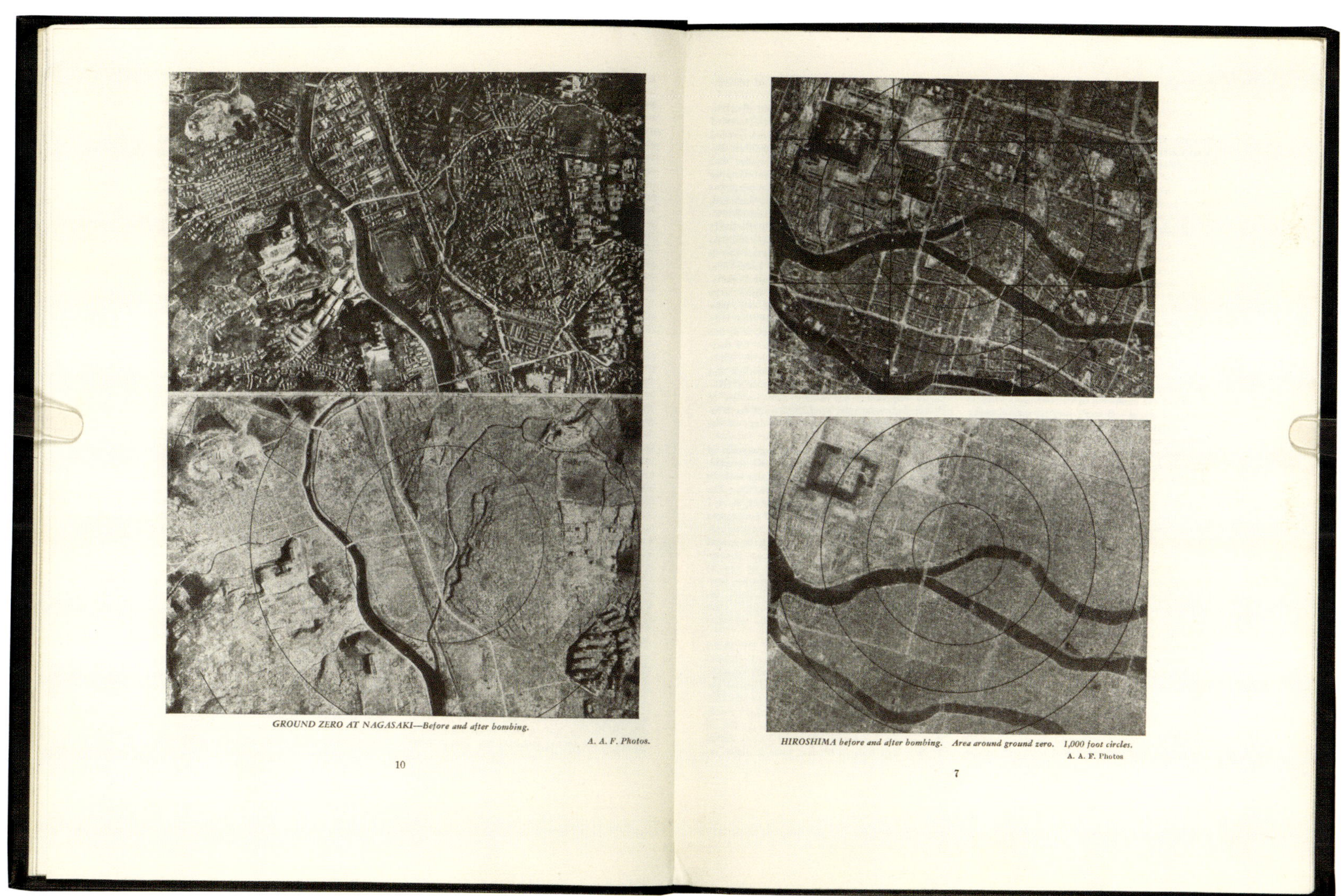

马克思主义与太平洋

第二次世界大战后，太平洋周围出现了一批社会主义国家，不管是苏维埃社会主义共和国联盟（下文简称苏联），还是中华人民共和国，都有与太平洋接壤的领地和领海。在20世纪后半叶的太平洋地区，马克思主义理论的许多观点广泛传播，但都受到了当时美国地缘政治力量的抵制。随着太平洋周围殖民主义的结束，美国人心中也升起了对太平洋周边正在发展起来的共产主义和社会主义国家的恐惧。虽然这样的局面为美国和像联合国这样的国际组织扩大自身影响力提供了机会，但是去殖民化的过程是很复杂的，充满了争议，而且会受到多种因素的影响。倾向于社会主义的政治思潮与试图通过民主或专制的政治制度来影响太平洋岛屿的思想并驾齐驱，而在太平洋战争的影响下，菲律宾群岛、爪哇岛和其他地区的共产主义团体对日本和美国的殖民主义发起了抵制运动。美国以及其他很多国家的外交政策都表现出了对这种发展势头会在东亚形成多米诺效应的担忧。这种担忧背后的逻辑是，如果东亚有任何国家转向共产主义，那么便会在亚洲大陆的其他国家中产生级联效应，从而延伸至印度尼西亚群岛、密克罗尼西亚群岛以及更广阔的太平洋。而这种情况反过来又会导致美国和其他国家卷入20世纪五六十年代的持续冲突。这些都意味着，对于太平洋上的政治变化，各国的态度是十分谨慎的。

太平洋岛屿上的社会主义国家的前景可以说更为复杂。苏联认为，很多波利尼西亚和美拉尼西亚岛屿以及它们先前的社会政治结构是欧美列强进行殖民主义和资本主义侵略的受害者。对页展示的这本与众不同的书籍便体现了这种观点。这本由彼得格勒州出版社在1923年出版的《太平洋故事》（*Tihookeanskie Skazki*）是1916年出版的德国著作《南海传说：澳大利亚、新几内亚、斐济、加罗林群岛、萨摩亚、汤加、夏威夷、新西兰》（*Südseemärchen: Aus Australien, Neu-Guinea, Fidji, Karolinen, Samoa, Tonga, Hawai'i, Neu-Seeland*）的翻译和删减版本。我们不知道《太平洋故事》的出版是否得到了原作者的同意和支持，但很显然，苏联的修订版本迎合了当时苏联的知识和审美倾向，因此才出现了如此引人注目的建构主义扉页。

我们很难判断《太平洋故事》这本书的确切目的，但值得注意的是，它是彼得格勒州出版社的作品。彼得格勒州出版社成立于1917年俄国革命之后，是早期建构主义运动重要的出版商，主要致力于在苏联促进人们对共产主义和马克思主义原理产生更深刻的理解。在这样的标准下，《太平洋故事》仿佛是个局外人，但很多苏联人认为，它所提及的殖民主义和资本主义之前的太平洋岛屿，更接近符合共产主义信仰的“自然”政府的状态。在这种情况下，我们可以认为，这本书其实是为了帮助人们理解一个削减了资本主义的结构和历史的世界，以便为共产主义思想创造认知空间。简而言之，虽然多米诺效应不会像美国政策制定者担心的那样成为现实，但是民主资本家们并不是20世纪唯一一群想要为太平洋岛屿的未来代言的人。

▸《太平洋故事》扉页，1923

太平洋上的阴影

虽然投放在广岛和长崎的原子弹是武装冲突中唯一使用过的核武器，但它们并不是仅有的两枚在太平洋上空爆炸的核弹。很多世界强国，尤其是美国，利用太平洋水域和陆地来测试爆炸当量更大的后代原子武器，并借此考察核武器的后效、蘑菇云对周围飞机的影响以及许多其他因素。于是，太平洋岛屿及其周围区域遭遇了大量的核试验。

自 1952 年起，美国在属于马绍尔群岛的埃尼威托克环礁（Enewetak Atoll）进行了大量的核试验。对页展示的地图就是在同年发表的。这类绘制了大圆距离的地图本是为了方便飞行员标出点与点之间的最短距离，现在却为那些在埃尼威托克环礁进行核试验或观察核试验的人所使用。在接下来的数十年里，埃尼威托克环礁经受了几十次核试验，总爆炸当量超过了 3000 万吨。这样的后果是，岛上生态的破坏，环礁景观的重塑（建造了一个大型的水泥圆顶屋来存放高放射性物质）以及以埃尼威托克环礁为家的、流离失所的岛民。因为埃尼威托克环礁属于 1947 年战争后建立的太平洋群岛托管地（Trust Territory of the Pacific Islands）◆，所以美国获得了强行驱逐岛民的合法权利。美国利用这一权利来降低环礁的人口，这样环礁就能被用作核武器试验场。这一时期，很多太平洋岛屿以及澳大利亚的沙漠都因测试新一代核武器及其效果而遭到强占。由于缺乏对来自核武器的放射性尘降物的长远影响的了解，核试验所造成的生态破坏变得愈加严重。因此，任何返回试验场的人都会患上退行性疾病，并且会将这种疾病遗传给后代。无计划地清理核试验产生的废料和有毒材料（通常是迫于国内和国际政治以及外部组织的压力）让这些问题变得更为糟糕。即便到了 21 世纪，那些试图强制核试验国家执行清理行动的案件仍在继续。

这种破坏对太平洋的健康、经济、政治和文化都产生了挥之不去的影响。同时，这种破坏也

◆ 太平洋群岛托管地，是联合国委托美国于西太平洋密克罗尼西亚群岛的一个托管地区，美国对该地区实行实际控制，直至 1994 年 10 月帕劳宣布独立为止。

▲ 电影《哥斯拉》海报，1954

▶《埃尼威托克环礁的大圆距离和方位角》，1952

产生了很多在20世纪具有标志性意义的政治和环境运动，例如为了应对美国政府在北太平洋阿姆奇特卡岛（Amchitka Island）的核试验计划而成立的核裁军运动（Campaign for Nuclear Disarmament）与绿色和平组织。除了这些文化现象，人们还做了很多努力来清晰表达核试验的恐怖，并帮助理解这些试验和原子弹的破坏力。美国在比基尼环礁进行核试验期间，日本远洋鲔鱼渔船“第五福龙丸”受到了试验区核辐射尘降物的污染。面对发生在“第五福龙丸”船员身上的可怕影响以及投放在广岛和长崎的原子弹所产生的持续影响，人们需要一个表达的出口。于是，隐喻核武器破坏力的哥斯拉应运而生。在制片人田中有幸看来，哥斯拉体现了投在日本境内的原子弹的破坏性影响，以及“第五福龙丸”的船员们所遭遇的恐惧感，因此这个电影怪物一定会在日本一炮而红。出乎意料的是，（重剪版的）电影《哥斯拉》竟然对美国制片人和观众也极具吸引力。

在过去几个世纪里，核武器几乎没有改变帝国和外国势力与太平洋的交往方式，但是它们带来了死亡、疾病和环境破坏。原子弹改变的只是作战速度和破坏的规模。

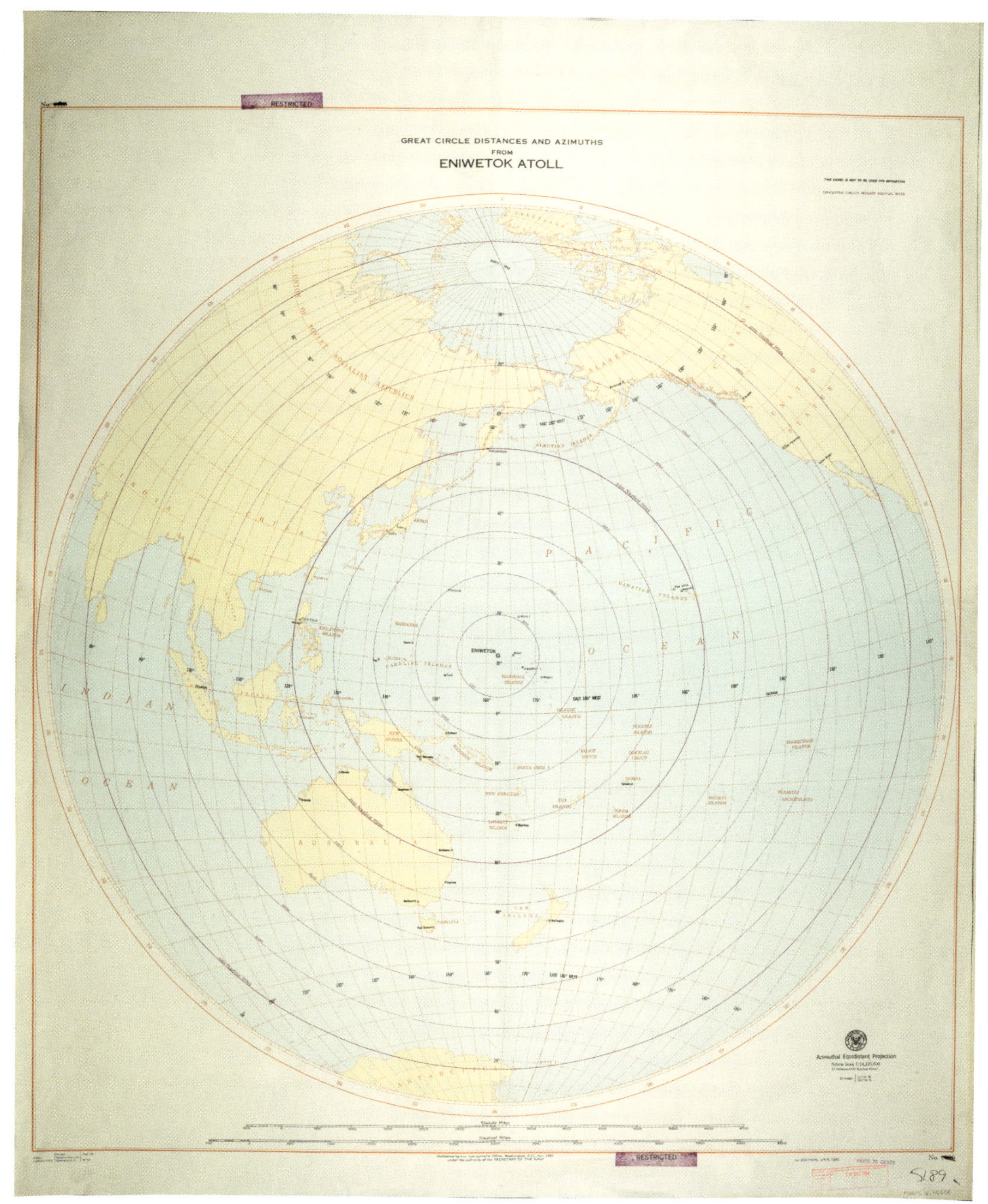

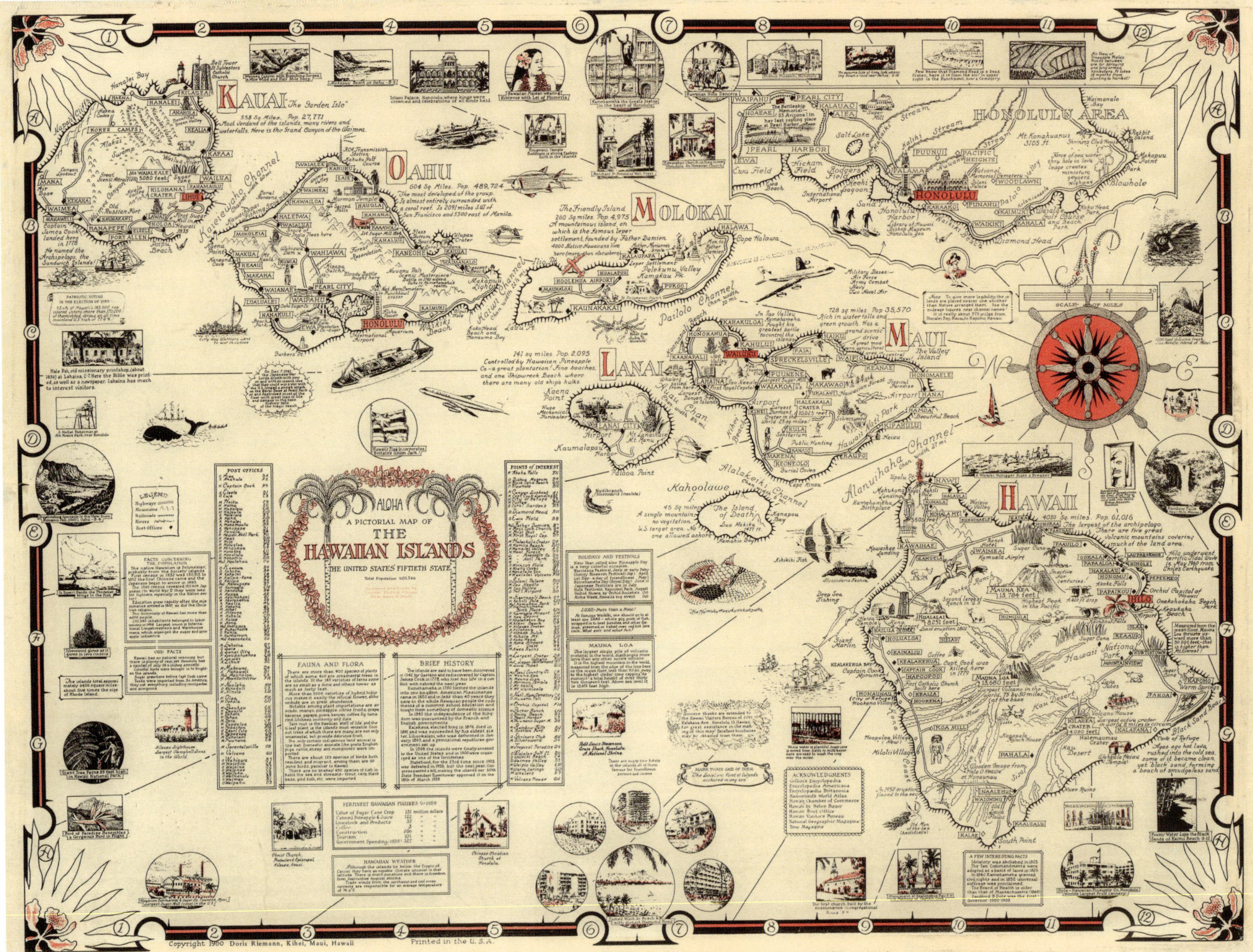

ALOHA
A PICTORIAL MAP OF
THE
HAWAIIAN ISLANDS
THE UNITED STATES' FIFTIETH STATE
KAUAI "The Garden Isle"
558 Sq Miles. Pop. 27,771
Most verdant of the islands, many rivers and waterfalls. Here is the Grand Canyon of the Waimea.
OAHU
604 Sq Miles. Pop. 489,724
The most developed of the group. Is almost entirely surrounded with a coral reef. Is 2091 miles S.W. of San Francisco and 5300 east of Manila.
MOLOKAI
The Friendly Island
260 Sq miles. Pop. 4,975
LANAI
141 sq miles. Pop. 2,095
MAUI
The Valley Island
728 sq miles. Pop. 35,570
Kahoolawe I.
45 Sq miles
HAWAII
4030 Sq miles. Pop. 61,016
The largest of the archipelago.
HONOLULU AREA
HONOLULU
Kaieiewaho Channel
Kaiwi Channel
Pailolo Channel
Alalakeiki Channel
Alenuihaha Channel
MAUNA KEA 13,784 feet
MAUNA LOA
POST OFFICES
POINTS OF INTEREST
FAUNA AND FLORA
BRIEF HISTORY
PERTINENT HAWAIIAN FIGURES for 1959
HAWAIIAN WEATHER
ACKNOWLEDGMENTS
A FEW INTERESTING FACTS
HOLIDAYS AND FESTIVALS
LEGEND
SCALE OF MILES
Copyright 1960 Doris Riemann, Kihei, Maui, Hawaii
Printed in the U.S.A.

第五十个州

作为日本削弱美国军事力量的重点打击对象，夏威夷在第二次世界大战中扮演了重要角色。尽管如此，夏威夷在战争期间及战后一直都是美国的枢纽。美国在太平洋上的势力范围不断扩大，更不用说美国努力地想要遏制共产主义在东亚或太平洋岛屿上的潜在扩张——这些都意味着夏威夷将继续成为美国在太平洋布局的中心。然而，夏威夷仍是一处被吞并的领土，因此对于美国联邦政治和行政管理来说，它始终处于一个边缘化的位置。

岛上很多人都希望夏威夷能成为美国的一个州，从而享受连带的美国政治影响力。毕竟在当时，美国的政治影响力对各岛屿都产生了重大影响。成为美国的一个州会重塑夏威夷群岛上的很多法律，然而最重要的是，成为一个州会削弱在19世纪晚期一系列事件后所涌现的既得利益集团。这些既得利益集团必然都是殖民主义团体，包括控制了岛上制糖业和其他经济的美国白人种植园主。这些种植园主是夏威夷成为美国一个州的主要障碍。除此之外，那些完全反对美国，认为吞并夏威夷并不合法并努力寻求独立的人们也是反对夏威夷成为美国一个州的主力军。美国大陆的政治较量也起到了一定的作用，许多民主党人不愿意承认一个他们认为会倾向于共和党的州。

尽管如此，到了20世纪50年代，夏威夷的政治势头还是朝着成为美国一个州前进的。考虑到夏威夷岛屿在太平洋中的特殊地理位置，其在美国于该地区的势力布局中所扮演的核心角色，以及它们对种植园农业和旅游业的经济价值，夏威夷成为美国一个州是非常具有可能性的结果。此外，20世纪发生的一系列其他事件——例如美国对欧洲帝国解体的推动，以及联合国正在探索的支持小国家独立的组织结构——意味着在现实层面，夏威夷只有两条路可走：要么成为美国的一个州，要么独立。随着美国大陆政治问题的解决（支持民主党的阿拉斯加作为一个新的州在夏威夷之前加入了美国联邦政府），以及夏威夷群岛上发起的一场组织严密的投票运动，美国自1959年8月，在太平洋中心有了一个自己的州。

鉴于夏威夷成为美国一个州的道路十分艰难，因此后续出现的促进夏威夷州地位的各项行动便也不足为奇了。投票之后，涌现出了很多像对页所展示的这种地图。这些地图表面上是为了促进群岛的经济发展和旅游业发展，同时也描述了夏威夷群岛和美国其他区域独特（且长久）的关系。根据历史发展，废除夏威夷的君主制是一个必然结果，因为在美国的观念中，君主制是多余的，但多尔就任总督却是毫无问题的。最后一招是1959年的“爱国投票”。投票结果表明，93%的参与者一致支持成立夏威夷州。然而事实并非如此，因为没有投票的人群主要是夏威夷的本土居民。

◂《阿罗哈：美国的第五十个州——夏威夷群岛的图片地图》，1960

原住民的声音和回忆

虽然传教士、殖民地官员以及其他外来人员努力地记录然后移除本地岛民的文化遗产，但是到了20世纪，仍然有很多本土学者继承、传扬着太平洋岛屿充满活力的传统和历史。这一时期出现了一个明显的转变：越来越多的本土学者以自己的名义发表关于本土历史和理论的著作，而不是像朗卡赫克与乔治·格雷那样。这种转变是非常重要的，因为它表达了对当地文化的历史、传说和记忆的掌控，与20世纪原住民重申其对太平洋岛屿土地控制权的主张是相辅相成的。正如传教士、格雷和其他人所证明的那样，文化记忆的剥夺是将人们从他们所在的土地上剥离开来的重要组成部分。

女王萨洛特·图普三世（Sālote Tupou Ⅲ）的教化和统治便是一个极好的例子。萨洛特·图普三世时期的君主立宪制是从统治了汤加数百年的图依汤加帝国演化而来的。汤加只是一个英国的保护国，它的众多岛屿从未被殖民过。这一点是定义汤加世界（尤其是在20世纪的世界）地位的重要因素。在这种情况下，像萨洛特·图普三世这样的统治者在保持岛屿的传统记忆上发挥了重要作用。在她统治期间，王庭资助了艺术、历史和考古学的发展。萨洛特·图普三世自己也是诗人和词曲作家，她的作品着重描写汤加的生活、历史和君主制所扮演的角色。因此，当汤加在1970年脱离保护国的状态时，汤加的国家特性是连贯且独立的，汤加的君主制也受到了积极的认同。

许多太平洋岛屿并不能像汤加一样在殖民时期保持自己的传统和历史。像新西兰和夏威夷这样的岛屿便遭受了文化记忆以及前面所提到的文化记忆所有权的侵蚀。不过，这些岛屿上仍旧有一些人传承着本土的传统以及口口相传的历史和传说，并且努力地为后代保存着这些知识。玛丽·卡薇娜·卜奎（Mary Kawena Pukui）是一位夏威夷本土学者，她在1938—1961年就职于毕夏普博物馆（Bernice Pauahi Bishop Museum）。在此期间，她从夏威夷社区中搜集了大量的历史故事和传说，还合著并出版了有关夏威夷地名的书籍和一部夏威夷英语词典。记录地名是一项非常重要的工作，因为用殖民时期的名字覆盖夏威夷景观原有的名字也是剥夺原住民在其土地上的公民权的一种体现。对于那些非常看重命名，每个名字都有其重要意义的文化来说（例如夏威夷），这一点尤为正确。

萨洛特·图普三世和玛丽·卡薇娜·卜奎等人的作品孕育了各种思潮和知识批判。与此同时，他们的著作也支撑了去殖民化运动和原住民在自己的土地上重申岛民政府的主张，从而让世界从原住民的角度看到了不一样的太平洋岛屿。

▸ 女王萨洛特·图普三世的摄影肖像

太平洋的土地权

20世纪，太平洋许多地区遭到了殖民政府和殖民管理的侵蚀，但是对于有些太平洋岛屿来说，它们所经历的，不仅仅是被侵蚀——它们的岛民不仅被剥夺了土地，还被剥夺了参与治理岛屿的政治进程的权利。前面我们已经详细地讨论过夏威夷的情况，然而夏威夷并不是唯一一个不仅建立了殖民政府，还被殖民政府纳入更大移民国家版图的岛屿。如今属于加拿大的不列颠哥伦比亚省的温哥华岛本是12个第一民族◆部落的家园，但是自从19世纪哈德逊湾公司在岛上建立工厂开始，这些部落便遭到了驱逐。

被迫离开祖先留下的土地意味着，诸如温哥华岛这样的岛屿上的当代社区不会再像以前一样拥有对岛屿以及周边海域的政治和文化控制权。这些岛屿在国家制定决策的过程中常常被边缘化，而这些政策往往会影响这些岛屿当前（和以前）部落的土地和水域的持续性发展，例如输油管道的布置和捕鱼定额的分配。更重要的是，还有一种普遍的观点认为，原住民群体已经放弃了对岛屿土地的所有权，这些岛屿现在属于殖民政府和这些国家的白人群体。

为了抵制这一情况，上文提到的玛丽·卡薇娜·卜奎等人努力保护的历史和知识，以及传播这些故事，用这些故事颠覆殖民历史的行为就变得尤为重要。劳伦斯·保罗·尤克斯瓦鲁普敦（Lawrence Paul Yuxweluptun）是一位具有奥卡诺根（Okanagan）和海岸萨利希（Coast Salish）血统的艺术家。他用自己的艺术来鼓励人们改变对本土历史和当代本土政府的看法。他的作品融合了本土和殖民主义的艺术传统，常常聚焦于岛屿的土地和主权问题。例如他会用“占有的仪式”这样的标题，用殖民时期的

风格来表达原住民与探险家、商人及殖民政府在主权问题上的作用具有同样的重要性。

像尤克斯瓦鲁普敦这样的艺术家也会重新关注殖民主义对于本土文化的看法。《无名画作——长屋的内部景象》(Untitled Drawing-Longhouse Interior)这幅画便是从几何角度描绘了一间长屋◆◆内部的景象。这幅画和韦伯这样的殖民画家的作品十分相似，只不过尤克斯瓦鲁普敦重塑了画面的场景。尤克斯瓦鲁普敦的作品并不是对空间和文化进行扁平的还原，而是充满了活生生的第一民族文化特性，为观众提供了深入的文化视角。为了做到这一点，尤克斯瓦鲁普敦打破了殖民时期的滤镜，采用了一种充满灵性的本土透视法。通过这种风格，尤克斯瓦鲁普敦强调了自己作品的中心思想：岛民和其他原住民先于殖民文化，他们将持续影响人们对这些岛屿的理解以及这些岛屿未来的运作方式。这些都是太平洋岛屿去殖民化进程的重要组成部分，同时也影响着我们对太平洋岛屿的想象。

◆ 第一民族（First Nations），指的是今加拿大境内的北美洲原住民，除因纽特人和梅帝斯人。

◆◆ Longhouse，美洲原住民的一种住宅。

▲《无名画作——长屋的内部景象》，劳伦斯·保罗·尤克斯瓦鲁普敦

◄《努特卡湾一所房子的内部景象》，约翰·韦伯，1778

航海家

在本书中，反复出现了一个主题：对于太平洋岛屿社会来说，与太平洋的关系是至关重要的。而对于波利尼西亚文化群体来说，这种关系尤为重要。在接触了来自太平洋外的船只后，波利尼西亚的航海家们通过捕鲸船、商船等在世界各地航行，从而形成了像奥特亚罗瓦和拉帕努伊岛这样的定居点。但是到了 19 世纪，这种长途航海已走向衰弱。值得注意的是，殖民主义对航海的态度也削弱了波利尼西亚造船技术和海上寻路技术的重要性。

到了 20 世纪，人们一直在努力重申波利尼西亚航海的历史意义、技术成就和跨越太平洋的潜力。在这个过程中，最重要的一艘船可能就是去过很多地方的、老式波利尼西亚小船（双壳船）的复刻版库库利亚号（Hōkūle'a）了。库库利亚号的设计师艺术家赫伯·凯恩（Herb Kāne）的初衷是重振夏威夷的航海传统。1976 年，库库利亚号离开夏威夷港口驶向塔希提。在密克罗尼西亚航海家毛皮亚鲁（Mau Piailug）的领导下，这次航行全程只使用传统的航海技术。库库利亚号成功到达塔希提这件事凸显了波利尼西亚航海技术的潜力，同时也强调了岛屿或社区之间技术交流的重要性。在历史上，太平洋岛屿正是依靠着这种交流才变得愈加繁荣。

第一次航行结束后，库库利亚号还去了奥特亚罗瓦和拉帕努伊岛，重现了通往波利尼西亚三角形三个顶点的开创性航行。这艘船还依次去了日本和北美，进一步体现了太平洋上那早在欧洲人入侵之前就已存在的联系。这些联系都是通过波利尼西亚传统的海上寻路技术实现的。库库利亚号向我们展示了太平洋上的互联性以及对太平洋的文化互动和历史不同的理解方式，这和我在本书中多次表达的观点是一致的。

2014 年，库库利亚号的姐妹船希卡利亚号（Hikianalia）开启了一场为期三年的环球旅行，让寻路技术走向更广阔的天地。这趟旅行的名字叫作“守护我们的地球家园”（Mālama Honua），它强调了波利尼西亚人具有和殖民时期的船只 / 船员一样的航海能力。为此，航海家们还立下了军令状。这项任务的目的是摆脱在西方航海史的推动下，以及在西方殖民主义的支持下而产生的一种消费型和破坏型世界观，同时倡导一种关心、尊敬地球、海洋以及靠海而生的各国人民的价值观。

◂▸ 航行中的希卡利亚号

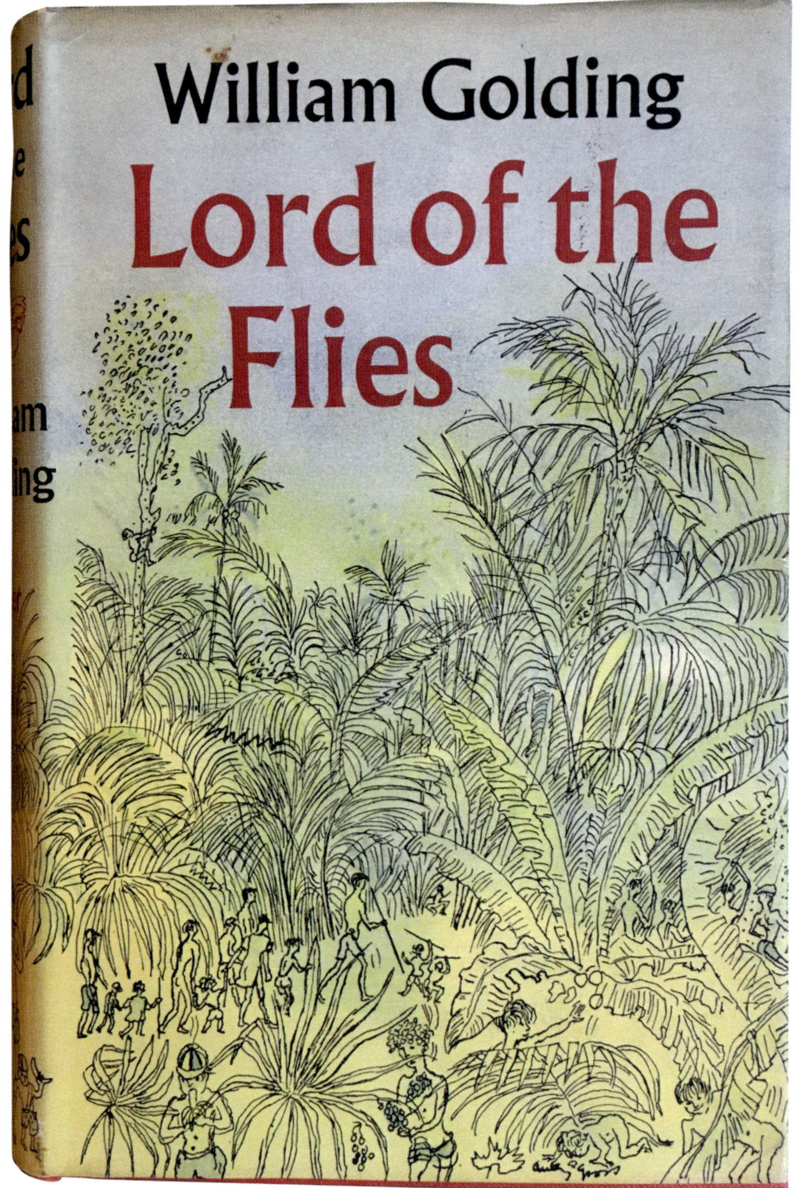

▲ 戴蒙《科科斯岛：一个充满了鲜血与财富的岛屿》的封面（左）和戈尔丁《蝇王》的封面（右）

神秘岛屿

到了20世纪，太平洋岛屿已经深深地融入了欧美文学和欧美更广泛的文化中。在18—19世纪的英语小说中，有很多开创性的作品使用海滩、荒岛、荒岛求生这样的主题来推动小说的情节发展，激发那些没有见过太平洋的读者的想象力。这种趋势一直持续到了20世纪，并进一步受到当时在太平洋上发生的事件的影响。威廉·戈尔丁（William Golding）《蝇王》（1954）中的故事就发生在一处遥远的太平洋岛屿上，为男孩们陷入混乱的谋杀的深渊提供了一个郁郁葱葱又焦虑的背景。戈尔丁的太平洋岛屿的设定，是基于前几个世纪的文学想象。在戈尔丁早期的稿件中，这一设定还涉及更广泛的太平洋问题和全球问题。虽然在最终稿中，戈尔丁只是间接提到了一场仍在进行中的战争，但在初稿中他曾提到这场战争中的核问题。

20世纪后期，不管是真实的太平洋还是想象中的太平洋，都对电影领域产生了重大的影响，尤其是太平洋那令人充满遐想的地理环境。人们对太平洋上与世隔绝的荒岛的想象，为《荒岛余生》（2000）这样的电影提供了场景。这部影片讲述了汤姆·汉克斯在一次飞机失事后被隔绝在太平洋岛屿上的故事。太平洋上的众多火山岛，例如夏威夷和南美海岸的那些岛屿，也为20世纪的文学想象提供了土壤。在迈克尔·克莱顿（Michael Crichton）的小说《侏罗纪公园》（1990）中有一座名叫努布拉岛（Isla Nublar）的太平洋岛屿。努布拉岛是一个奇妙的世界，岛上到处都是复活的恐龙。这些恐龙将被关在笼子里，以供未来的游客赏玩。根据克莱顿的小说和续集的描述，努布拉岛的位置就在哥斯达黎加海岸附近，与现实生活中的科科斯岛十分相似。科科斯岛耸立在太平洋中，岛上山势陡峭，覆盖着浓密的植被，经常被笼罩在云雾之中，是克莱顿笔下失控的动物园的理想设定。于是，克莱顿也和前几个世纪的作家一样，通过关于太平洋岛屿的记叙、故事、地图和照片来获取文学灵感。

《侏罗纪公园》最有趣的部分在于，书、电影和太平洋岛屿之间那复杂又多层次的关系。科科斯岛是克莱顿的灵感来源，但是对于电影的拍摄来说，它并不是一个合适的地点。于是，制片方使用了一个更容易靠近的，有着陡峭的火山崖和令人流连忘返的气候模式的岛屿作为替代。这个岛屿便是夏威夷的考爱岛（Kaua'i）。有趣的是，在20世纪的文学想象中，太平洋上的岛屿人口是非常稀少的。《蝇王》中的故事发生在一个荒岛上（虽然猪的存在暗示了过去有某种形式的旅行者在岛上定居过），《侏罗纪公园》也是如此，而根据小说翻拍的电影也选择了人口稀少的夏威夷作为斯皮尔伯格拍摄横冲直撞的恐龙的地点。英语文学和英语电影全然不顾原住民的存在和作用，继续将太平洋视为可以肆意想象的地方。在20世纪，不管是书籍还是炸弹，都减少了太平洋岛屿上的人口。

冲浪太平洋

1769年5月，与詹姆斯·库克那艘追踪金星凌日的“奋进号”一起旅行的约瑟夫·班克斯爵士看到了一件他认为十分了得的事情。根据他在日志中的描述：“在拍岸的白浪中间，有10–12个印第安人在游泳。只要附近有浪花冲过来，他们就会毫不费力地潜入水下，然后在另一边冒出来。他们主要的消遣是坐在旧独木舟的船尾，带着这艘船游到浪花最外面的突破口，然后两个人中的一个人会冲入水中，迎着浪花的末端以令人难以置信的速度冲进去。有时候他们几乎被冲到岸边，不过通常还没走到一半，浪花便会将他们淹没。在这种情况下，他们就会潜入水中，然后拿着独木舟迅速地从另一边冒出来，再重复刚才的过程。”

班克斯和当时很多欧洲人一样水性很差，因此在目睹如此新鲜的事物后，班克斯在自己的描述中详细地记录下了冲浪的技巧和乐趣。然而，班克斯对冲浪运动的描述并没有像欧洲人对波利尼西亚人身体特征（例如文身）的描述那样激起大众对这种水上运动的热情。

到了19世纪，随着越来越多的欧洲人和美国人来到夏威夷，这种状况发生了改变。从19世纪60年代开始，越来越多的游客和定居者在夏威夷冲浪，然后便迷上了这项运动。19世纪60年代，马克·吐温在夏威夷旅行时被岛上居民“冲浪浴”（他称之为“冲浪浴”）的优雅所吸引，于是决定亲自尝试一下，然而尝试的结果却并不优雅。他在《艰苦岁月》（*Roughing It*）中写道：“我的冲浪板位置是对的，时机也是对的，但没有把握住它们之间的关联。冲浪板只用了3/4秒的时间便撞到了岸上，当时板上没有任何东西。而我撞到了船底，肚子里大概灌了两桶水。”据说马克·吐温再也没有尝试过冲浪，但是很多人对此乐此不疲。夏威夷的许多殖民地俱乐部开始把冲浪运动纳入他们的海洋休闲活动之中。这代表着人们对待冲浪的态度已经发生了转变。18世纪到19世纪早期，传教士和其他殖民人士是不鼓励冲浪的，因为冲浪是一项早于基督教的波利尼西亚传统。

欧洲和美国的殖民文化对冲浪运动的容纳和吸收对20世纪产生了巨大影响。如今，冲浪运动已经发展出自己的亚文化，对许多国家中上一代人定下的规范提出了挑战，同时也在全球范围内催生了保护海洋的环保运动。然而，虽然冲浪运动重现了波利尼西亚的文化传统，现在它的专业组织中也有很多来自太平洋的代表，但是20世纪的冲浪文化与太平洋上的殖民行为有着密切的关系。因此，虽然冲浪反映了太平洋岛屿对世界各地的日常生活的重要影响，但它的扩张并不一定是由岛民自己推动的。

▸（上）马克·吐温《艰苦岁月》中的插图：冲浪的女人（左）与吐温笔下失败的冲浪经历（右）的对比

▸（下）韦伯的《夏威夷的卡拉卡酷阿的风景》，描绘了前景中的一位冲浪者，1784

科学殖民主义

太平洋上科学知识的进步与欧洲人对太平洋的探索和殖民有着密切的关系。18 世纪，詹姆斯·库克、约瑟夫·班克斯爵士和奋进号的船员们被派往塔希提绘制金星凌日图。这次著名的远征为太平洋上的科学探索奠定了基石。从那以后，大多数探险队，哪怕没有一整个科学团队，也都会携带部分科考元素，就像查尔斯·达尔文、詹姆斯·德怀特·达纳等科学家所在的环太平洋探险队一样。将詹姆斯·达纳带到太平洋的美国国家探险队对太平洋进行了非常严肃认真的考察，这与 19 世纪美国在太平洋的扩张是同步的。如前文所述，威尔克斯探险队因为斐济的流血事件和绘制珍珠港地图等对太平洋岛屿产生了长期的影响，这种影响一直延续到了 20 世纪及以后。威尔克斯对珍珠港等地区的勘测奠定了美国在接下来的一个世纪对夏威夷的行动，因此从很多方面来说，夏威夷是这种影响的主要冲击对象。还有一个因威尔克斯的行为而受到长期影响的地方是哈雷阿卡拉火山（Haleakalā）。威尔克斯在茂宜岛（Maui）进行考察的时候，曾攀上哈雷阿卡拉火山并对其进行了勘测。

哈雷阿卡拉的意思是“太阳之家”。根据夏威夷传说，这里是半神毛伊的祖母的家。他们两人都致力于捕捉太阳，从而减缓太阳在天空中的旅程。对于夏威夷人来说，哈雷阿卡拉火山是一处圣地，自威尔克斯攀登并测绘了这条山脉及山上的火山口后，人们逐渐开始不再像过去那样尊重这一圣地。也有人说，威尔克斯打开了亵渎圣地的口子。如今，哈雷阿卡拉火山成为美国国家公园的一部分，吸引着大量的游客，也设立了越来越多的科学天文台。之所以在哈雷阿卡拉设立天文台，第一是因为火山口常见的大气状态，第二则是因为这里没有不利于夜晚观测的侵入性光污染。对于天文学家和其他科学家来说，这些天文台是全球科学研究珍贵的一部分，能帮助我们更深地了解周围的宇宙。对于夏威夷人来说，这些天文台以及建造的新的大型天文望远镜破坏了圣地的景观，违背了夏威夷人欢迎非原住民登岛的习俗。

关于哈雷阿卡拉到底是圣地还是科学考察地的讨论会一直持续下去。但需要记住的是，关于将圣地或本土遗址用作科学观察场所的争论由来已久，且充满了争议。在库克的“金星营”中，奋进号的船员们与欢迎他们登岛的塔希提岛民进行了复杂又充满竞争性的互动。虽然库克的探险队和如今的哈雷阿卡拉天文台所做的观测和科学工作为拓展人们对地球和宇宙的认识起到了宝贵的作用，但这些观测是以牺牲太平洋周围岛民为代价的。对他们来说，自奋进号后，科学的发展便逐渐亵渎了他们的圣地。

◂ 哈雷阿卡拉天文台

海洋污染

人类对太平洋及其岛屿的影响已经持续了数千年，每个群体都会为他们所栖居和使用的区域带来重大的环境变化。早期的航海家们通过土地管理和耕作，以及将入侵物种引入岛屿生态系统，直接或间接地改变了他们第一次定居的岛屿的生态系统。同样，以海洋为生的岛民参与了更多可能会改变海洋系统微妙平衡的活动，尤其是像捕鲸这样的狩猎活动。对于岛屿社会来说，这些影响是繁荣发展的必要因素，而且除了像拉帕努伊岛这样著名的例子外，大多数岛屿社会都实现了可持续发展。这种可持续发展至少在很大程度上避免了灾难性的后果和环境恶化。

然而，欧洲人入侵太平洋所引起的环境破坏却是另一种规模。试图垄断香料资源的商人们摧毁了岛屿的生物群落，并在相关岛屿上创造了濒临死亡的一元化种植生态。毛皮商人大量捕杀太平洋中的动物，而捕鲸者也把鲸类动物的数量推到了崩溃的边缘。这些影响都是由外来者为太平洋带来的政治、经济和社会结构而引起的。它们打乱了当地的交换经济，向贪婪的、根本不顾及可持续发展（如果说狩猎海獭这种行为也能用可持续的方法进行的话）的全球市场打开了通向本地商品的大门。除此之外，核武器试验也给人类和环境带来了灾难性的破坏。

20 世纪有一个特有的现象——出现了很多团体，它们致力于向公众展示人类对自然界的剥削所造成的危害，并呼吁世界为此而做出改变。这种对变革的主张与围绕着深深影响太平洋的问题而展开的各种运动是密不可分的。例如，与禁止核武器试验运动有着密切关系的绿色和平组织，也是停止在太平洋及全球范围内进行商业捕鲸运动中的关键说客。因此，这些组织在展示人类对自然界的剥削所造成的危害方面取得了重大进展，从而控制住了人类自 16 世纪以来就基本失控的贪念。然而，虽然某些方面获得了一些进展，但资本主义的习性仍旧深深地影响着太平洋，尤其是工业化的捕鱼行为和我

们使用一次性用品以及随用随丢的文化习惯。

20 世纪 80 年代第一次正式提出了“太平洋垃圾带”的说法，但是这一区域早在几十年前就已经被观测到了。这条垃圾带通常位于加利福尼亚和夏威夷之间的中点，里面的人类垃圾在环流的推动下聚集到了这里。当年，欧洲人就是借着这股环流对太平洋进行了早期的扩张。在这些垃圾中，大多数是塑料垃圾以及被拖网渔船和其他船只所遗弃的渔具。这些垃圾在洋流的作用下汇聚到了一起，占地面积约 160 万平方公里，与得克萨斯州的面积差不多，甚至比美国在奥巴马时期创建的夏威夷海洋保护区还要大一些。太平洋垃圾带的意义并不仅是一块垃圾聚集地，更是提醒了人们殖民主义和西方资本主义对太平洋的影响。移除垃圾并不是长久之计，我们必须改变自己的行为方式。

▸ 一堆消费垃圾漂浮在巴拉望岛公主港

◂ 在马里亚纳海沟底部拍摄到的一罐百威啤酒的空瓶、一个塑料袋和一罐午餐肉罐头

正在消失的海洋

在本书中，一个非常重要的主题便是太平洋岛屿上生物和人类文化的多样性。我们都知道，这种多样性是很脆弱的。入侵物种、人类社区，或者像地震及火山爆发这样的自然现象都能为岛屿脆弱的生态系统平衡带来灾难性的变化。因此我们可以预料的是，太平洋岛屿很可能会因为全球变暖和气候变化而受到严重影响。正如詹姆斯·达纳等人所阐述的那样，太平洋上的很多岛屿是一种奇迹般的存在，因为它们的形成需要经过火山作用、珊瑚礁沉积和形成的作用，以及其他一些能够独立形成岛屿基岩（或者在联合作用下形成基岩）的过程。在这些作用下形成的，散落在浩瀚的太平洋上的岛屿是很脆弱的：季风的变化会改变那些天然地下水储备很少的岛屿的降雨量；风暴和风暴潮会极大地改变岛屿的生态系统；海洋食物网络的变化也会明显影响岛屿社区赖以生存的海洋动物的迁徙模式。如今，太平洋岛屿所面临的最大威胁是气候变化。气候变化不仅更有可能引起极端天气模式和剧烈的风暴，而且这些变化本身也会危及太平洋岛屿以及它们的生态系统和社会。

这些变化不仅让岛屿变得不适宜居住，还能让它们完全消失。最近几十年中，西太平洋上的一些小岛已经因为气候变化导致的海平面上升而消失在了人们的视野中。通过测量船达特号（Dart）于1902年绘制的地图我们可以看到，在属于所罗门群岛的圣伊莎贝尔岛（Santa Isabel Island）不远处，有两个小岛，它们是拉比塔岛（Rapita）和卡卡蒂娜岛（Kakatina）。如今，它们已不复存在，淹没在了20世纪90年代到21世纪第二个10年期间上涨的海平面之下。这一时期的海平面大概上升了2.5英寸，但是对于拉比塔和卡卡蒂娜这样的岛屿来说，这个高度足以改变它们的海岸轮廓并增强海水对它们的侵蚀。然后再加上狂风和霸王潮这样的现象，这些岛屿最终消失在了地图上。拉比塔岛、卡卡蒂娜岛以及其他消失了的所罗门群岛岛屿都是一些小岛，只有渔民使用，上面并无人居住，但是它们的消失为其他太平洋岛屿拉响了警钟。在我写这本书的时候，最近发生在夏威夷和日本的恶劣天气又摧毁了两个小岛，这对两个群岛的生物多样性和领海都会产生影响。

再回到所罗门群岛。海平面和潮汐的变化破坏了岛屿的淡水资源，于是岛上的社区被迫搬迁至其他地方。这只是太平洋内和太平洋周围其他岛屿即将面临的变化的一小部分。并不是只有人口稀少的小国家才会面临这些困境。夏威夷和部分日本城市已经受到了更大、更频繁的热带风暴的影响，而太平洋上其他岛国的人口也主要居住在靠近海岸的城市里。那些生活在太平洋之外的人也需要知道，即便在当今这个帝国已基本从太平洋上撤离的时代，我们的政治、经济和日常习惯仍旧对太平洋上的岛屿和生活在岛屿上的人们有着重大的影响。只有我们所有人都对自己消费的东西和自己的生活方式负责，才能阻止更多的太平洋岛屿消失在海浪之下。

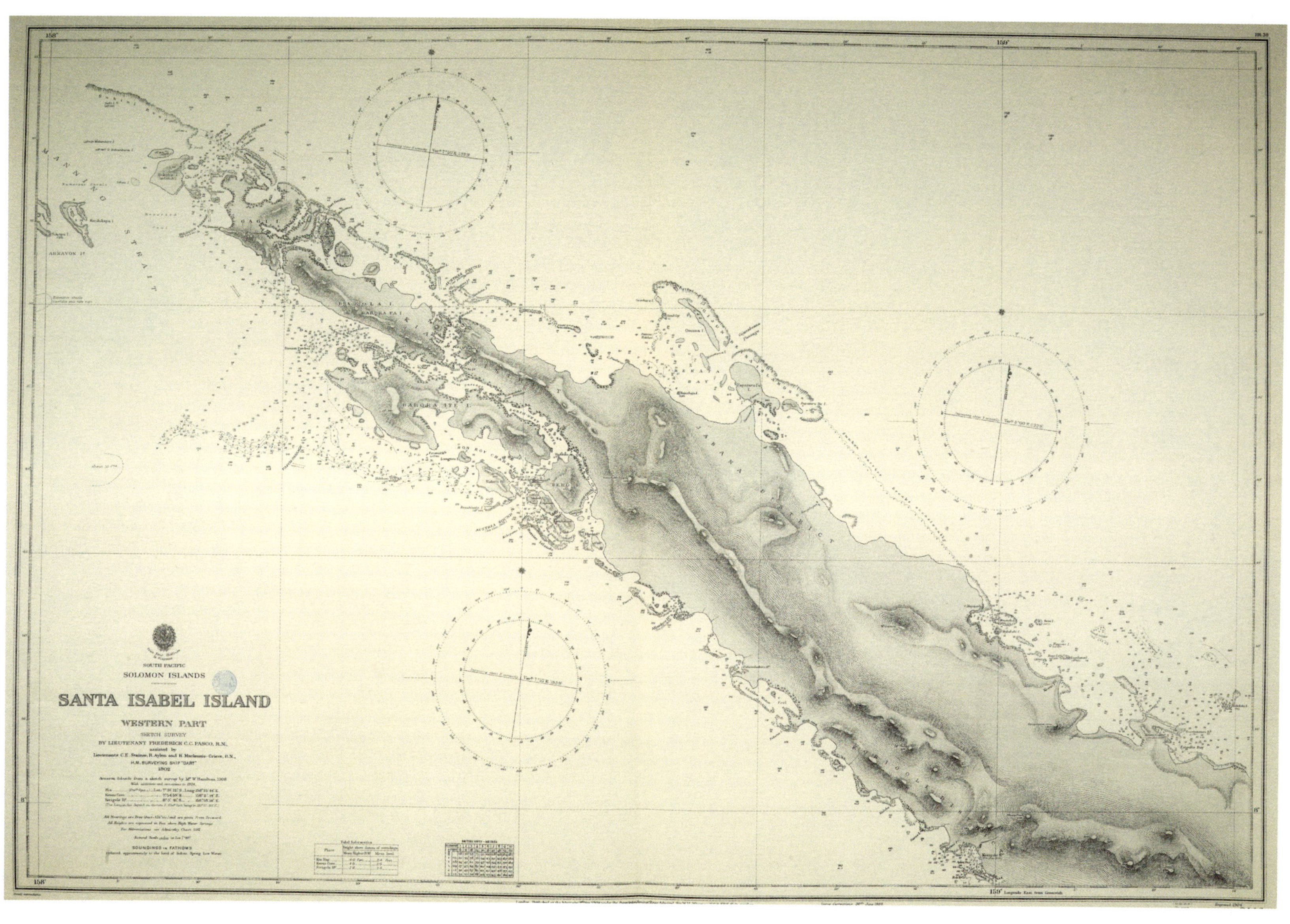

▲《圣伊莎贝尔岛西部》，根据测量船达特号 1902 年的勘测结果制作的英版海图。上面标注着最近消失的两个岛屿：拉比塔岛和卡卡蒂娜岛

结　语
太平洋纷繁复杂的局势

数千年来，太平洋岛屿一直吸引着各式各样的人群。这些人创造了一个人类与环境及自身社会相互交融的复杂网络。本书中展示的文化遗产虽然历史较短，但它们讲述了太平洋、太平洋上的岛屿、生态系统和人之间的互联历史。本书中的很多素材都来自大英图书馆的藏品。这是我经过深思熟虑后的选择。一说大英图书馆，不那么严谨的人可能会认为它是一个英语国家的知识宝库，因此肯定会突出库克、班克斯、雷利（Raleigh）等人的资料。虽然他们确实非常重要——例如约瑟夫·班克斯爵士是现在归属大英图书馆的众多藏品的创始人之一——但大英图书馆的藏品并不会因为他们而变得大一统。

即便是个人图书馆，例如班克斯的图书馆，也总是强调要收集具有全球视野的、地域广泛的、多语言和多视角的知识。自创始人去世后，大英图书馆一直延续着他们想要将这些藏品发展成多语言、跨文化收藏的愿景。当然，这些藏品难免有盲区，例如会更多地反映殖民者的观点，而不是原住民的观点，会更偏向印刷的文字而非口口相传的故事。但是这些藏品仍旧能够促使我们用不同的眼光看待世界。

在为上一本书《冰层里的航线》（*Lines in the Ice*，讲述了关于西北航线的历史和研究）做调研的时候，我一直有个疑问：为什么要去太平洋呢？这便是写现在这本书的初衷。为了寻找这个问题的答案，我挖掘了大英图书馆的许多资料，然后发现了一个会改变人们以往对太平洋看法的观点。这个观点并不是单一地讲述关于库克这样的探险家，以及大英帝国在太平洋上扩张的故事。这一观点更为复杂，更为包罗万象。大英图书馆两个多世纪以来所拥有的各种藏品覆盖了关于亚洲、欧洲、美洲、澳大利亚、太平洋岛屿以及其他更远的地方的内容。这些围绕着太平洋的国家的资料为研究太平洋上的岛屿提供了多种视角。由此而产生的新观点已尽数写于这本书中。这些观点虽然算不上权威，但搅乱了许多英语国家对太平洋习以为常的看法。很显然，太平洋并不是一个由詹姆斯·库克和约瑟夫·班克斯定义的海洋。早在欧洲人到来之前，航海家和商人们便已在太平洋上纵横往来。此外，太平洋上也有随着时间的流逝而起起伏伏的交易和文化网络。同样，太平洋这个整体也不是由波利尼西亚文明来定义的，虽然很多欧洲人仍然这样认为。

当然，不管是早期的航海背景还是后来的一系列事件，波利尼西亚文明都是太平洋岛屿独特性和互联性的重要组成部分，例如卡拉卡瓦提出的波利尼西亚联盟，如果成功的话，便会形成一个与我们如今所知道的太平洋完全不一样的岛屿海洋。但是除此之外，很显然，定义太平洋岛屿的，是所有岛屿上的岛民，例如北方的阿留申人、日本人、波利尼西亚人、美拉尼

▸《三明治群岛◆上的夏威夷部落地图》，美国国家探险队，1844

◆ 1778–1898 年，夏威夷群岛也称为“三明治群岛”。

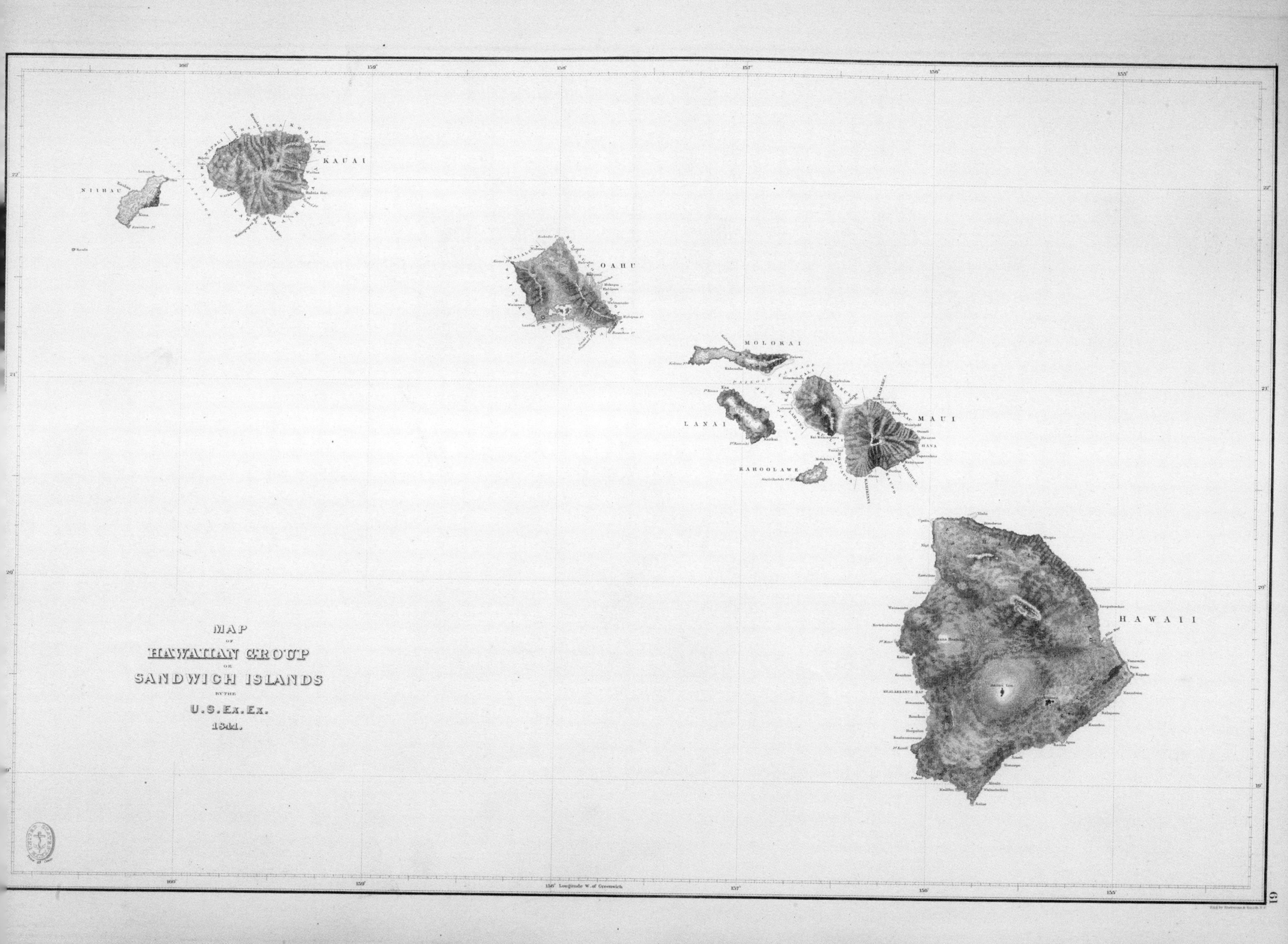
MAP
OF
HAWAIIAN GROUP
OR
SANDWICH ISLANDS
BY THE
U.S. Ex. Ex.
1841.
NIIHAU
KAUAI
OAHU
MOLOKAI
LANAI
MAUI
KAHOOLAWE
HAWAII
158° Longitude W. of Greenwich

19

西亚人，以及其他文化群体。在欧洲人到来之前，这些民族通过不同的方式相互联系着。欧洲人到来之后，原先的联系方式发展出新的方向，在某些情况下，这种联系延伸到更远的区域。这是非常重要的一点。欧洲人，以及后来美国人的到来并未戏剧性地背离太平洋的复杂性和互联性。欧洲人改变了太平洋上原本就有的部分联系网络，发展出一些新的网络，并摧毁了那些对抗他们的网络，但是太平洋及其腹地的互联性，并不是欧洲人发明的。相反，本书中呈现的物品与埃佩里·豪奥法及其他太平洋学者的观点是一致的：海洋是由岛屿定义的，海洋为这些零星的陆地提供了一个复杂的相互关联和相互交流的途径。

虽然库克和威尔克斯等人并没有创造太平洋上的互联性，但他们也确实改变了太平洋上很多岛屿的未来。他们改变了太平洋岛屿的权力平衡，引发了一系列事件，从而导致了岛屿文化的根本改变、环境的退化、疾病的蔓延和岛民的死亡。有些岛屿，例如温哥华岛和拉帕努伊岛，曾惨遭疾病、绑架和地震的蹂躏，这些事件至今仍影响着它们在世界上的地位。即便那些擅长与殖民列强合作或对抗的岛屿，例如日本和夏威夷，最终也发现自己处于一个身不由己的状态——外国势力对它们的命运以及它们周围海域的权力平衡有着重大影响。人们对库克和拉彼鲁兹这些人物的普遍记忆让许多人认为，不管是以前还是现在，太平洋上的平衡都是靠欧洲强国来维持的。事实上，当今太平洋的地缘政治主导地位是由其他人获得的：那些不那么著名的航海活动。例如美国国家探险队的远征，以及捕鲸者、捕海豹者、檀香木商人和其他从美国东海岸港口起航的人们进行的日常海上活动。

像大英图书馆这样的机构所收藏的藏品，让我们从谁平衡了该地区的地缘政治势力入手，方便深入地了解了太平洋如何成为“美国湖”的过程。我们需要理解这些藏品和它们展现的历史，因为它们不仅能帮助我们理解过去，还能帮助我们理解未来。21 世纪，太平洋的污染和环境退化是全球各国政府都需要应对的问题，所以我们必须了解我们与太平洋和其他海洋的接触史，这样才能知道到底为什么会走到今天这个地步。废弃物的产生和全球平均气温的升高始于香料贸易，随着毛皮的售卖和鲸油的燃烧而逐渐演变成了今天的状况。同样，详细了解太平洋及其周边岛屿的争议性历史能够帮助我们理解当代的地缘政治问题。此外，理解各国想要掌控战略性水道及周边岛屿的意愿，就像美国逐步控制夏威夷群岛时所表现的那样，会让我们认识到，如今太平洋局部地区的紧张局势也许也会走上同样的轨迹。

在本书中，我们还看到，来自太平洋外部或太平洋边缘的国家所挑起的政治阴谋和权力斗争也会随着时间而起起落落。美国对太平洋的影响也不是永久的，就像西班牙等其他很多国家一样。真正持久的只有太平洋岛屿上的人民和文化。很多东西都会随着贸易、移民、殖民和其他人类力量的影响而渐渐发展，但是到目前为止，岛屿之间的互联性并没有改变。然而，只有当我们这些住在更广阔世界中的人们改变我们的习惯，减少这片海洋及其人民所面临的越来越多的新环境危害，太平洋岛屿上的民族和文明才能持久地存在下去。

▸（背页）琼·马丁内斯绘制的日本和中国海岸地图，1578

T RO PICO DI CAN CRO
GIAPAN
quen Jam
nanqui
quinsai
auian
nauto
antinoza
pulomio
barbai
polin

精选书目

Andrade, T., *How Taiwan Became Chinese: Dutch, Spanish and Han Colonization in the Seventeenth century* (New York, 2007)

Armitage, D., and Bashford, A. (eds), *Pacific Histories: Ocean, Land, People* (London, 2014)

Beaglehole, J. C., *The Exploration of the Pacific* (London, 1966)

Bentley, J., *Seascapes: Maritime Histories, Littoral Cultures and Transoceanic Exchanges* (Honolulu, 2007)

Bockstoce, J. R., *The Opening of the Maritime Fur Trade at Bering Strait* (Philadelphia, 2005)

Borthwick, M., *Pacific Century: The Emergence of Modern Pacific Asia* (Boulder, 2007)

Camino, M. M., *Producing the Pacific: Maps and Narratives of Spanish Exploration, 1567–1606* (New York, 2005)

Campbell, I. C., *Worlds Apart: A History of the Pacific Islands* (Christchurch, 2003)

Chambers, N. (ed.), *Endeavouring Banks: Exploring Collections from the 'Endeavour' Voyage, 1768–1771* (London, 2016)

David, A., *The Charts and Coastal Views of Captain Cook's Voyages* (London, 1988)

Driver, F., *Geography Militant: Cultures of Exploration and Empire* (London, 2001)

Druett, J., *Tupaia: Captain Cook's Polynesian Navigator* (Santa Barbra, 2011)

Fischer, S. R., *Island at the End of the World: The Turbulent History of Easter Island* (London, 2005)

Fischer, S. R., *A History of the Pacific Islands* (London, 2013)

Flynn, D. O., and Giraldez, A. (eds), *The Pacific World: Lands, Peoples and History of the Pacific, 1500–1900* (London, 2009)

Frame, W., and Walker, L., *James Cook: The Voyages* (London, 2018)

Frankopan, P., *The Silk Road: A New History of the World* (London, 2015)

Gordon, A., *A Modern History of Japan: From Tokugawa Times to the Present* (Oxford, 2015)

Harris, P. R., *A History of the British Museum Library, 1753–1973* (London, 1998)

Hatfield, P. J., *Lines in the Ice: Exploring the Roof of the World* (London, 2016)

Hatfield, P. J., *Canada in the Frame: Copyright, Collections and the Image of Canada, 1895–1924* (London, 2018)

Hau'ofa, E., *We Are the Ocean: Selected Works* (Honolulu, 2008)

Haycox, S., Barnett, J., and Liburd, C. (eds), *Enlightenment and Exploration in the North Pacific, 1741–1805* (London, 1997)

Igler, D., *The Great Ocean: Pacific Worlds from Captain Cook to the Gold Rush* (Oxford, 2013)

Keighren, I. M., Withers, C. W. J., and Bell, B., *Travels Into Print: Exploration, Writing and Publishing with John Murray, 1773–1859* (Chicago, 2015)

Kirch, P. V., *The Lapita Peoples: Ancestors of the Oceanic World* (Oxford, 1997)

Kirch, P. V., *On the Road of the Winds: An Archaeological History of the Pacific Islands before European Contact* (Berkeley, 2000)

Lal, B. V., and Fortune, K. (eds), *The Pacific Islands: An Encyclopaedia* (Honolulu, 2000)

Lange, R., *Island Ministers: Indigenous Leadership in Nineteenth-Century Pacific Islands* (Canberra, 2005)

Lewis, D., *We the Navigators: The Ancient Art of Landfaring in the Pacific* (Honolulu, 1994)

Lidin, O., *Tanegashima: The Arrival of Europe in Japan* (Honolulu, 2002)

Mandelbrote, G., and Taylor, B. (eds), *Libraries within the Library: The Origins of the British Library's Printed Collections* (London, 2009)

Matsuda, M. K., *Pacific Worlds: A History of Seas, Peoples and Cultures* (Cambridge, 2015)

Murray, D., *Pirates of the South China Coast, 1790–1810* (Stanford, 1987)

Petersen, G., *Traditional Micronesian Societies: Adaptation, Integration and Political Organisation* (Honolulu, 2009)

Philbrick, N., *Away Off Shore: Nantucket Island and its People, 1602–1890* (New York, 2011)

Philbrick, N., *Sea of Glory: America's Voyage of Discovery, The US Exploring Expedition, 1838–1842* (New York, 2003)

Quammen, D., *The Song of the Dodo: Island Biogeography in an Age of Extinctions* (New York, 1996)

Salmond, A., *Two Worlds: First Meetings between Maoris and Europeans, 1642–1772* (Auckland, 1997)

Scarr, D., *A History of the Pacific Islands: Passages through Tropical Time* (Richmond, 2001)

Silva, N. K., *Aloha Betrayed: Native Hawaiian Resistance to American Colonialism* (Durham, 2004)

Slezkine, Y., *Arctic Mirrors: Russia and the Small Peoples of the North* (Ithaca, 1994)

Spriggs, M., *The Island Melanesians* (Oxford, 1997)

Taylor, J. G., *Indonesia: Peoples and Histories* (New Haven, 2004)

Thomas, N., *Islanders: The Pacific in the Age of Empire* (London, 2010)

Tonnessen, J. N., and Johnsen, A. O., *A History of Modern Whaling* (Berkeley, 1982)

Turner, J., *Spice: The History of a Temptation* (New York, 2008)

Van Dyke, P. A., *The Canton Trade: Life and Enterprise on the China Coast, 1700–1845* (Hong Kong, 2005)

Walker, B. L., *A Concise History of Japan* (Cambridge, 2015)

Worster, D., *Nature's Economy: A History of Ecological Ideas* (Cambridge, 1994)

致谢

如果没有《冰层里的航线》一书中提出的那些问题，这本书是无法出版的。为此，我要特别感谢大英图书馆出版社，感谢他们给予本书这次出版的机会，同时也感谢他们通过这本书给予我继续进行这项迷人研究的机会。尤其要感谢罗博·戴维斯（Rob Davies）和艾比·戴（Abbie Day）。当家庭事务和新的工作影响到我对本书的关注时，他们给予了我巨大的帮助和无比的耐心。

还要感谢大英图书馆那些给予我帮助或者吃饭的时候听我唠叨本书构思的同事。汤姆·哈珀（Tom Harper）和尼克·戴克斯（Nick Dykes）帮我解决了很多与地图相关的问题，甚至还帮我标识出了我所忽略的很多文献。哈米什·托德（Hamish Todd）和他的团队在我研究本书中关于日本的资料时，给我提供了很多帮助。还要感谢在阅读室和地下藏书库工作的同事们。写这样一本书需要很多文献和素材，感谢他们为我取来了那么多资料，如果没有他们的帮忙，这本书，以及其他很多书都无法顺利完成。

同样，出版这样一本书，出版环节也需要投入大量的精力，而这些工作常常是看不见的。艾比和罗博监督着这本书的编辑工作，与此同时莎莉·尼克尔斯（Sally Nicholls）也在努力开展进一步的图片研究，摄影和版权审查工作。最近我又写了一本书，其中的图片也需要清权，如此一来，我更加懂得莎莉和其他图片研究人员为大英图书馆出版的精美图书而付出的巨大努力。同样，大英图书馆图片团队为这本书也付出了很多，很多人把自己的藏品拿出来给本书使用，如果没有他们，我们也无法出版这本书。

我尤其要感激鲍勃·帕特森（Bob Paterson）和大卫·拉姆齐（David Rumsey）对本书的支持。鲍勃好心地借给我《太平洋故事》的复制本，并允许我复制它的封面。同时鲍勃还为我提供了很多信息和建议。我和大卫·拉姆齐已经愉快地合作了好多年，那时我还是图书馆数字地图馆馆长，而他已经拥有数量惊人的私人地图藏品。他致力于将这些藏品公开给大众，为大众所用，这对我来说是很大的鼓舞，同时我也非常感谢他允许我在本书中复制了很多他的藏品。大家可以登录www.davidrumsey.com，查看他的其他藏品。同时也感谢我在埃克尔斯中心（Eccles Centre）的团队。虽然本书是我私人时间的个人项目，但是我的同事们——卡拉·罗德伟（Cara Rodway）、琼·彼得洛维奇（Jean Petrovic）和菲利普·亚伯拉罕（Philip Abraham）——将埃克尔斯中心的工作完成得极好，我们每一天都很愉快，因此我也有了比预期中更多的精力来完成这本书。我很幸运能和他们一起共事。

我还要感谢看过这本书初稿的读者们，尤其是玛德琳·哈特菲尔德（Madeleine Hatfield）和克劳斯·多兹（Klaus Dodds）。他们的想法使得这本书变得更完美。在此，我要特别感谢玛德琳为这本书做的大量工作。她的想法、批判性的洞察力、敏锐的眼光，以及对我因沉浸在这本书中而在晚上消失时所表现出的耐心，都是完成这部作品不可或缺的一部分。我们的两个儿子约书亚（Joshua）和布伦丹（Brendan）也在创作这本书的过程中发挥了很大作用。这里概述的历史表明，不管是过去还是现在，我们对周围世界的管理，都有许多欠缺；这也让我们怀疑，这种方式还能持续多久。对于约书亚和布伦丹以及他们这代人来说，这本书便是一个承诺：我将努力让这个世界变得比我发现它时更好。

作者简介

菲利普·J. 哈特菲尔德（Philip J. Hatfield）

伦敦大学皇家霍洛威学院地理学博士，曾任英国皇家地理学会研究员、皇家霍洛威学院荣誉研究员。2010 年入职大英图书馆，先后担任大英图书馆美加典藏室策展人、数字地图馆馆长、埃克尔斯美国研究中心负责人。著有《冰层里的航线：探险家与掠夺者的千年北极史诗》《镜头下的加拿大》等多部作品。

林安萧

本名刘宸含，苏州大学翻译口译专业硕士，现从事外贸工作。曾翻译译林版毛姆作品《魔法师》《书与你》《偏僻的角落》，以及《球鞋：潮流文化史》《喀布尔的星空》等多部作品。

插图来源

Front Cover. 'Vue des Iles Radak sous l'aspect du Vaquois'. Louis Choris, *Voyage Pittoresque du Monde*, Paris, 1822. British Library 803.m.19.

2–3. Gavriil Andreevich Sarychev, *Puteshestvie flota kapitana Sarycheva po sieverovostochnoi chasti Sibiri, Ledovitomu moriu i Vostochnomu okeanu [The Voyage of the Fleet of Captain Sarychev to Northeastern Siberia, the Frozen Sea, and the Eastern Ocean.]*, St. Petersburg, 1802. British Library 792.l.12.

4–5. Map of the South Sea. Claas Jansz Vooght, *De groote nieuwe vermeerderde zee-atlas ofte water-werelt*, Amsterdam, 1682. British Library Maps 7.Tab.126.

6. Aerial photo of Kiritimati, photo as seen by the crew of Expedition 4 aboard the International Space Station, 16 January 2002. NASA.

8–9. Tupaia, A Scene in Tahiti, *c.* 1769. British Library Add. 15508, f.14.

10–11. Sowek: A Pile-Village on the North Coast of New Guinea. Freidrich Ratzell , *The History of Mankind*, London, 1898. British Library 572*3343*.

12. Hokusai, *Fishing Boats at Choshi in Shimosa*, *c.* 1833–4, from the series 'One Thousand Pictures of the Ocean'. Art Institute, Chicago.

15 top left. Javanese canoe, drawing by John Webber, *c.* 1779. British Library Add. 15514 (54).

15 centre. Double canoe, drawing by John Webber, *c.* 1777. British Library Add. 15513 (26).

15 top right & bottom right: 'Bateau des Iles Carolines'; centre left: 'Bateau du port de San Francisco'; centre right: 'Vue d'une ile dans le groupe Krusenstern'. Louis Choris, *Voyage Pittoresque du Monde*, Paris, 1822. British Library 803.m.18.

15 bottom left & centre. 'Parao, Bateau de Passage de Manille, and Sarambeau, Radeau de Pèche de Manille'. *Voyage de La Pérouse autour du Monde ... rédigé par M. L. A. Milet-Mureau*, Paris, 1797. British Library, 1899.r.27.

16. Newly reconstructed Lapita pot at the Vanuatu National Musem. Photo Stephen Alvarez/National Geographic.

19. Carving from the Waipapa Marae showing Kupe holding a paddle. Waipapa Marae, University of Auckland. Photograph by Melanie Lovell-Smith, sourced from Te Ara – the Encyclopedia of New Zealand.

20. Hokusai, *Whaling of the Coast of the Goto Islands*, *c.* 1831–3, from the series 'One Thousand Pictures of the Ocean'. Art Institute, Chicago.

21 top. Aleutians whaling. Henry Wood Elliot, *Our Arctic Province. Alaska and the Seal Islands*, New York, 1886. British Library 10412.ff.28.

21 bottom & 22–23. Ezu Saiyudan, Whaling, 1803. British Library 16054.d.5.

24. Indigenous Californian fishing from a raft. John Harris, *Navigantium atque Itinerantium Bibliotheca*, London, 1764. British Library G.7040–41.

25. Salmon Weirs of the Kenaitze. Henry Wood Elliot, *Our Arctic Province. Alaska and the Seal Islands*, New York, 1886. British Library 10412, ff.28.

26. John Webber, 'Poulaho, King of the Friendly Islands, drinking Kava', *c.* 1779–80. British Library Add. 23920, f.101r.

28. Zheng He on a boat. *Records of the Western Ocean*, *c.* 1600. British Library 15331.f.2.

29. Zheng He's ship. *Wu Bei Zhi*, *c.* 1644. Library of Congress, Washington, D.C.

30. Miniature of the Great Khan. Marco Polo, *Le devisement du monde (Travels)*, *c.* 1333–40. British Library Royal 19 d.1., f.61r.

31. Paolo Forlani, Map of the World, 1571. British Library Maps K. Top.IV.5.

32. Joan Martines, Chart of Indonesia, 1578. British Library Harley 3450, f.5.

35. Map of Banda Islands. François Valentijn, *Oud en Nieuw Oost-Indien Vervattende...*, Amsterdam, 1724. British Library G.7027–31.

36–37. Petrus Plancius, Map of the Spice Islands, 1617. State Library of New South Wales, Sydney.

38. Ache, Sumatra. P. Barretto de Resende, *Maps and Plans of Portuguese and other fortresses in S. Africa and E. India*, 1646. British Library Sloane 197.

39. Mosque at Ternate. Jules Sébastien César Dumont D'Urville, *Voyage au Pole Sud et dans l'Océanie sur les corvettes l'Astrolabe et la Zélée, exécuté ... pendant les années 1837 ... 1840*, Paris, 1846. British Library 1262.k.13.

41. Battista Agnese, Map of the world showing the track of Magellan's fleet, 1540. British Library Egerton MS 2854, ff.13v–14.

42. Sketch of the Retinue of the Dutch Envoy. British Library Sloane 3060, f.501.

43. Taishokkan's Chinese envoys approaching Japan.

British Library Or.12440 Vol. 1, f.12v.

44. World Map. British Library Harley 3450, f.3.

45. Drake's Passage. Nicola van Sype, *La heroike enterprinse faict par le signeur Draeck d'avoir cirquit toute la terre*, Antwerp, 1581. British Library Maps C.2.a.7.(1.).

46. Father Michael Rogerius and Matteo Ricci arriving in China. Cornlius Hazart, *Kerckelycke Historie van de Gheheele Werldt*, Antwerp, 1682. British Library 4520.e.3.

47. Johannes Vingboons, Bird's-eye view of Manila, *c.* 1665. Dutch National Archives.

48. 'A View of Cape Espíritu Santo, on Samal, …his Majesty's Ship the Centurion engag'd and took the Spanish Galleon call'd Notra Seigniora de Cabadonga, from Acapulco to Manila'. George Anson, *A Voyage Round the World*, London, 1748. British Library 212.e.1.

49. Map of the route of a captured galleon. George Anson, *A Voyage Round the World*, London, 1748. British Library 212.e.1.

50 left. Drake's capture of galleon Nuesta Señora de la Concepción (the Cacafuego) in March 1579. L. Hulsius, *Collection of Voyages and Travels*, Frankfurt, 1626. British Library C.114.c.21.

50 right. Map of the Galápagos. John Harris, *Navigantium atque Itinerantium Bibliotheca*, London, 1764. British Library G.7040–41.

51. Spanish Galleon in Manila Bay, the Philippines. Theodor de Bry, *America*, Frankfurt, 1601. British Library G.6626.

52. *Nova Guinea et Insulae Salmonis*, 1602. British Library Maps C.39.a.4.

55. Map of Quirós's 'Espíritu Santu' copied by William Hack in 1698 (orig. 1606). British Library Harley 4034, f.245.

56. New Guinea Islanders. François Valentijn, *Oud en Nieuw Oost-Indien Vervattende…*, Amsterdam, 1724. British Library G.7027–31.

57. Dampier's map of 'Nova Guinea and Nova Brtiannia'. John Harris, *Navigantium atque Itinerantium Bibliotheca*, London, 1764. British Library G.7040–41.

59. Macau. John Harris, *Navigantium atque Itinerantium Bibliotheca*, London, 1764. British Library G.7040–41.

60. Map of Manila. Hipolito Ximeniz, *Topographie de la ciurdad de Manila: capital de las yslas Philipinas*, Manila, *c.* 1739. Maps K.Top.116.40.

61. Jakarta. P. Barretto de Resende, *Maps and Plans of Portuguese and other fortresses in S. Africa and E. India*, 1646. British Library Sloane 197.

62. Chinese boat with defences against pirates. British Library Add. Or. 1976.

64. Map of Nagasaki, *c.* 1680. British Library Or.75.g.25.

65. *Bankoku Sozu*, Nagasaki, 1645. British Library Maps * 920 (485.).

66. Attrib. Albert Eckhout, *East Indian Market Stall in Batavia*, 1640–66. Rijksmuseum, Amsterdam.

67 top: Painted map of Ambon, *c.* 1606; bottom: Arms of the Dutch East India Company. Rijksmuseum, Amsterdam.

68. 'Ile de Cocos'. Willem Shouten, *Journal ou Description du Merveileux Voyage…*, Amsterdam, 1619. British Library G.6736.

69 left: Map; right top: Shooting at indigenous boat; right bottom: Trade between Dutch and indigenous islanders. Willem Shouten, *Journal ou Description du Merveileux Voyage…*, Amsterdam, 1619. British Library G.6736.

70–71. Map. Willem Shouten, *Journal ou Description du Merveileux Voyage…*, Amsterdam, 1619. British Library G.6736.

72. Sir Joseph Banks' copy of Abel Tasman's diary. British Library Add. 8946, f.72.

73. 'Fyland Moar' & 'Fyland Insous' [sic]. Sir Joseph Banks' copy of Abel Tasman's diary. British Library Add. 8946, f.129.

74. William Hack, Map of the Galápagos, 1687. British Library Sloane 45, f.39.

75. Isle of Chiloé. William Hack, *Description of the Coast & Islands in the South Sea of America … From the original Spanish manuscripts & our late English Discoverers A Description of all the Ports Bays Rivers Harbours Islands Sands Rocks & Dangers from the Mouth of Calafornia to the Straghts of Lemaire as allso Peyps' [sic] Island in the North Sea near the Straghts of Magellan*, 1698. British Library Maps 7.tab.122.

76. Portrait of Hasekura. Scipione Amati, *Relation und grundtlicher Bericht von dess Königreichs Voxu gottseliger Bekehrung*, Ingolstatt, 1617. British Library 1369.g.9.

78–79. 'Débarquement à travers les Recifs de l'Isle de Roamnzoff'. Louis Choris, *Voyage Pittoresque du Monde*, Paris, 1822. British Library 803.m.19.

80. Japanese depiction of the ship 'The Brothers'. British Library Or. 14755.

82. New Guinea flora and fauna. William Dampier, *A Collection of Voyages*, London, 1729. British Library 673.c.12.

83. Map of the 1699 voyage. William Dampier, *A Collection of Voyages*, London, 1729. British Library 673.c.12.

84 left: Herman Moll, *A New and Exact Map of the Coast Countries and Islands within the Limits of the South Sea Company*, London, 1726. British Library Maps K. Top.124.7.84; right: *Lucipher's New Row Barge*, *c.* 1721. Satire on Robert Knight. Wellcome Collection.

87. The Moai of Easter Island. *Voyage de La Pérouse autour du Monde … rédigé par M. L. A. Milet-Mureau*, Paris, 1796. State Library of New South Wales, Sydney.

89. Alexander Johnston, *Physical Chart of the Pacific Ocean*, London, 1856. British Library Maps 48.f.17.

90. *A Map of the Discoveries made by the Russians on the North West Coast of America. Published by the Royal Academy of Sciences at St. Petersburg … Republished by Thomas Jefferys*, London, 1761. British Library 981.e.17.

93. Tupaia, Marae in Tahiti, *c.* 1769. British Library Add.

15508, ff.16 and 17.

95. Herman Spöring, *Fort Venus*, 1769. British Library Add. 7085, f.8 (a–d).

96. Mezzotint of Benjamin West's portrait of Sir Joseph Banks, 1773. Museum of New Zealand Te Papa Tongarewa.

97. Sydney Parkinson, Maori portraits, *c.* 1769. British Library Add. 23920, f.54a.

98. Tupaia, Chart of the Islands surrounding Tahiti, *c.* 1769. British Library Add. 21593C.

101. Charles Meryon, *Death of Marion Du Fresne*, *c.* 1842. Alexander Turnbull Library/National Library of New Zealand.

102. Gerald Fitzgerald, *The Injured Islanders*, London, 1779. British Library 643.k.24.

105 top left: Missionary House and Environs in the Island of Otaheite; top right: Great Morai of Temarre in Pappare in Otaheite; bottom left: Morai and Altar in Attahooro with the Eatooa and Tees; bottom right: The Afiatookas of FuttaFaihe at Mooa in Tongataboo. William Wilson, *A Missionary Voyage to the Southern Pacific Ocean*, London, 1799. British Library G.2861.

107. Portrait of Mai. British Library Add. 23921, f.45r.

108. 'Idoles des Iles Sandwich'. Louis Choris, *Voyage Pittoresque du Monde*, Paris, 1822. British Library 803.m.18.

109. John Webber, *A view of Morai on O'Whyhee*, *c.* 1779. British Library Add. 15513, f.27.

110. John Webber, *View of Nootka Sound*, *c.* 1779. British Library Add. 15514, f.7.

112. Breadfruit. Louis Choris, *Voyage Pittoresque du Monde*, Paris, 1822. British Library 803.m.18.

113 top: The cargo area of HMS *Bounty*. William Bligh, *A Voyage to the South Sea*, London, 1792. British Library L.R.293.b.5; bottom: *Description of a Slave Ship*, a broadside, London, 1789. British Library 1881.d.8.

114. Friday Fletcher October Christian, drawn and etched by John Shillibeer. John Shillibeer, *A Narrative of the Briton's Voyage to Pitcairn Island*, London, 1818. British Library 566.d.21.

115. Pitcairn Island, drawn and etched by John Shillibeer. John Shillibeer, *A Narrative of the Briton's Voyage to Pitcairn Island*, London, 1818. British Library 566.d.21.

116 left: 'Fritz levelled his rifle, and fired with so much success and address that he hit the creature on the head'. Adrien Paul, *Willis the Pilot A sequel to the Swiss Family Robinson*, London, 1857. British Library 12842.ee.11; right: 'Queequeg and his Harpoon', illustration by I. W. Taber. Herman Melville, *Moby Dick*, London, 1900. British Library 012622.ee.10.(4.).

117. 'Terrible Encounter with a Shark', illustration by R. M. Ballantyne. R. M. Ballantyne, *The Coral Island*, London, 1858. British Library C.194.a.540.

118. 'Sketch of Friendly Cove in Nootka Sound taken by Mr Wedgborough'. John Meares, *Voyages made in the years 1788 and 1789, from China to the north west coast of America*, London, 1790. British Library G.2281.(1).

119. 'The Launch of the North West America at Nootka Sound. Being the first Vessel that ever built in that part of the Globe'. John Meares, *Voyages made in the years 1788 and 1789, from China to the north west coast of America*, London, 1790. British Library G.2281.(1).

120. Aleutians. Gavriil Andreevich Sarychev, *Puteshestvie flota kapitana Sarycheva po sieverovostochnoi chasti Sibiri, Ledovitomu moriu i Vostochnomu okeanu [The Voyage of the Fleet of Captain Sarychev to Northeastern Siberia, the Frozen Sea, and the Eastern Ocean.]*, St. Petersburg, 1802. British Library 792.l.12.

121. Map of the Bering Strait. Gavriil Andreevich Sarychev, *Puteshestvie flota kapitana Sarycheva po sieverovostochnoi chasti Sibiri, Ledovitomu moriu i Vostochnomu okeanu [The Voyage of the Fleet of Captain Sarychev to Northeastern Siberia, the Frozen Sea, and the Eastern Ocean.]*, St. Petersburg, 1802. British Library 792.l.12.

122. Frigates off Maui. *Voyage de La Pérouse autour du Monde ... rédigé par M. L. A. Milet-Mureau*, Paris, 1796. State Library of New South Wales, Sydney.

123. 'A Chart of the World exhibiting the Track of M. de La Pérouse and the route of M. Lesseps across the continent'. *Voyage de La Pérouse autour du Monde ... rédigé par M. L. A. Milet-Mureau*, Paris, 1797. British Library 1045.f.14.

124. King Kamehameha I of Hawaii. Louis Choris, *Voyage Pittoresque du Monde*, Paris, 1822. British Library 803.m.18.

125. Wife of King Kamehameha I. Louis Choris, *Voyage Pittoresque du Monde*, Paris, 1822. British Library 803.m.18.

126. Captain David Porter. David Porter, *A Voyage in the South Seas, in the years 1812, 1813, and 1814, with particular details of the Gallipagos and Washington Islands ...*, London, 1823. British Library 10493. ff.51.

127. Madisonville. David Porter, *A Voyage in the South Seas, in the years 1812, 1813, and 1814, with particular details of the Gallipagos and Washington Islands ...*, London, 1823. British Library 10493. ff.51.

128. New Archangel [Sitka], trading post of the Russian-American Company. State Archive of the Russian Navy, St. Petersburg.

129. Honolulu. Louis Choris, *Voyage Pittoresque du Monde*, Paris, 1822. New York Public Library.

130. Nagasaki. A. J. von Krusenstern, *Voyage round the world in the years 1803, 1804, 1805 & 1806*, London, 1813. British Library V.10129.

132–33. Japanese depiction of the ship 'The Brothers', its crew and objects. British Library Or. 14755.

134. Chart of Van Diemen's Land and Hobart, 1838. British Library Maps 92488.(3.).

135. *Hobart Town, on the river Derwent, Van Diemens Land*, painted by W. J. Huggins & engraved by E. Duncan, London, 1830. British Library Maps

188.r.1.(2.).

136. A prison interior, New Caledonia. *Picturesque Atlas of Australasia*, Sydney & Melbourne, 1861. British Library Maps 151.a.1.

137. Convicts making roads, New Caledonia. *Picturesque Atlas of Australasia*, Sydney & Melbourne, 1861. British Library Maps 151.a.1.

138 left: Felice Beato, photograph of Prince Kung, 1860. British Library Photo 353/26; right: Felice Beato, photograph of Sir James Hope Grant, 1860. British Library Photo 353/(25).

139. *The East India Company's iron steamship Nemesis, Lieutenant W H Hall RN, Commander, with boats of Sulphur, Calliope, Larne and Starling destroying Chinese war junks in Anson's Bay, January 7th 1841*, coloured aquatint by and after E. Duncan, 1843. Courtesy of the Council of the National Army Museum.

140. *A Chart of Nantucket Island and Part of Martha's Vineyard*, London, 1775. British Library Maps 184.m.3.

141. Entry to the Bay of Islands, with American consul, James Reddy Clendon's American flag flying. National Library of Australia.

142. Sperm Whale being harpooned. Robert Hamilton, *The Natural History of the ordinary cetacea or whales*, London, 1843. British Library 1150. a. 4.

143. M. F. Maury, Whale Chart, 1852. Barry Lawrence Ruderman Antique Maps.

144 left: Comparison of the beaks of finches. Charles Darwin, *Journal of researches into the natural history and geology of the countries visited during the voyage of H.M.S. Beagle round the world, under the command of Capt. Fitz Roy, R.N.*, London, 1860. British Library RB.23.a.4931; bottom: Galápagos Marine Iguana. Charles Darwin, *The Zoology of the Voyage of H.M.S. Beagle, under the command of Captain Fitzroy, R.N., during the years 1832 to 1836 ...*, London, 1832. British Library 791.l.18.

145. Galápagos Finch. Charles Darwin, *The Zoology of the Voyage of H.M.S. Beagle, under the command of Captain Fitzroy, R.N., during the years 1832 to 1836 ...*, London, 1832. British Library 791.l.18.

146. Map of the Oregon Territory. Charles Wilkes, *Narrative of the U.S. Exploring Expedition*, Philadelphia, 1850. British Library Map 145.e.7.

147 top: Chart of the World shewing the Tracks of the U.S. Exploring Expedition in 1833, 39, 40, 41 & 42. Charles Wilkes, *Narrative of the U.S. Exploring Expedition*, Philadelphia, 1850. British Library Map 145.e.7; bottom: Charles Wilkes. New York Public Library.

148. Fijian club dance. Charles Wilkes, *Narrative of the U.S. Exploring Expedition*, Philadelphia, 1850. British Library Map 145.e.7.

149. Map of the Fijian Islands. Charles Wilkes, *Narrative of the U.S. Exploring Expedition*, Philadelphia, 1850. British Library Map 145.e.6.

151 centre top, bottom left and right: Zoophytes drawn by J. C. Dana. Charles Wilkes, *Narrative of the U.S. Exploring Expedition*, Philadelphia, 1850. British Library 14000.i; top left: 'Aprosmictus splendens' and 'Aprosmictus personatus' drawn by T. R. Peale; top right: 'Corvus hawaiiensis Peale' drawn by T. R. Peale; bottom centre: 'Todirampphus vitiensis' drawn by T. R. Peale. Charles Wilkes, *Narrative of the U.S. Exploring Expedition*, Philadelphia, 1850. British Library 14000.i.

152. South Sea Islander labourers planting sugar cane at a plantation in Mackay in the 1870s. State Library of Queensland.

153. Sketch showing the recruitment of South Sea Islander labourers in New Hebrides, 1892. State Library of Queensland.

154 left: Drawing showing the forced recruitment of South Sea Islanders to work on the plantations in Queensland, 1893. State Library of Queensland; right: Seizure of the Schooner Daphne by HMS Rosario. State Library of Victoria.

155. South Sea Islanders on the deck of a ship arriving at Bundaberg, 1895. State Library of Queensland.

157. George Grey, *Polynesian mythology, and ancient traditional history of the New Zealand race as furnished by their priests and chiefs*, London, 1855. British Library 4505.c.11.

158. Japanese scroll depicting the arrival of Commodore Perry's ships. British Library Or.16453.

159. A Japanese man and boy standing on the shore of a harbor in which is docked an American steamship, possibly Commodore Perry's ship, print by Hiroshige, 1861. Library of Congress, Washington, D.C.

160. Chart of Vancouver Island. George Vancouver, *Atlas*, London, 1798. British Library 1899.r.42.

161. British Camp, San Juan Islands. Beinecke Library, Yale University.

163. 'Pirogue douhle sous son Hangard (Ile Vavao)'. Jules Sébastien César Dumont D'Urville, *Voyage au Pole Sud et dans l'Océanie sur les corvettes l'Astrolabe et la Zélée, exécuté... pendant les années 1837 ... 1840*, Paris, 1846. British Library 1262.k.13.

164. Photo of King David Kalakaua, *c.* 1882. Hawaii State Archives.

165. King Kalakaua and Suite Paying a Formal Visit to the President in the Blue Room of the White House. King Kalākaua of Hawaii meets President Ulysses S. Grant at the White House in the first state visit for a ruling monarch to the USA in December 1874. Frank Leslie's Illustrated Newspaper, 2 January 1875.

166. 'Another Shotgun Wedding with Neither Party Willing'. Puck Magazine, 1 December 1897. Library of Congress, Washington, D.C.

167 top: Map of the Pacific Ocean showing the Relation of Naval Stations and Principal Ports to the Hawaiian Islands. Lorrin A. Thurston, *A Hand-book on the Annexation of Hawaii*, St. Joseph, Michigan, 1897. British Library 8176.bb.37; bottom: Map showing the parties of the Pacific within which Hawaii is the only supply station. Lorrin A. Thurston, *A Hand-book on the*

Annexation of Hawaii, St. Joseph, Michigan, 1897. British Library 8176.bb.37.

168. The Battle of Chempulo, 1905. British Library N.Tab.2005.(12).

169. Uchida Kuichi, *The Meiji Emperor*, 1871. British Library Photo 1224//5 (1).

170–171. Hiroshima: Extent of Fire and Limits of Bomb Damage. *The Effects of Atomic Bombs on Hiroshima and Nagasaki*, United States Strategic Bombing Survey, Washington, 1946. British Library A.S.760/4 (1.).

172. Riding the surf, favourite pastime in Honolulu's reefing encircled harbour. Stereographic photo, 1915. Library of Congress, Washington, D.C.

175. Map of the Japanese Empire, 1919. Private Collection.

176. Pioneer Battalion performing a haka for Joseph George Ward at Bois-de-Warnimont, 30 June, 1918. Royal New Zealand Returned and Services' Association: New Zealand official negatives, World War 1914–1918. Alexander Turnbull Library, Wellington, New Zealand.

177. Wall map of the world commemorating Japanese involvement in World War I, 1918. The David Rumsey Map Collection, www.davidrumsey.com.

179. Pearl Harbour naval base and U.S.S. Shaw ablaze after the Japanese attach, December 1941. Library of Congress. Washington, D.C.

180. Nihon Kotsu Kosha, Map of Hiroshima, 1947. The David Rumsey Map Collection, www.davidrumsey.com.

181. "... the power of the atomic bomb is beyond belief..." Nagasaki Prefecture Report. *The Effects of Atomic Bombs on Hiroshima and Nagasaki*, United States Strategic Bombing Survey, Washington, 1946. British Library A.S.760/4 (1.).

182. Hiroshima from the top of the Red Cross Hospital, looking northwest. Frame buildings recently erected. *The Effects of Atomic Bombs on Hiroshima and Nagasaki*, United States Strategic Bombing Survey, Washington, 1946. British Library A.S.760/4 (1.).

183. Ground Zero at Nagasaki, before and after bombing. Hiroshima before and after bombing. Area around ground zero. *The Effects of Atomic Bombs on Hiroshima and Nagasaki*, United States Strategic Bombing Survey, Washington, 1946. British Library A.S.760/4 (1.).

185. 'Pacific Island Fairytales', Petrogad, 1932. Private Collection.

186. Tomoyuki Tanaka, *Gojira* [*Godzilla*], poster, 1954. Toho co. Ltd.

187 Great Circle Distances and Adzimuths from Eniwetok Atoll, 1951. British Librayr Maps X.12606.

188. Ernest Dudley Chase, *Aloha. A Pictorial Map of the Hawaiian Islands, The United States' Fiftieth State*, Maui, 1960. The David Rumsey Map Collection, www.davidrumsey.com.

191. Queen Sālote Tupou III, 1968. Photo Luis Marden/National Geographic/Getty Images.

192. *Longhouse interior*, engraving after John Webber, *c.* 1780. British Library Add. 23921, f.83.

193. Lawrence Paul Yuxweluptun, *Untitled (Longhouse Interior)*, Reservation, 1987. Courtesy of Lawrence Paul Yuxweluptun. Photo Scott Massey/Site Photography.

194 & 195. Hikianalia. © Polynesian Voyaging Society.

196 left: Peter Damon, *Cocos. Island of blood and treasure*, Dublin, 1946. British Library 012635.b.32; right: William Golding, *Lord of the Flies*, London, 1954. British Library Cup.409.c.59.

199 top left: 'Surf-Bathing – Success'; top right: 'Surf-Bathing – Failure'. Mark Twain, *Roughing It*, Hartford, 1872. British Library 1560/629; bottom: 'A View of Karakakooa In Owyhee', engraving after John Webber. James Cook, *A Voyage to the Pacific Ocean*, London, 1784. British Library Maps 36.f.8.

200. Haleakala observatory, Maui, Hawaii, 2018. Photo dronepic. 204 left. A beer can seen at 3,780 meters depth at Enigma Seamount. Courtesy of 222. 204 centre: A plastic ice bag, likely blown overboard from a fishing vessel, was also found at Enigma Seamount; right: A food container, seen resting at 4,947 meters on the slopes of a canyon leading to the Sirena Deep. Courtesy of NOAA Office of Ocean Exploration and Research, 2016 Deepwater Exploration of the Marianas.

203. Plastic, rubber, polystyrene and other garbage floating in the ocean in Puerto Princesa, Palawan Island. Photo southeast asia/Alamy Stock Photo.

205. 'Santa Isabel Island, Western Part', Admiralty Chart from 1902 survey by HMS Dart. British Library Maps B. A. C.12(3402).

207. Map of the Sandwich Isles [Hawaii]. Charles Wilkes, *Narrative of the U.S. Exploring Expedition*, Philadelphia, 1850. British Library Map 145.e.6.212.

210. Joan Martines, Chart of Japan and the coast of China, 1578. British Library Harley 3450, f.16.

220. 'Vue de l'Isle de St. Paul dans la mer de Kamtchatka (avec des lions marins)'. Louis Choris, *Voyage Pittoresque du Monde*, Paris, 1822. British Library 803.m.19.

索　引

（斜体页码代表该条索引来自插图/插图说明）

图书在版编目(CIP)数据

大英图书馆太平洋简史 / (英) 菲利普 · J.哈特菲尔德 (Philip J. Hatfield) 著 ; 林安萧译 . -- 北京 : 社会科学文献出版社 , 2022.4

书名原文: Pacific: An Ocean of Wonders

ISBN 978-7-5201-9512-6

Ⅰ. ①大… Ⅱ. ①菲… ②林… Ⅲ. ①世界史 Ⅳ. ①Kl

中国版本图书馆CIP数据核字（2021）第267504号

大英图书馆太平洋简史

著　　者 / [英] 菲利普 · J. 哈特菲尔德（Philip J. Hatfield）
译　　者 / 林安萧

出 版 人 / 王利民
责任编辑 / 王　雪　杨　轩
责任印制 / 王京美

出　　版 / 社会科学文献出版社（010）59367069
地址：北京市北三环中路甲29号院华龙大厦　邮编：100029
网址：www.ssap.com.cn
发　　行 / 社会科学文献出版社（010）59367028
印　　装 / 南京爱德印刷有限公司

规　　格 / 开　本：889mm×1194mm 1/16
印　张：14　字　数：276千字
版　　次 / 2022年4月第1版　2022年4月第1次印刷
书　　号 / ISBN 978-7-5201-9512-6
著作权合同登记号 / 图字01-2021-3112号
审 图 号 / GS（2021）7928号
定　　价 / 198.00元

读者服务电话：4008918866

E Q V I N O C
ISOLI MALV
beliton
amandura
calapara
nucopara
cimara
Isola di java minori
timor